中华
学术
译丛

磨合

近代镇江的
全球化之旅

张信

——— 著/译 ———

Global in the Local

*A Century of War,
Commerce
and Technology in China*

中华书局

图书在版编目(CIP)数据

磨合:近代镇江的全球化之旅/张信著、译. —北京:中华书局,
2025.8. —(中华学术译丛). —ISBN 978-7-101-17279-9

Ⅰ.D827.533

中国国家版本馆 CIP 数据核字第 20258BB237 号

北京市版权局登记号:01-2025-3143

书　　名	磨合:近代镇江的全球化之旅
著　　者	张　信
译　　者	张　信
丛 书 名	中华学术译丛
责任编辑	孟庆媛
装帧设计	人马艺术设计·储平
责任印制	陈丽娜
出版发行	中华书局
	(北京市丰台区太平桥西里 38 号　100073)
	http://www.zhbc.com.cn
	E-mail:zhbc@zhbc.com.cn
印　　刷	北京盛通印刷股份有限公司
版　　次	2025 年 8 月第 1 版
	2025 年 8 月第 1 次印刷
规　　格	开本/920×1250 毫米　1/32
	印张 11¾　插页 2　字数 260 千字
印　　数	1-5000 册
国际书号	ISBN 978-7-101-17279-9
定　　价	78.00 元

献给我的爱女，张露茜

Lucie Eda Zhang

目　录

鸣　谢

　　这本书的写作经历了漫长的过程，原因是我所涉及的是一个全新的课题。与以往关注河南农村社会地方权力结构不同，这项研究所涵盖的是长江下游中小型城市在全球变迁中的经历。为了完成这本书，我需要重新寻找数据并了解相关理论。这显然是一个雄心勃勃的计划，比我预计的困难得多，并且具有很大的挑战性。庆幸的是，在写作过程中，我得到了以下几位学者的建议和帮助：彭慕兰（Kenneth Pomeranz）、柯伟林（William C. Kirby）、裴宜理（Elizabeth J. Perry）、杜赞奇（Prasenjit Duara）、郝帝文（Stephen Halsey）、邝美佳（Jacqueline Megan Greene）、顾德曼（Bryna Goodman）、沈艾娣（Henrietta Harrison）、马俊亚、陈兼、柯博文（Parks M. Coble）、李怀印、卢汉超、罗威廉（William T. Rowe）、肖邦奇（Robert Keith Schoppa）、邵勤、史瀚渤（Brett Sheehan）、王笛、王国斌（Roy Bin Wang）、姚平、叶文心、马若孟（Ramon H. Myers）、罗安妮（Anne Reinhardt），以及印度史学家里蒂卡·普拉萨德（Ritika Prasad）。

　　其中，顾德曼建议我去英国、法国和日本的国家档案馆，使我能够从这些档案馆得到宝贵的第一手数据。沈艾娣给了我一份书单，帮助我思考研究方向。罗安妮在她的书付梓前，寄给我几个章节的副本。同样，印度历史专家普拉萨德也寄给我其新作的章节副本。我要感谢郝帝文，因为他对中国历史的深刻了解拓宽了我的视野。我也要感谢邝美佳，因为她一直支持我，让我在艰难中坚持下去。

我要特别感谢以下四位学者：彭慕兰、柯伟林、裴宜理和杜赞奇。正是由于他们坚定不移的支持，我才有机会将这本书呈现给大家。作为全球史研究领军人物，彭慕兰一直给予我指导和灵感。裴宜理和柯伟林这两位顶尖学者在关键时刻给予了我帮助。裴宜理在我完成书稿后向哈佛大学出版社推荐了它，而柯伟林则一直认为我的书值得哈佛大学出版社出版。作为美国亚洲学会的前主席，杜赞奇慷慨地将他宝贵的时间花在我身上。我对这四位学者的感激之情无以言表。

在中国收集资料时，我得到了南京大学马俊亚的各种帮助。他不仅帮我进入南京大学特别文献收藏室，还为我开辟在镇江研究的途径。在我访问长江下游多个县级地方档案馆时，我还遇到了很多热心人士。由于他们的帮助，我获得了很多档案、地方报纸和个人日记。更难能可贵的是，很多资料从未发表过。虽然我不能一一列出他们的名字，但我永远感激他们。

在美国，我也得到了美国国会、哈佛大学、斯坦福大学、芝加哥大学、哥伦比亚大学和加州大学伯克利分校图书馆的帮助。在斯坦福大学胡佛研究中心访问时，我受到了马若孟的热情接待。同样，加州大学伯克利分校中国研究特别收藏室的主任和工作人员为我影印了大量资料。

这篇感言必须特别感谢哈佛大学出版社的主编凯瑟琳·麦克德莫特

（Kathleen McDermott）。自一开始，她就认可了本书的学术价值，并一直对此深信不疑。由于整个美国出版环境的变化，即使是像哈佛这样的顶级学术出版社，也面临新的挑战，出版像我这样的专业性书籍变得越来越困难，是她的坚定执着才使得我的书最终得以出版。对此，我将永远心怀感激之情。此外，我还要感谢哈佛大学文科教授组成的审查委员会。即使出版社可能会因为出版本书而失去经济收益，他们最终还是决定出版我的著作。

如果没有家人的支持，我也不可能坚持下来，并最终完成此著作。我的爱妻杨光明的陪伴让我能够面对写作生涯中的孤独和煎熬；我的女儿张露茜一直坚定不移地支持我，并从未怀疑过我完成此书的能力。我很荣幸能有这样一个以我的研究和写作为重心的温馨家庭。

中文版序

　　社会学家麦克·布洛维（Michael Burawoy）曾呼吁我们去研究"全球民族志"，去了解全球变化过程中，人们真实的生活体验和经历。我的研究是对这一呼吁的响应，但不同于布洛维仅关注以西方国家为主的"后现代世界"，我将目光投向中国社会，研究 19 世纪初至 20 世纪初普通人的生活，以此来揭示在这一时期全球变化（global transformations）是如何与中国地方社会的变化交融的。[1]

　　我的主要目的是捕捉这一时期中国社会变化的动态。我认为这些变化本身，是在全球范围内历史变迁与中国地方社会内部变化相互交融的基础上滋生的，而这些地方社会的变化又以中国文化为背景。在本书中，我不仅会阐述中国社会如何在全球变迁中发展，还会展示各阶层人们如何在现实生活中与全球变化磨合。在这一磨合过程中，他们依靠自己的努力来推动整个中国社会的发展。[2]

---

1 Michael Burawoy, et al., *Global Ethnography: Forces, Connections, and Imaginations in a Postmodern World* (Berkeley: University of California Press, 2000), 1-40.

2 "磨合"一词已被一些学者用来描述不同社会、文化和经济如何应对外部挑战。请参见Takeshi Hamashita, "Tribute and Treaties: Maritime Asia and Treaty Port（转下页）

这本书的主要研究对象是中国地方社会在 1830 年代至 1930 年代这一百年间，如何与三个主要的全球变化互动。这三个变化为近代帝国主义的兴起、世界经济一体化的加速，以及西方国家机械化技术在其他国家和地区的传播。[1] 在中国，这些变化以以下几个形式呈现：西方工业化国家发动的鸦片战争；以上海为中心的亚洲贸易网络的形成，从而引发了中国内部跨区域贸易的转型；西方蒸汽船技术的引进和应用。这些变化与同一时期在世界其他地方出现的情形相呼应，其中包括西欧国家、美国和日本争夺对亚洲（中亚和东亚）、大洋洲和非洲领土的直接控制权，东亚贸易网络的崛起并向亚洲其他地区扩张，以及蒸汽船在大西洋、密西西比河流域和尼罗河沿岸的运用。这些变化不仅给中国地方社会带来了一连串挑战，同时也改变了人们熟悉的生活环境，尽管在某些情况下为普通人带来了新的生活机会。本书旨在探讨这些全球变化如何与中国地方社会内部的变化结合，以至于最终凝聚成了一个你中有我、我中有你的历史变迁过程。[2]

（接上页）Networks in the Era of Negotiation, 1800-1900," in *The Resurgence of East Asia: 500, 150 and 50 Year Perspectives*, ed. Giovanni Arrighi, Takeshi Hamashita, and Mark Selden (London: Routledge, 2003), 23; Ritika Prasad, *Tracks of Change: Railways and Everyday Life in Colonial India* (Daryaganj: Cambridge University Press, 2015), 3, 20。

1 近代帝国主义指的是 19 世纪初至 20 世纪初，早期工业化国家为了追求经济、政治和军事利益，透过侵略、殖民和控制方式，扩张自己的势力范围，并对其他国家和地区施加影响的现象。

2 尽管我对全球和地方变化的理解与罗兰·罗伯逊（Roland Robertson）的"全球在地化"（glocalization）有相似之处，但两者之间有所不同，如下所述。（转下页）

这项研究基于我对全球和地方关系的理解。我认为全球和地方是一个整体，而全球变化是透过地方社会的变化来实现的。全球变化源于每个地方社会内部，既作为地方社会变化的一部分，也存在于"全球与地方联系的多样性、重迭性和在各领域内的延伸"中。[1]只有当全球变化纳入地方变化时，全球变化才真正成为"全球性"的。[2]作为 19 世纪全球变迁的一部分，包括近代帝国主义的兴起、世界经济一体化的加速和西方工业化技术的传播，全球变化的结果是使各地区和个人之间，以及不同文化、社会和遥远的地方之间互联、互通和互动的增加。[3]这些变化既不源于西欧国家，也不基于欧洲文化。[4]

（接上页）有关罗伯逊"全球在地化"的主要思想，请参见 George Ritzer and Zeynep Atalay, ed., *Readings in Globalization: Key Concepts and Major Debates* (Chichester: Wiley-Blackwell, 2010), 319。

1 引自 Wayne Gabardi, *Negotiating Postmodernism* (Minneapolis: University of Minnesota Press, 2001), 33。

2 在这点上，我的观点和与 J. K.吉布森—格雷汉姆（J. K. Gibson-Graham）的类似，参见 J. K. Gibson-Graham, "Beyond Global vs. Local: Economic Politics Outside the Binary Frame," in *Geographies of Power: Placing Scale*, ed. Andrew Herod and Melissa W. Wright (Malden: Blackwell Publishers, 2002), 25-60。

3 Anthony Giddens, *The Consequences of Modernity* (Stanford: Stanford University Press, 1990), 64.

4 认为全球变化始于西方社会的学者包括戴维·兰德斯（David S. Landes），参见 David S. Landes, *The Wealth and Poverty of Nations: Why Some Are So Rich and Some So Poor* (New York: W. W. Norton, 1999)。关于 18 世纪后期西欧发生的变化与欧洲外所发生的变化也有着很大关系，见 Marshall G. S. Hodgson, *Rethinking World History: Essays on Europe, Islam, and World History*, ed. Edmund Burke (Cambridge: Cambridge（转下页）

同时，我也认为全球和本地之间的互动既不是全球接管本地（如乔治·瑞泽尔〔George Ritzer〕认为的那样），导致不同地方社会同质化，也不是不同地区之间冲突日益加剧（如萨缪尔·亨廷顿〔Samuel P. Huntington〕所认为的那样），导致所有地方社会的异质化。[1]这种互动是全球变化和地方社会之间的磨合过程。在这个磨合过程中，全球变化会逐渐渗透到每个地方社会，而每个地方社会也会在与之积极互动中逐渐成为其一部分。最终，两者会融为一体。也就是说，当全球变化改变了人们原有的生活状态并对其造成破坏时，人们为了生存会做出各种努力，规避这些变化带来的困难，同样也会利用这些变化所带来的机遇来改善自身处境。因为在每个全球变化的表面下，存在着人们求生存的本能和改善生活的愿望、努力和能力。这些本能、愿望和能力是人类历史发展的驱动力。在这驱动力下，人们透过改变每个地方社会而最终改变全球。

因此，我不同意包括罗伯逊在内的混合化理论的倡议者的观点，因

（接上页）University Press, 1993);Joseph E. Inikori, *Africans and the Industrial Revolution in England: A Study in International Trade and Economic Development* (Cambridge: Cambridge University Press, 2002); Kenneth Pomeranz, *The Great Divergence: China, Europe, and the Making of the Modern World Economy* (Princeton: Princeton University Press, 2000)。

1 我和瑞泽尔的看法相同，即全球并没有取代本地，参见 George Ritzer, *The Mcdonaldization of Society* (Thousand Oaks: Pine Forge Press, 2000)。亨廷顿认为全球处于不断冲突之中，参见 Samuel P. Huntington, *The Clash of Civilizations and the Remaking of World Order* (New York: Simon & Schuster, 1996)。

为他们往往将地方社会视为全球变化的"适应者",或者说在将全球变化纳入人们生活的过程中,起到"适应性"角色的社会。[1]相反,我认为人们是全球变化的积极参与者。在这方面,我赞同拉尼·鲁布迪(Rani Rubdy)和卢布纳·阿尔斯古夫(Lubna Alsagoff)对混合化理论的批评。和他们一样,我也认为人们有能力"根据他们自己的本地框架和倾向",根据自己的需求、欲望和利益创造性地参与全球变化。[2]

我根据以上概念来理解全球和地方之间的共生(symbiotic)关系。我把它们看成是一个连续体,而不是像一些人所认为的那样是一种分割和对立的二元体。[3]我是基于对全球和地方之间关系的这种理解来体会罗伯逊所说的"全球只体现在地方"的涵义。[4]

---

1 库玛(B. Kumaravadivelu)使用了"适应者"这个术语,参见B. Kumaravadivelu, *Cultural Globalization and Language Education* (New Haven: Yale University Press, 2008), 45。参见Roland Robertson, "Europeanization as Glocalization," in *European Glocalization in Global Context*, ed. Roland Robertson (Houndmills: Palgrave Macmillan, 2014), 21。

2 Rani Rubdy and Lubna Alsagoff, "The Cultural Dynamics of Globalization: Problematizing Hybridity," in *The Global-Local Interface and Hybridity: Exploring Language and Identity*, ed. Rani Rubdy and Lubna Alsagoff (Bristol: Multilingual Matters, 2014), 5.

3 关于新马克思主义学者倾向于将全球和本地视为二元对立的讨论,请参见J.S. Guy, "What Is Global and What Is Local? A Theoretical Discussion around Globalization," *Parsons Journal for Information Mapping* 1, no. 2 (2009): 1-16。

4 关于罗伯逊概念的概述,请参见Roland Robinson, "Theories of Globalization," in *The Blackwell Companion to Globalization*, ed. George Ritzer (Malden: Blackwell, 2007), 135。

最后，关于全球变化的结果，我和马尔利姆·沃特斯（Malcolm Waters）以及戴维·赫尔德（David Held）及其同事持有类似的观点，他们都认为全球本身"体现了社会关系和人与人之间互动的空间组织的转变"[1]。但是，我强调全球变化对人们之间的经济、技术、政治、文化和社会联系产生了特定的影响，不仅在一个特定地理位置内部，而且在每个地理位置的内外之间。同时，我不像安东尼·吉登斯（Anthony Giddens）那样，将全球化视为现代化的完成。相反，我认为全球变化是长期历史变迁的一部分，始于世界各地，并在每个地方社会中发生。[2]

为了了解中国地方社会在 19 世纪到 20 世纪初如何与全球变化交融，我着手了以下研究。在这一时期内，中国社会经历了前所未有的历史性演变。我想向读者展示中国老百姓是如何在这一过程中生存下来的。他们不仅面对挑战，而且成功地驾驭全球变化所带来的机遇，改变自己所处的地方环境，并由此使整个中国社会走上了其独有的近代化道路。为了更好地让读者理解本书的理论立足点及其意义，我在中译版中增加了这一序言。在此，我将梳理西方社会科学和人文科学在近几十年

---

1 摘自 Malcolm Waters, *Globalization* (London: Routledge, 2001), 5。例如，根据沃特斯的观点，全球变化是"一种社会过程，其中地理对经济、政治、社会和文化安排的限制正在消退"，参见 David Held et al, *Global Transformations: Politics, Economics and Culture* (Stanford: Stanford University Press, 1999), 16。

2 吉登斯使用"时空距离"概念来描述遥远地区的人们之间的及时联系时，提出全球化是现代化的完成。对于吉登斯来说，"现代性的一个基本后果是全球化"。参见 Giddens, *The Consequences of Modernity*, 64, 175。

的发展轨迹，让我的读者们看到近些年，西方学者如何透过各种努力最终摆脱了以欧洲为中心的世界史观，并因此让我有机会从全球和地方的双重角度来探讨中国历史。

历史研究中的全球和地方

自从 19 至 20 世纪初一些西欧和北美国家在全球范围内占据了经济和政治上的主导地位后，西方学术界一直盛行着一种以欧洲中心论为主的全球史观。各种理论家——包括历史学家和非历史学家——都在用这种所谓西方崛起的"宏大叙事"（grand narrative，借用弗朗索瓦·利奥塔〔Jean-François Lyotard〕的术语）来解释欧洲在近代的发展，并将这种史观与全球变化的目的论相结合。[1]他们试图证明欧美国家在 19 世纪的兴起是世界历史变迁的必然趋势。首先，这种宏大叙事反映了早期欧洲思想家的基本观点。他们认为欧洲社会比其他像中国这样的社会，更适合经济、技术和科学的发展。

这种宏大叙事的基础是对欧洲历史发展独特的假定。在他们看来，只有西欧国家才有促成崛起的因素。这些因素对亚当·斯密（Adam Smith）来说是欧洲人强调商业，特别是外贸；对戴维·休谟（David

---

1 关于利奥塔对"宏大叙事"这个术语的讨论，请参见Jean-François Lyotard, *The Postmodern Condition: A Report on Knowledge* (Minneapolis: University of Minnesota Press, 1991)。

Hume）和康德（Immanuel Kant）来说是欧洲政治制度的分裂；对黑格尔（Georg W. F. Hegel）来说是欧洲人的"世界精神"；对马克思（Karl Marx）来说是资本主义的发展导致欧洲社会高效的剥削；对马克斯·韦伯（Max Weber）来说是欧洲思维的系统性理性主义。[1]在这种史观的指导下，许多研究世界史的学者将 19 世纪初西方工业化国家的出现，归功于欧洲中世纪时期（5 世纪至 15 世纪）所形成的在他们看来独特的欧洲文化，认为这一文化所衍生的一连串社会制度、个人行为准则及追求知识的热情，是这些欧洲国家走向繁荣昌盛的关键。

我们可以大致将这些理论家分为以下几个子类，尽管他们之中的每个人在本质上都是文化主义者。例如，在文化类别中，约翰·霍尔（John A. Hall）认为欧洲文化的独特之处在于强调社会协议（social agreement）而非政治强制（political coercion），据此，欧洲人创造了有利于近代变革的制度。[2]戴维·兰德斯（David S. Landes）发现欧洲人不断追求创新和技术进步的能力来自欧洲文化传统，主要与犹太基督教有关，这使欧洲人拥有一组特殊的有利信仰、态度和价值观。[3]迪尔德丽·麦克洛斯基（Deirdre N. McCloskey）认为，只有在欧洲文化中，发

---

1 参见 Jonathan W. Daly, *Historians Debate the Rise of the West* (Abingdon: Routledge, 2014), 2-8。

2 John A. Hall, *Powers and Liberties: The Causes and Consequences of the Rise of the West.* (Oxford: Basil Blackwell, 1985).

3 David S. Landes, *The Wealth and Poverty of Nations: Why Some Are So Rich and Some So Poor.*

现、发明和企业家精神才受到尊重和推广。[1]

在强调欧洲体制独特的类别中，内森·罗森伯格（Nathan Rosenberg）和小伯泽尔（L. E. Birdzell Jr.）认为，基于新教价值观的欧洲各项体制间的相互作用，是产生欧洲社会积极商业变化的条件。[2]道格拉斯·诺思（Douglass C. North）认为，产权保障是西欧国家的独特发明，为这些国家带来了下世纪前所未有的经济成长。[3]理查德·派普斯（Richard Pipes）指出，西方崛起的重要基础是17世纪人们对自身财产权非当权者可以剥夺之意识的增强。[4]

在强调个人的作用方面，克里斯托弗·道森（Christopher Dawson）提出了欧洲人个人特质的重要性，并将欧洲的成功归因于欧洲人的英雄崇拜和基督教中非顺从精神的结合。[5]艾伦·麦克法兰（Alan Macfarlane）则认为，将个人主义与合作精神相结合的二元论是将西欧人推向实现工业化的关键。[6]林恩·怀特（Lynn White）指出欧洲人欣赏技术的能力，

---

1 Deirdre N. McCloskey, *Bourgeois Dignity: Why Economics Can't Explain the Modern World* (Chicago: University of Chicago Press, 2010).

2 Nathan Rosenberg and L. E. Birdzell Jr., *How the West Grew Rich: The Economic Transformation of the Industrial World* (New York: Basic Books, 1986).

3 Douglass C. North and Robert Paul Thomas, *The Rise of the Western World: A New Economic History* (Cambridge: Cambridge University Press, 1973).

4 Richard Pipes, *Property and Freedom*, 1st ed. (New York: Alfred A. Knopf, 1999).

5 Christopher Dawson, *Religion and the Rise of Western Culture* (London: Sheed & Ward, 1950).

6 Alan Macfarlane, *The Origins of English Individualism: The Family, Property and Social Transition* (Oxford: Blackwell, 1978).

他认为，欧洲人之所以能够利用技术的潜力，是基于基督教的观点，即重视人类胜于机器。[1]乔尔·莫基尔（Joel Mokyr）认为，欧洲人在发展现代科学和技术方面的能力胜过其他人，很大程度上是因为他们强调追求和分享"实用知识"。[2]

最后，有一群人指出更好的武器和军事战术的发展是西方崛起的原因。例如，卡洛·奇波拉（Carlo Cipolla）认为，欧洲人设计和不断完善军事武器是他们自 1500 年以来在世界上占主导地位的关键。[3]迈克尔·罗伯茨（Michael Roberts）和杰弗里·帕克（Geoffrey Parker）认为，欧洲在 17 和 18 世纪的主导地位可以追溯到中世纪时期在军事战术、战略及技术方面的不断创新。[4]威廉·麦克尼尔（William H. McNeill）认为，开发军事技术，如火炮和更好的战士训练，在战斗中训练士兵的能力是欧洲人成功的关键，尽管麦克尼尔承认中国在公元 1000 年至 1500 年间在欧亚

---

1 Lynn Townsend White, *Medieval Technology and Social Change* (Oxford: Clarendon Press, 1962).

2 Joel Mokyr, *The Gifts of Athena: Historical Origins of the Knowledge Economy* (Princeton: Princeton University Press, 2002).

3 Carlo M. Cipolla, *Guns and Sails in the Early Phase of European Expansion, 1400-1700* (London: Collins, 1965).

4 Michael Roberts, "The Military Revolution, 1560-1660," in *Essays in Swedish History*, ed. Michael Roberts (Minneapolis: University of Minnesota Press, 1967), 195-225; Geoffrey Parker, *The Military Revolution: Military Innovation and the Rise of the West, 1500- 1800*, 2nd ed. (Cambridge; New York: Cambridge University Press, 1996).

经济中发挥了重要作用。[1]

对欧洲文化的卓越性认可很快就成为了现代化理论的重要组成部分之一。为了更好地理解该理论如何用于使西方在世界上的优势地位合法化，我们将看看这个理论，以及围绕它的所有讨论。

现代化理论在 1950 年代和 1960 年代的美国首先流行起来。实质上，现代化理论本身是欧洲启蒙时代到 19 世纪和 20 世纪初思想家，如埃米尔·涂尔干（Emile Durkheim）、韦伯、赫伯特·斯宾赛（Herbert Spencer）及马克思等人思想的延伸。虽然这个理论具有解释西方国家成功的相同目标，但它还有另一个使命，即解释甚至预测在世界各地区，如中国，和西方国家接触后的变化。因此，这个理论的基础是世界发展的目的论，它将 19 世纪和 20 世纪的世界变化视为源于西方国家发展的单一进程——现代化的命运。从沃尔特·罗斯托（Walt W. Rostow）开始，现代化理论在冷战背景下获得了普及，此外，在二战后殖民时期结束之际，许多西欧和美国人认为需要解释自由民主制度的成功，以抵御苏联和中国共产主义崛起的威胁。[2]同时，作为这种解释西方国家成功的

1　William Hardy McNeill, *The Pursuit of Power: Technology, Armed Force, and Society since A.D. 1000* (Chicago: University of Chicago Press, 1982).

2　参见雷迅马（Michael E. Latham）的讨论，Michael E. Latham, "Introduction: Mode-rnization, International History, and the Cold War World," in *Staging Growth: Moderniza-tion, Development, and the Global Cold War*, ed. David C. Engerman (Amherst: University of Massachusetts Press, 2003), xiii-283。

努力的副产品，在美国产生了社会科学研究领域。[1]

现代化理论从社会分化、知识、国家建设、城市化、迁移和新技术的发展等多个角度审视社会。但是，像李普塞（Seymour Martin Lipset）、舒米尔·艾森斯塔特（Shmuel N. Eisenstadt）和塔尔科特·帕森斯（Talcott Parsons）这样的现代化理论家都采用了一个二元模型来看待世界，即认为世界上存在两种类型的国家："现代"或"传统"。依照此模式，李普塞发现经济现代化的社会具有更高的政治民主化可能性。[2]艾森斯塔特认为，现代社会既不统一组织，也不易于与传统社会区分开来。[3]帕森斯认为，现代社会是中立的、自我导向的、普遍的、成就导向的、特定的，而传统社会是感性的、集体的、具体的、随性的和扩散的。[4]

---

1 尽管我们通常相信现代社会科学是在 18 世纪随着现代科学的发展，并借鉴后者的许多研究方法而出现的，但实际上，现代社会科学的根源可以追溯到人们对自然科学的兴趣，早在公元前 5 世纪的雅典哲学家修昔底德（Thucydides）时代就有了。可是，社会科学成为一个领域是在 19 世纪初，因为许多人认为他们需要解释在那个世纪中世界上发生的巨大变化。参见 Lynn McDonald, *The Early Origins of the Social Sciences* (Montréal: McGill-Queen's University Press, 1993), 3。

2 Seymour Martin Lipset and Reinhard Bendix, *Social Mobility in Industrial Society* (Berkeley: University of California Press, 1959).

3 S. N. Eisenstadt, *Tradition, Change, and Modernity* (New York: Wiley, 1973); S. N. Eisenstadt, *Traditional Patrimonialism and Modern Neopatrimonialism. Studies in Comparative Modern-ization Series* (Beverly Hills CA: Sage Publications, 1973).

4 Talcott Parsons, "Evolutionary Universals in Society," *American Political Science Review* 29, no. 3 (1964): 339-357.

主张现代化理论的都认同一个观点：工业化是现代化的必要条件；现代化的社会（即复杂的社会）处于较高的"发展"阶段，而传统社会（即简单和未分化的社会）则处于较低的"发展"阶段。而现代化"起源于"西欧和北美。他们都不约而同地支持目的论的世界观，即任何社会都可以，并最终将会透过同样的发展道路从传统阶段"进步"到现代阶段。[1]

当现代化理论在美国盛行时，出现了一种强有力的批评性理论，即帝国主义理论。然后，在1960年代末和1970年代，又在这基础上出现了另一种理论，即依赖理论（dependency theory）。后者旨在替代帝国主义理论来直接反对现代化理论。可是，无论是帝国主义理论还是依赖理论都没有充分地挑战宏大叙事本身。相反，它们继续与现代化理论分享以欧洲中心说为主的世界史观。

帝国主义理论在20世纪初期兴起，曾在欧洲产生很大的影响，后来逐渐在美国扩大影响。该理论主要依赖马克思关于欧洲帝国主义的概念和他对英格兰历史的观察，并以西方近代帝国主义兴起的视角提供一种对19世纪和20世纪初主要全球变化的解释。在这个理论中，马克思（与恩格斯一起）将近代帝国主义——在他们看来是一种资本主义高度发展的表现形式——看成一个单一的世界变迁过程。它最初始于工业化后的欧洲，后来其势力扩展到世界范围。

---

1 Nils Gilman, *Mandarins of the Future: Modernization Theory in Cold War America. New Studies in American Intellectual and Cultural History* (Baltimore: Johns Hopkins University Press, 2003), 203-240.

将 19 世纪称为近代帝国主义时代，约翰·霍布森（John A. Hobson）、列宁（Vladimir Lenin）、约瑟夫·熊彼特（Joseph Schumpeter）、卡尔顿·海斯（Carlton Hayes）和威廉·兰格（William Langer）等人都试图解释欧洲和北美的早期工业化国家争夺非洲、大洋洲和亚洲殖民地的原因。例如，霍布森将原因归结于工业化国家内的经济不平等。[1]列宁认为根本原因在于西欧社会中资本和工人阶级之间日益扩大的差距。[2]熊彼特将帝国主义行为归因于欧洲贵族传统中根深蒂固的"社会原始主义"。尽管他们各持不同观点，但他们都认为近代帝国主义是工业资本主义的高级阶段，近代帝国主义的出现与早期工业化国家的民粹主义和民族主义的兴起有关联。[3]

　　和帝国主义理论并行的是依赖理论。这个理论 1960 年代和 1970 年代在美国流行起来，成为现代化理论的主要反对者。与帝国主义理论者不同，依赖理论是由一群不同的学者大致围绕这个主题所产生的一连串观点。比如，他们之中的赫伯特·席勒（Herbert Schiller）所关注的不是经济帝国主义，而是文化帝国主义。还有的学者，如伊曼纽尔·沃勒斯坦（Immanuel Wallenstein），则拒绝承认他和此理论的关联。[4]

1　J. A. Hobson, *Imperialism: A Study* (New York: Gordon Press, 1975).

2　Vladimir Ilich Lenin, *Imperialism, the Highest Stage of Capitalism* (New York: International publishers, 1933).

3　Joseph Alois Schumpeter, *Imperialism and Social Classes* (New York: A.M. Kelly, 1951).

4　Herbert I. Schiller, *Communication and Cultural Domination* (White Plains: International Arts and Sciences Press, 1976).

总体而言，依赖理论是一种经济理论，解释了世界不平等发展的原因。特奥托尼奥·多斯桑托斯（Theotonio dos Santos）将"依赖"定义为"某些国家的经济受制于另一个经济的发展和扩张的情况"[1]。该理论强调的是西方国家与最低度开发国家之间接触时产生的对后者不利的经济影响。虽然它并不认为西欧和北美国家的经济成功，但是它看到了"已开发"和"未开发"之间现有的经济差距。该理论认为，19世纪和20世纪初全球变迁的主要过程是西方国家对世界其他地区的经济剥削。

依赖理论中很重要的部分来自列宁关于帝国主义的两个基本假设：一是资本主义和帝国主义国际化之间存在直接联系，因为资本主义已开发国家最终会在海外寻求解决其内部社会和经济问题的途径；二是帝国主义的国际化意味着资本主义国家必然会利用贫穷国家获取资源、廉价工作力，并扩大市场。[2]

为了解释依赖状态的原因，劳尔·普雷维什（Raúl Prebisch）和汉斯·辛格（Hans Singer）将其归因于"中心"（已开发国家）和"边缘"（未开发国家）之间商品交换的不平等。[3]安德烈·冈德·弗兰克（Andre

---

1 Ronald H. Chilcote, *Imperialism: Theoretical Directions. Key Concepts in Critical Theory* (Amherst, NY: Humanity Books, 2000), 271-272.

2 Chamsy El-Ojeili and Patrick Hayden, *Critical Theories of Globalization* (Basomgstoke England; New York: Palgrave Macmillan, 2006), 43-44.

3 United Nations Economic Commission for Latin America, *The Economic Development of Latin America and Its Principal Problems*. United Nations Document. (Lake Success: United Nations Dept. of Economic Affairs, 1950), 473-485.

Gunder Frank）强调资本主义的国际化，而透过它，富裕国家可以剥削贫穷国家。[1]沃勒斯坦认为，世界经济体系在核心、边缘和半边缘地区的分工，使核心地区的国家能够以牺牲边缘地区的利益为代价而获益。[2]

尽管思想流派存在差异，但所有依赖理论的理论家都认为"主导"国家和"从属"国家之间存在一种依赖关系，前者被称为"已开发国家"，后者被称为"未开发国家"，前者透过对后者的剥削而导致这种关系。比如，在被称为普雷维什—辛格假说（Prebisch-Singer thesis）的辩论中，普雷维什和辛格都得出了相同的结论，即已开发国家和未开发国家之间的贸易交换是不平等的，并且将保持不平等，因为未开发国家的原材料价格和已开发国家出口的制成品价格存在差异：由于后者具有先进技术的制造附加值，后者的价格比前者高。这种差异使未开发国家无法像已开发国家那样在贸易交换中获得利润。[3]

尽管对现代化理论有很强的批判性，帝国主义理论和依赖理论仍然无法摆脱欧洲中心主义视角。它们与现代化理论一样，都是以西欧早期工业化国家处于全球变化中心的假设为前提。只有当后现代主义出现

1 Andre Gunder Frank, "The Development of Underdevelopment," in *Dependence and Underdevelopment: Latin America's Political Economy*, ed. Andre Gunder Frank, James D. Cockcroft, and Dale Johnson (Garden City, NY: Anchor Books, 1972).

2 Immanuel Maurice Wallerstein, *The Modern World-System. Studies in Social Discontinuity.* (New York: Academic Press, 1974).

3 Thomas George Weiss and Ramesh Chandra Thakur, *Global Governance and the Un: An Unfinished Journey* (Bloomington: Indiana University Press, 2010), 165.

时，西方学者才开始透过质疑人类知识的本质来动摇这种以西方中心说为主线的世界历史观的根基。[1]

后现代主义 1970 年代在美国兴起。这种怀疑人类知识本身和认知哲学为主的思潮，很快在社会科学和人文学科领域占据了重要地位。开始时，一些受到此思潮影响的学者对现代化理论提出了批判，但很快这种思潮导致学术界对整个解释历史的模式产生质疑。

早期的后现代主义者，包括亨德里·曼（Hendry de Man）、伯特兰·德·朱维内尔（Bertand de Jouvenel）、阿瑟·盖伦（Arthur Gehlen）和罗德里克·塞登伯格（Roderick Seidenberg），都认为所有人类知识，包括科学知识，都是主观建构的产物。我们对人类社会和自然界的解释也一直在修正和变更中。因此，他们认为在现实意义上不存在绝对的客观真理，也没有一种符合客观事实的历史解释。这些学者认为，一旦权力拥有者相信自己已经掌握了客观真理，就不可避免地会做出许多对人类社会发展不利的事情，从而导致像第二次世界大战中所见的许多人间悲剧。[2]

后期出现的后现代主义学者，也被称为后结构主义者，包括罗兰·巴特（Roland Barthes）、雅克·德里达（Jacques Derrida）、利奥塔

---

1 David B. Abernethy, *The Dynamics of Global Dominance: European Overseas Empires, 1415-1980* (New Haven: Yale University Press, 2000), 30.

2 参见 Ernst Breisach, *Historiography: Ancient, Medieval, and Modern*, 3rd ed. (Chicago; London: University of Chicago Press, 2007), 420-423。

和米歇尔·福柯（Michel Foucault）。其中，德里达质疑西方哲学中对理性的假设；福柯认为知识和权力不仅相互依存，而且知识本身的性质也是为了让人控制话语，和将权力合法化及制度化的目的；利奥塔指出，所谓人类解放的想法是一种自我合法化的神话。基于这种对人类知识的认知，他们提出放弃解释历史的企图。[1]

在这股思潮中，出现了一批注重于新文化史研究的学者。从一开始，新文化研究就不仅仅是对文化本身的研究。他们各自对文化理解的范围从玛格丽特·米德（Margaret Mead）的定义——文化是一个社会群体共享的知识、信仰、价值观、习俗和行为的系统——到克利福德·格尔茨（Clifford Geertz）的概念——文化是人类社会中的意义系统，用于解释和理解人们的行为和经验。但是，他们都认为文化是人类社会的重要组成部分，而且，根据巴特，文化是可以被解码的。特别值得注意的是在从事文化研究的人中，有不少研究专门关注普通人的日常生活和社会运动的心态，以及文化认同的问题。[2]

后现代主义是第一个间接挑战以西方为主线的世界史观的思潮，可是这一挑战并不是直接针对此世界观本身，而是拒绝承认任何理论建构和人们对历史模式的尝试。不过，透过这种挑战，后现代主义学说使得

---

1 参见Ernst Breisach, *Historiography: Ancient, Medieval, and Modern*, 420-423。

2 参见James W. Cook, Lawrence B. Glickman, and Michael O' Malley, *The Cultural Turn in U.S. History: Past, Present, and Future* (Chicago: University of Chicago Press, 2008), 3-58。

学者们对世界史的研究失去了兴趣。后现代主义思潮很快遭到了一些学者的质疑，例如尤尔根·哈贝马斯（Jürgen Habermas）。哈贝马斯认为，"现代化"这一构想在人类社会发展中仍然具有意义。[1]也有人认为后现代主义对我们了解整个人类经验所起的破坏大于帮助。[2]

　　但是，在后现代主义运动中产生了两组学者。他们最终会影响我们对全球变化的了解，尽管全球史绝不是他们的主要研究课题。第一组学者是皮埃尔·布迪厄（Pierre Bourdieu）、朱迪斯·巴特勒（Judith Butler）、吉尔·德勒兹（Gilles Deleuze）与菲力克斯·迦塔利（Félix Guattari）、利奥塔和福柯，当他们对工业和资本主义社会中的支配结构进行话语分析时，他们的关注点是文化实践及其与权力的关系。其中一些人扩展了马克思主义哲学家安东尼奥·葛兰西（Antonio Gramsci）的"霸权"概念（即统治阶级透过获得共识来实现支配），将其应用于诸如性别、种族和消费主义等问题。第二组学者多数来自于从事社会中弱势群体研究的学者。在与其他学者的互动中，他们将研究范围扩大到全球范围内权力关系的分析，并将文化视为这些关系形成的关键。由于这组人中有一部分与后殖民研究相关，我们通常将他们称为后殖民主义学者。[3]

---

1 Jürgen Habermas, "Modernity Versus Postmodernity," *New German Critique* 22 (1981): 3-14.

2 正如蒂洛塔玛·拉詹（Tilottama Rajan）批评文化理论所言："尽管其有限的解释能力，文化主义能够拥有当前的主导地位正是因为它能掩盖潜在矛盾的模糊性。"摘自Lynn Hunt, *Writing History in the Global Era* (New York: W. W. Norton & Company, 2014), 39。

3 参见Ernst Breisach, *Historiography: Ancient, Medieval, and Modern*, 425-427。

后殖民主义思潮的出现始于爱德华·萨义德（Edward Said）对东方主义的抨击，萨义德将其视为"一种西方统治、重组并对东方行使权威的方式"，虽然萨义德并不是第一个提出西方对非西方形象问题的人。[1]可是，后殖民主义者进一步质疑了与西方对非西方的支配有关的一切内容：他们特别关注西方和非西方之间的关系如何被殖民主义和非西方对西方的对抗所支配，以及东方主义对人类历史、哲学和科学的塑造。在进行这样的质疑时，佳亚特里·斯皮瓦克（Gayatri Chakravorty Spivak）认为，"第三世界"概念本身就是出于西方对非西方的认知。霍米·巴巴（Homi Bhabha）指出，在殖民话语中，长期的心理矛盾状态在殖民主义结束后仍然存在。萨拉·苏莱里（Sara Suleri）反对将作家归类为西方和非西方作者的二元分类方法。[2]

尽管后殖民主义思潮在美国出现与 20 世纪中期的殖民时期结束有很大关系，但他们的研究远远超越了考察殖民主义的残留问题，尤其是英国殖民主义的问题。更重要的是，作为后殖民话语的一部分，许多研究者加入了发现被压迫、被忽视或被忽略的声音的努力，因此超越了殖民话语的范围。他们对与女性主义、酷儿理论和种族身分相关的问题产生了广泛的兴趣。

1　参见 Edward W. Said, *Orientalism: Western Conceptions of the Orient. Reprint. with a new afterword* (London: Penguin Books, 1995), 3。

2　参见 James W. Cook, Lawrence B. Glickman, and Michael O'Malley, *The Cultural Turn in U.S. History: Past, Present, and Future*, 3-58。

后殖民主义思潮的盛行是 20 世纪后期社会科学和人文学科中的一个重要发展。它对以西方为中心的宏大叙事提出了严肃批判，但并非直接批判"西方崛起"这一叙事本身，而是透过排斥过去所有的理论和思维模式来进行。后殖民主义的思潮在很大程度上促使全球史研究于 20 世纪最后十年在美国的到来。

全球史研究的出现可以被看作历史学家意识到欧洲中心说在理解世界史中存在的错误，并将对世界史的兴趣与后殖民主义思潮中对西方中心主义占据统治地位的学术和公共话语的批判结合的结果。作为一种跨学科的方法，全球史研究对整个世界进行全方位研究，为历史学家重新审视世界历史开辟了道路。值得注意的是，他们将过去研究世界史的经验与后殖民主义历史研究中用于理解人类活动的方法相结合，并在挑战"西方崛起"宏大叙事的同时，开始关注了解非西方国家和地区的人们在全球变迁中如何改变生活的重要性。[1]

美国的全球史研究始于布鲁斯·马兹利什（Bruce Mazlish）与拉尔夫·布特简斯（Ralph Buultjens）合编的书《将全球史概念化》（*Conceptualizing Global History*），该书于 1993 年出版。在此书中，两位作者最早注意到了全球范围内各个地区人与人之间日益增长的联系和依存关系。他们发现这种关系不仅存在于人们的经济、政治和文化活动中，也同时体现在迁移后的生活方式和自然形成的社群结构中。与此同时，一些从事中国国际关系和经济史研究的学者，也在 20 世纪末将自

---

1 关于此事的讨论，参见 Robinson, "Theories of Globalization," 125。

已的研究逐渐扩大到全球史的范围。[1]

全球史研究方法大致可以分为两大类。他们分别以自上而下和自下而上的方法为特征。其中自上而下的方法着眼于全球范围内出现的现象，是一种宏观地了解人类社会变化的方法。按照世界史学家杰里·本特利（Jerry Bentley）的描述：全球史研究的着重点在于了解"使世界上不同的地区和独立的社会相互连接起来的全球范围变化过程"。与此不同，自下而上的方法则着重于了解人与人之间，在日常生活中跨越国家或地方界线的相互联系和依赖，而他们认为这种联系和依赖并不仅存在于经济、社会和文化领域。[2]

首先让我们探讨自上而下的方法。1990 年代后，随着结构主义和文化研究潮流的影响力走向衰落，这种方法为我们提供了一条重新了解人类历史发展的途径。虽然很多采用这种方法的学者往往把对全球史的研究和他们各自对社会史、文化研究、后殖民主义和女权主义等课题的兴趣结合起来，但是这种方法仍然使他们能着重于理解整个世界的发展趋势和全球范围内的变化过程。[3]

这一结合的结果是，越来越多研究世界史的学者开始质疑与 20 世

1　Bruce Mazlish and Ralph Buultjens, eds., *Conceptualizing Global History* (Boulder: Westview Press, 1993).

2　Lynn Hunt, *Writing History in the Global Era*, 60.

3　Lynn Hunt, *Writing History in the Global Era*, 9-10, 40. 例如，朱耀伟（Chu Yiu Wai）从后殖民主义的角度研究全球化，参见Chu Yiu Wai, "Postcolonial Discourse in the Age of Globalization," *Social Analysis* 46, no. 2 (2002): 148-156。

　磨合：
　　　　近代镇江的全球化之旅

纪初"西方崛起"宏大叙事相关的欧洲文化优越性的概念。这种质疑在21世纪初的西方社会科学和人文学科领域里迅速引起了关注。例如,珍妮特·L. 阿布—卢格霍德(Janet L. Abu-Lughod)透过展示13世纪的欧亚地区存在着先于现代全球体系的前现代世界体系,质疑了所有以"西方崛起"为主线讨论的基本假设,即葡萄牙、荷兰和英国进入印度洋,标志着现代全球化的开始。[1]也正是这一质疑,使学者们开始注意到亚洲国家在世界史上的成就,于是将研究重点移到了亚洲、非洲和伊斯兰文明地区,并开始审视他们在全球变迁中的作用。比如,霍布森提出西方的崛起在很大程度上要归功于东方;约翰·达尔文(John Darwin)认为欧洲人一直高度重视亚洲的成就;[2]杰克·古迪(Jack Goody)强调西方国家之所以在工业化和科学发现方面领先于其他国家,是由于全球范围内的知识共享以及对其他文明(包括亚洲文明)的借鉴所造成的结果。他们指出,在16和17世纪,亚洲比欧洲更加富裕,只有在欧洲开始工业化之后,欧洲人才开始认为亚洲落后。此外,欧洲经济成长不仅依赖

---

1 参见Janet L. Abu-Lughod, *Before European Hegemony: The World System A.D. 1250-1350* (New York: Oxford University Press, 1989); Janet L. Abu-Lughod, *The World System in the Thirteenth Century: Dead End or Precursor?* (Washington: American Historical Association, 1993)。

2 参见John M. Hobson, *The Eastern Origins of Western Civilization* (Cambridge: Cambridge University Press, 2004), 2-3; 参见John Darwin, *After Tamerlane: The Global History of Empire since 1405* (London: Allen Lane, 2007), 117。

于在美洲累积的财富，也依赖于亚洲文化的早期成就。[1]

对中国的研究而言，自 20 世纪末开始，一些中国历史学者也开始利用自己研究社会史所获得的技能和经验来发掘中国对世界的贡献。其中，塞缪尔·阿德斯海德（Samuel. A. Adshead）提出唐代是世界经济的中心；马立博（Robert Marks）指出，公元 1300 年至 1400 年间，中国与印度、伊斯兰地区一起成为主导世界经济的三个东半球中心之一；杨启铭（Chiming Yang）表明，17 世纪以来英国关于美德和道德观念的形成受到中国文化很大程度的影响。玛丽·马托西安（Mary Matossian）甚至认为，公元 500 至 1500 年应该被视为"中国千年"（Chinese Millennium），而不是欧洲史学家所通常认为的"中世纪千年"（Medieval Millennium）。[2]

实际上，在此之前，美国学术界已经对中国在全球历史发展的作用进行了一些了解。例如，伊斯兰教历史学家马歇尔·霍奇森（Marshall

---

1　Jack Goody, *The East in the West* (Cambridge: Cambridge University Press, 1996), 34-35, 47. Andre Gunder Frank, *Reorient: Global Economy in the Asian Age* (Berkeley: University of California Press, 1998).

2　Samuel A. Adshead, *T'ang China: The Rise of the East in World History* (Houndmills: Palgrave Macmillan, 2004); Robert Marks, *The Origins of the Modern World: A Global and Ecological Narrative from the Fifteenth to the Twenty-First Century*, 2nd ed. (Lanham: Rowman & Littlefield, 2007), 43-57; Chi-ming Yang, *Performing China: Virtue, Commerce, and Orientalism in Eighteenth-Century England, 1660-1760* (Baltimore: Johns Hopkins University Press, 2011); Mary Allerton Kilbourne Matossian, *Shaping World History: Breakthroughs in Ecology, Technology, Science, and Politics* (Armonk: M. E. Sharpe, 1997), 3.

G. S. Hodgson）回顾欧洲成就时将伊斯兰文明的早期成就归功于中国的一些重大发现，其中不仅包括火药、指南针和印刷术，还包括科举制度。在另一项研究中，中国历史学家罗伯特·坦普尔（Robert K. G. Temple）在 1986 年也指出，欧洲工业化和现代农业的出现在很大程度上受到了中国在这些领域的成就所启发。[1]但是，与过去不同，在 20 世纪末的研究中出现了从中国历史发展角度来直接挑战世界史中"西方崛起"的宏大叙事的现象。这些学者以事实证明宗教、哲学、思维模式等文化传统在西方工业化和欧洲经济增长中只起着微弱作用，并以此来展示，"西方崛起"宏大叙事的本质只是一个神话。

这批学者中最受人关注的是彭慕兰（Kenneth Pomeranz）和王国斌（Roy Bin Wong）。彭慕兰的研究直接探讨"西方崛起"宏大叙事的核心问题：为什么西欧在 18 世纪之前与中国在经济条件或技术创新上并无明显差异的情况下，于 19 世纪走在世界的前沿？他的研究发现，英国等西欧国家从美洲获得了煤和铁等资源，同时透过 18 世纪末的技术发展和跨洲贸易的扩大，为自己创造了一个资源密集和劳动力节省的经济条件。而中国面临着木材和土地短缺、燃料和食品等基本物品需求增长这一阻碍经济增长的双重困境，因此缺乏发展条件。[2]王国斌试图将欧

1 Marshall G. S. Hodgson, *Rethinking World History: Essays on Europe, Islam, and World History*, 68; Robert K. G. Temple, *The Genius of China: 3,000 Years of Science, Discovery, and Invention* (New York: Simon and Schuster, 1986).

2 Kenneth Pomeranz, *The Great Divergence: China, Europe, and the Making of the Modern World Economy*.

洲资本主义发展、国家的建立和民众反抗的历史与中国作比较，以反转过去在对中国和欧洲史进行比较时的不平等。他的研究表明，中国和欧洲在 16 至 18 世纪末的经济发展有许多相似之处，但从 18 世纪到 20 世纪，两者在建立国家政权这一点有很大的不同。[1]

虽然全球史研究在运用自上而下的方法中取得了可观的成就，但是这种方法的本身则带有一定的局限性。比如，运用这一方法的主要目的是讲述全球性故事，而援用此方法容易陷入优先考虑欧洲和北美历史的陷阱。此外，用这种方法所产生的全球化理论往往无法摆脱透过目的论的视角看待世界变化的倾向。[2]例如，全球化主要理论家之一吉登斯曾一再强调，全球化是现代化的延伸。他认为："现代性本质上是全球化的。"当纪登斯使用"时间—空间距离"一词时，他认为全球化现象是现代性或"晚期现代性"（late modernity）的普遍化表现，其特征为国家的普遍化和资本主义、工业主义、监视及军事力量的高度发展。[3]同样，约翰·迈耶尔（John W. Meyer）和其他人也认为全球化是透过"同构过程"达到现代化的更高阶段，并导致现代机构、价值观和实际运作方式

---

1 Roy Bin Wong, *China Transformed: Historical Change and the Limits of European Experience* (Ithaca: Cornell University Press, 1997), 82, 101, 104, 127, 293.

2 Lynn Hunt, *Writing History in the Global Era*, 9-10, 58, 62.

3 他 1990 年的书《现代性的后果》的标题也表明了全球化和现代性之间的联系，参见 Anthony Giddens, *The Consequences of Modernity*, 63, 177。关于新现代化理论的简要讨论，请参见 William Outhwaite and Larry Ray, *Social Theory and Postcommunism* (New York: John Wiley & Sons, 2008), 106-107。

在全球范围内的普遍化。这种全球化的观念响应了在同一时期复兴的新现代化理论。[1]

正是为了规避自上而下方法的局限性，学者们开始采用自下而上方法来研究全球变化。这种"跨国转向"（借用入江昭的术语）的出现始自于 21 世纪初一些学者对"跨国史"的研究。[2]与过去从事文化研究的人所注重的"国家、文明和区域边界内存在的独特性"不同，他们所关注的课题是人类活动中的相互联系、思想交流和科技传播如何跨越民族国家的界限和范围。这些学者对底层老百姓的生活特别感兴趣。[3]

顾名思义，跨国研究的重点之一是了解人与人之间的跨国联系，即"将原籍社会和移居社会联系起来，并找出多线社会关系的形成和维持"。学者们透过研究人们的流动，包括移民、旅行和旅居，来了解人

---

1 John W. Meyer, et al., "World Society and the Nation-State," *American Journal of Sociology* 103, no. 1 (1997): 144-181.

2 "跨国转向"一词是由入江昭提出的，参见 Akira Iriye, "The Transnational Turn," *Diplomatic History* 31, no. 3 (2007): 373-376。有关跨国主义用于避免全球化理论中的目的论的讨论，请参见 Pierre-Yves Saunier, "Going Transnational? News from Down Under: Transnational History Symposium, Canberra, Australian National University, September 2004," *Historical Social Research* 31, no. 2 (2006): 130-131。另请参见 Christopher A. Bayly, et al., "Ahr Conversation: On Transnational History," *American Historical Review* 111, no. 5 (2006): 1441-1446。

3 Patrick Manning, *Navigating World History: Historians Create a Global Past*, 1st ed. (New York: Palgrave Macmillan, 2003), 169. 另请参见 Akira Iriye, *Global and Transnational History: The Past, Present, and Future* (Basingstoke: Palgrave Macmillan, 2013), 2, 11-12。

们如何创造"去领土化"(deterritorized)和"去地方化"(delocalized)的社会空间，以及跨国社群和群体认同。[1]这种着眼点反映了阿尔君·阿帕杜莱（Arjun Appadurai）和曼纽尔·卡斯特（Manuel Castells）等理论家对全球化的理解，即全球化是人与人之间扩大联系的过程。阿帕杜莱认为，人们跨越国界的联系和创建跨国社群的现象是"全球文化流动"的五个"民族景观"之一。这一流动产生了多个新的"想象化的世界"，并在世界各地区域与区域之间造成了不同文化间的相互冲撞。作为全球化网络理论的主要倡导者，卡斯特则认为，一个新的社会互动空间，即"流动的空间"的出现，是由当代世界的高度技术化造成的。它使得任何地方的人都能够不受国界限制，在全球范围内保持经常联系。[2]

　　除了强调人类活动的跨国联系外，跨国史研究还有一个重要的组成部分：发现全球和地方社会之间的联系，这些联系在 19 世纪成了人们在日常生活中受到经济、政治、社会和文化变化影响的关键。实际上，全球与地方社会之间的关系一直是对全球史研究感兴趣的学者重要的探究内容。根据格雷汉姆，尽管对全球和地方社会之间的关系至少有五种

---

1 摘自 Linda Basch, et al., *Nations Unbound: Transnational Projects, Postcolonial Predicaments, and Deterritorialized Nation-States* (Langhorne: Gordon and Breach, 1994), 7。

2 Arjun Appadurai, *Modernity at Large: Cultural Dimensions of Globalization* (Minneapolis: University of Minnesota Press, 1996), 31-36; Manuel Castells, *The Informational City: Information Technology, Economic Restructuring, and the Urban-Regional Process* (Oxford:Blackwell, 1989); Manuel Castells, *The Rise of the Network Society* (Malden: Blackwell, 1996).

解说，几乎所有人都认为全球和地方之间有着密切联系。阿里夫·德里克（Arif Dirlik）认为所有的地方现象同时也是全球的，反之亦然，尽管这些现象因时间和地点而异。罗伯逊认为地方是全球的体现。阿帕杜莱认为"跨地域性"是全球化世界中的地方社群的特性，因为它们在文化上和"现象上"超越了当地和国家的边界，尽管它们仍然身处国家政权下。所有这些解释都达成了一个共识：即全球变迁和地方社会变化密不可分。[1]

最近几年，在中国历史研究上也出现了不少采用跨国历史视角的成果。其中，有的研究大大增强了我们对中国与世界其他地区人与人之间多重联系的了解。这些学者的主要代表为麦哲维（Steven B. Miles）与麦柯丽（Melissa Macauley）。[2] 在研究全球和地方社会的联系方面，也有学

---

[1] 参见Robertson, "Europeanization as Glocalization." 135; Arif Dirlik, "Place-Based Imagination: Globalism and the Politics of Place," in *Places and Politics in an Age of Globalization*, ed. Roxann Prazniak and Arif Dirlik (Lanham: Rowman & Littlefield, 2001), 30。

[2] Steven B. Miles, *Upriver Journeys: Diaspora and Empire in Southern China, 1570-1850* (Cam- bridge, MA: Harvard University Asia Center, 2017); Melissa Macauley, *Distant Shores: Colonial Encounters on China's Maritime Frontier* (Princeton: Princeton University Press, 2021). 其他相关研究可参：John M. Carroll, *Edge of Empires: Chinese Elites and British Colonials in Hong Kong* (Cambridge: Harvard University Press, 2005); S. A. Smith, *Revolution and the People in Russia and China: A Comparative History* (New York: Cambridge University Press, 2008);Daniel H. Bays and Ellen Widmer, *China's Christian Colleges: Cross-Cultural Connections, 1900-1950* (Stanford: Stanford University Press, 2009); Turan Kayaoglu, *Legal Imperialism: Sovereignty and Extraterritoriality in Japan, the Ottoman Empire, and China* (Cambridge: Cambridge University Press, 2010)。

者将他们对中国社会的研究放置于全球背景下。[1]

为了充分利用社会科学和人文科学最新出现的机遇，我决定在我的研究中同时采用全球史自上而下和自下而上的方法。具体而言，我将透过自上而下的方法，着重了解 19 世纪至 20 世纪初中国人民如何受到三大全球变化的影响。这三大变化是近代帝国主义的兴起、全球经济一体化的出现，和西方机械化技术对非西方国家和地区的传播。我认为这三大变化是当时全球变迁的主要组成部分。正如著名学者入江昭曾指出："今天，大多数学者都会同意，经济和技术全球化是 19 世纪下半叶作为塑造世界的主要力量出现的。"我不仅同意入江昭的观点，还认为近代帝国主义的兴起也应包括在这种力量中，因为我相信大多数学者都会认同"后殖民形式的帝国主义"在当时全球变迁中是一个重要的方面。在我看来，这三大全球变化与中国老百姓在这一时期的生活经历密不可分，因为它们以鸦片战争、社会经济变化和蒸汽船技术等形式出现在中

---

1 Carolyn Cartier, *Globalizing South China* (Oxford: Blackwell Publishers, 2001); Sidney Cheung（张展鸿）and David Y. H. Wu（吴燕和）, *The Globalization of Chinese Food* (Hoboken: Taylor and Francis, 2014); Zhuoyun Xu（许倬云）, *China: A New Cultural History* [in Translated from the Chinese] (New York: Columbia University Press, 2012); Thomas Jansen, et al., *Globalization and the Making of Religious Modernity in China: Transnational Religions, Local Agents, and the Study of Religion, 1800-Present* (Lieden: Brill, 2014); Francesca Bray, et al., *Rice: Global Networks and New Histories* (New York: Cambridge University Press, 2015); Shellen Xiao Wu（吴晓）, *Empires of Coal: Fueling China's Entry into the Modern World Order, 1860-1920* (Stanford: Stanford University Press, 2015).

磨合：
近代镇江的全球化之旅

国的地方社会。对中国普通人而言，以上三大变化并不是独立于他们生活之外的事件，而是可以切身感受到的。[1]

运用自下而上的方法，我将着重了解中国地方社会与 19 世纪和 20 世纪初全球变化之间的互动。我会把注意力集中在那里的普通人的生活，看他们如何与全球变化磨合。我不仅会观察他们在面对三大全球变化所带来的困难，甚至在面临灾难时如何在挣扎中求生存，还会了解他们如何抓住这些变化所带来的机遇，并透过各种努力来改善自己的生活。同时，我也会仔细审视社群之间以及中国社会与世界其他地区之间是如何日益扩大联系，以及这些不同社会之间的互动。透过同时采用这两种方法，我不仅试图避免陷入以西方为中心的历史发展目的论的陷阱，还希望能够从全球变化的角度去讲述英国历史学家克里斯托弗·贝利（Christopher A. Bayly）所指的"和全球变化同时发生"的普通人的故事。[2]

目前，学术界已经出版了一些由研究世界不同地区的学者所撰写的书籍。例如维多利亚·雷耶斯（Victoria Reyes）等人的著作。这些研究者在理解全球变化和非西方国家的地方社会之间的互动方面有着共同兴趣。其中有几本涉及到全球殖民主义和全球市场扩张所造成的地方变化

---

1 第一个引文来自 Akira Iriye, *Global and Transnational History: The Past, Present, and Future*,20。第二个引文来自 Jan Aart Scholte, *Globalization: A Critical Introduction* (New York: St. Martin's Press, 2000), 45-46。

2 Christopher A. Bayly, et al., "Ahr Conversation: On Transnational History," 126.

等课题。[1]

可是，与中国有关的著作只有极少数。[2]这些学者的著作所关注的主要是政治和经济领域，研究中国地方社会与全球变化的磨合则相对较少。因此，我认为有必要进行这项研究，以了解中国普通百姓在这段历史性转型时期中如何与全球变化磨合。

1 Victoria Reyes, *Global Borderlands: Fantasy, Violence, and Empire in Subic Bay, Philippines* (Stanford: Stanford University Press, 2019); P. Neethi, *Globalization Lived Locally: A Labour Geography Perspective*, First edition (New Delhi: Oxford University Press, 2016); Tariq Omar Ali, *A Local History of Global Capital: Jute and Peasant Life in the Bengal Delta* (Princeton; Oxford: Princeton University Press, 2018); James Livesey, *Provincializing Global History: Money, Ideas, and Things in the Languedoc, 1680-1830* (New Haven: Yale University Press, 2020).

2 参见Eugenio Menegon, *Ancestors, Virgins, & Friars: Christianity as a Local Religion in Late Imperial China* (Cambridge: Harvard University Asia Center for the Harvard-Yenching Institute, 2009); Bryna Goodman and David S. G. Goodman, *Twentieth Century Colonialism and China: Localities, the Everyday, and the World* (London: Routledge, 2012); Thomas Jansen, et al., *Globalization and the Making of Religious Modernity in China: Transnational Religions, Local Agents, and the Study of Religion, 1800-Present*; Dominic Sachsenmaier, *Global Entanglements of a Man Who Never Traveled: A Seventeenth-Century Chinese Christian and His Conflicted Worlds* (New York: Columbia University Press, 2018)。

导　论

全球变化对中国社会的影响

迄今为止，研究中国近现代史的学者所面临的最主要问题，是如何解析中国社会在 19 世纪至 20 世纪上半叶全球变化中的历史发展轨迹。这些全球变化主要包括 19 世纪至 20 世纪初近代帝国主义的崛起、全球经济一体化的加剧，以及西方机械化技术在世界范围内的广泛传播。这些变化往往与欧洲、北美工业化国家，以及后来兴起的日本对于控制全球的欲望和所作所为相关。透过鸦片战争，这些国家成功地渗透到中国社会内部，并将那里的人们置于他们的经济利益和帝国主义野心之下。然而同一时期，在西方机械化技术的影响下，中国社会加速了转型，并以此扩大了与世界其他地区经济的直接联系。

正由于这段中国历史与西方工业化国家的欲望和活动交织在一起，我们在观察这段历史时一直面临着一个挑战：如何透过表面现象去发现中国社会在全球变化中的内在发展轨迹。自从中国研究成为一个学术领域以来，学者一直面临着这一挑战。现在让我们来看看在过去几十年中，我们是如何应对的。

1970 年代之前，以"西方崛起"为核心的宏大叙事笼罩了整个美国的中国史研究领域。在这种影响下，许多学者都（带着）欧洲中心主义和历史发展目的论的视角去看待全球变化与中国社会发展之间的关系。从 1970 年代末到 1990 年代初，受法国年鉴学派的影响，中国研究的重点开始向中国内部社会转移。但是为了避免与以西方为中心的世界观有关联，这种转移的代价是学者们几乎完全回避了任何与全球变化有关的课题。这种现象在柯文（Paul A. Cohen）提出"以中国为中心的研究方法"之后变得更加明显，并且一直持续到 21 世纪初。[1]虽然后现代主义早在 1970 年代末就开始间接地质疑"西方崛起"这一宏大叙事，但直到全球史研究兴起后，研究中国的学者才开始重新关注有关中国和全球变化之间关系的问题。

由此，从美国开创中国史研究到 1960 年代中期，中国史研究领域对鸦片战争的研究重点通常基于这种假设：作为一个在文化传统上相对滞后的国家，中国得依靠欧洲和北美国家的刺激来发展。在讨论鸦片战争的历史问题时，除了对欧洲近代帝国主义在中国的作为有所关注，学者们讨论的重点几乎都是清朝如何以"中原王朝"的思维方式与西方互动。同时，在这些讨论中，鸦片贸易一直被认为是清朝朝贡体系的一部分。到了 1960 年代末，一些历史学家把视线转移到了国际关系和外交史，不再对鸦片战争起因等话题感兴趣。同时，有不少学者把他们的眼

---

1 参见 Paul A. Cohen, *Discovering History in China: American Historical Writing on the Recent Chinese Past* (New York: Columbia University Press, 2010), xiii。

光投向鸦片战争后中国对西方强权的反应，并开始考察中国在战败后如何试图自强。这些学者中唯一例外的是魏斐德（Frederic E. Wakeman），因为只有他把研究的重点放到中国的地方社会。

魏斐德1966年出版的书中，在很多方面，采用了与其他学者截然不同的研究方法。他不仅着重阐述这场战争最终如何成为太平天国的成因，而且关注到鸦片战争对中国地方社会的影响。透过了解战后社会和农村经济的变化，发现战争所造成的农村社会中的混乱、秘密结社活动的扩大，以及人们对清政府的普遍不满，他不仅让我们看到了鸦片战争和地方社会之间的联系，而且还感受到了这场战争对普通商人、乡绅和村民们生活的影响。可是，魏斐德著作的出版恰逢中国研究领域对鸦片战争有关课题的兴趣骤然下降。在此之后，关于这场战争的著作便寥寥无几，即使算上那些非历史学家所写的著作也是如此。[1]

这主要是因为美国历史学者开始跟随欧洲历史学家如阿尔贝·索布尔（Albert Soboul）和爱德华·汤普森（Edward P. Thompson）的脚步，热衷于研究社会史。而社会史研究的侧重点，正如社会史先驱费尔南·布罗代尔（Fernand Braudel）和马克·布洛赫（Marc Bloch）所指出的那样，主要在于解析与社会相关的人口、地理和经济等问题。受法国年鉴学派的影响，学者们离开了以前流行的关于政权更迭、政治人物和知识分子一类的研究课题，转而关注地方社会，找到了新的研究定

---

1 Frederic E. Wakeman, *Strangers at the Gate: Social Disorder in South China, 1839-1861* (Berkeley: University of California Press, 1966).

位。因此，他们开始逐个研究不同的地方和区域。这些努力使我们对整个中国社会有了更好的理解。但是，基于社会史研究的特点，学者们的关注点并不是林恩·亨特（Lynn Hunt）所认为的诸如全球变化等"大问题"。[1]

在中国史研究领域，社会史在柯文的书出现之前就已于 1970 年代末和 1980 年代初开始流行。柯文倡导的"以中国为中心的研究方法"正好赶上了中国开放地方档案的时机。这为美国学者提供了深入研究中国社会的机会。因此，在 1970 年代末至 1990 年代初，很多学者在研究社会和经济史以及地方社会方面取得了非常卓越的成就。可是，与此同时，大多数学者为了避免被怀疑与西方中心论的观点相关，仍然回避与鸦片战争有关的话题。[2]在这段时间里，除了魏斐德的书之外，唯一与鸦片战争有关的另一本出版物是詹姆斯·波拉切克（James M. Polachek）的书。尽管该书于 1992 年出版，但它是在 1970 年代完成的，因此它反映了那个时期的研究重点。该书采用了社会史研究方法，主要关注中国文人对清朝战败的反应，以及此战对中国政治体制的影响。[3]

---

1 Lynn Hunt, *Writing History in the Global Era*, 40.

2 Lea H. Wakeman, "Chinese Archives and American Scholarship on Modern Chinese History," in *Telling Chinese History: A Selection of Essays*, ed. Lea H. Wakeman (Berkeley: University of California Press, 2009), 315-329.

3 James M. Polachek, *The Inner Opium War* (Harvard East Asian Monographs) (Cambridge: Council on East-Asian Studies Harvard University, 1992). 波拉切克在 1970 年代进行研究，侧重于社会史研究。

到了 1990 年代，一些学者在新文化史的影响下开始研究鸦片消费等问题。他们关注的是鸦片消费如何成为一种文化现象，而不是战争引起的中国社会变化。虽然在 1990 年代末和 2000 年代初出版了许多专著，但它们与鸦片战争本身关系不大。[1]同时，作为后殖民主义话语研究的一部分，一些学者重新关注与鸦片战争有关的话题，将之视为重新检验殖民主义的机会。因此，他们开始重新审视西方殖民统治及其殖民国家在世界范围内为自己建立统治地位而运用各种话语的手段。这些研究在视角和数据源上都有很大的发展。一些研究也开始涉及与西方帝国主义有关的问题。但是，他们很少关注中国的地方社会，尤其是普通人的生活。[2]

---

1 关于文化研究日益增长的讨论，请参见Timothy Brook and Bob Tadashi Wakabayashi, ed.,*Opium Regimes: China, Britain, and Japan, 1839-1952* (Berkeley: University of California Press, 2000); Carl A. Trocki, ed., *Opium, Empire, and the Global Political Economy: A Study of the Asian Opium Trade, 1750-1950* (New York: Routledge, 1999); Yangwen Zheng, "The Social Life of Opium in China, 1483-1999," *Modern Asian Studies* 37, no. 1 (2003): 1-39; Yangwen Zheng, *The Social Life of Opium in China* (Cambridge: Cambridge University Press, 2005)。

2 请参见J. Y. Wong, *Deadly Dreams: Opium, Imperialism, and the Arrow War (1856-1860) in China*, Cambridge Studies in Chinese History, Literature, and Institutions (Cambridge: Cambridge University Press, 1998)；Glenn Melancon, *Britain's China Policy and the Opium Crisis: Balancing Drugs, Violence, and National Honor, 1833-1840* (Burlington, VT: Ashgate, 2003)；Harry Gregor Gelber, *Opium, Soldiers and Evangelicals: Britain's 1840-42 War with China, and Its Aftermath* (New York: Palgrave Macmillan, 2004)。

直到 21 世纪初何伟亚（James Louis Hevia）的研究发表以后，学者们才开始对鸦片战争重新产生了兴趣。[1]与以往不同，他们有的开始运用在西方国家和中国所找的史料，这使得使用回忆录、个人信件和私人日记逐渐成了一种趋势。在这些资料的说明下，学者们开始注意个人在战争中的重要作用，比如他们的观点、行为风格和个人兴趣等。另外一些研究则从中国的角度出发对鸦片战争做出了新的解释。这些研究认为，清朝官员的个人性格和道德观，以及清朝的外交失误及军事弱点都对鸦片战争的结果起着重要作用。还有人将鸦片战争和英国与中国之间互动的文化背景联系起来，并以此探讨包括礼物的交换方式、礼仪上的差异，甚至于英国人拒绝遵行中国的磕头习俗等。[2]

这类新研究的一个显著例子来自蓝诗玲（Julia Lovell）的书。在书中，作者向我们展示了个人观点、野心和国家之间的误解是英国议会和清王朝误判对方动机和目的的根源。同样，陈利的研究证明鸦片战争的起因来自于清朝与西方文化的对抗，以及与西方国家无休止的法律纠缠。此外，陈松全的研究追溯到了被称为"好战派"（Warlike Party）的

---

1 James Louis Hevia, *English Lessons: The Pedagogy of Imperialism in Nineteenth-Century China* (Durham: Duke University Press, 2003).

2 关于清朝官员的个人品德和道德，可参见 Haijian Mao, *Qing Empire and the Opium War* (Cambridge: Cambridge University Press, 2016)。关注文化冲突者，请参见 Peter J. Kitson, *Forging Romantic China: Sino-British Cultural Exchange 1760-1840* (Cambridge: Cambridge University Press, 2013); Dennis Abrams, *The Treaty of Nanking* (New York: Chelsea House, 2011)。

磨合：
近代镇江的全球化之旅

英国商人小团体在鼓动对中国发动鸦片战争的作用。而裴士锋（Stephen R. Platt）则调查了英国传教士和商人在鸦片战争前设法打开中国国门的失败尝试。[1]

虽然这些研究对我们了解鸦片战争的起因、过程和意义都有一定的贡献，但它们主要关注清朝官员、欧洲旅行者和传教士等特定群体，缺乏对普通人经历和应对鸦片战争负面影响的了解。最近，越来越多的历史学家开始研究其他战争中普通人的经历，因此研究普通人在鸦片战争中的经历不仅有助于我们深入了解这场战争的意义，而且能够揭示这场战争如何成为近代帝国主义工具。[2]

现在让我们看看美国学者如何理解 19 世纪下半叶和 20 世纪初中国

---

1 Julia Lovell, *The Opium War: Drugs, Dreams and the Making of China* (London: Picador, 2011); Li Chen, *Chinese Law in Imperial Eyes: Sovereignty, Justice, and Transcultural Politics* (New York: Columbia University Press, 2016); Song-Chuan Chen, *Merchants of War and Peace: British Knowledge of China in the Making of the Opium War* (Hong Kong: Hong Kong University Press, 2017); Stephen R. Platt, *Imperial Twilight: The Opium War and the End of China's Last Golden Age* (New York: Knopf Doubleday, 2018).

2 参见Timothy Brook, *Collaboration: Japanese Agents and Local Elites in Wartime China* (Cambridge: Harvard University Press, 2005); Diana Lary, *The Chinese People at War: Human Suffering and Social Transformation, 1937-1945* (Cambridge: Cambridge University Press, 2010)；R. Keith Schoppa, *In a Sea of Bitterness: Refugees During the Sino-Japanese War* (Cambridge: Harvard University Press, 2011); Sheila Miyoshi Jager and Rana Mitter, *Ruptured Histories: War, Memory, and the Post-Cold War in Asia* (Cambridge: Harvard University Press, 2007).

贸易体系的转型。虽然 1970 年代后期到 1990 年代末期，社会史思潮使学术界对鸦片战争的研究失去兴趣，但它却为学者们研究中国贸易体系提供了契机。但是，学术讨论的主要方向并不是中国在全球变化中所经历的系统性转变以及人们在这个转变中的经历，而是对 19 世纪末期之前中国内部贸易体系结构的考察。

　　这些学者中最有代表性的是施坚雅（G. William Skinner）。他认为该体系的基本单位是"标准市场区"（standard marketing communities）。尽管这些区域并没有明显的疆域分界线，它们在很大程度上是独立的实体。在 19 世纪机械化运输出现之前，这些区域内的人们往往有自己的地方方言和膜拜对象。关于中国范围的九个宏观区域（macroregions）之间的互动，施坚雅认为尽管在长江沿岸存在着大量的贸易活动，但在 19 世纪末之前只有有限的跨区域贸易往来。直到现代运输技术的出现，即 1895 年《马关条约》之后，中国才出现了国家层面的市场一体化现象。[1]

1　关于中国农村的营销和社会结构，可参考 G. William Skinner, "Marketing and Social Structure in Rural China: Part I," *Journal of Asian Studies* 24, no. 1(1964): 3-40; G. William Skinner, "Marketing and Social Structure in Rural China: Part II," *Journal of Asian Studies* 24, no. 3 (1965): 195-228; G. William Skinner, "Marketing and Social Structure in Rural China: Part III," *Journal of Asian Studies* 24, no. 3 (1965): 363-399。另请参见 G. William Skinner and Hugh D. R. Baker, *The City in Late Imperial China* (Stanford: Stanford University Press, 1977), 211-218。我认为"跨区域贸易"这个术语比"区域贸易"更合适，请参见 Carolyn Cartier, *Globalizing South China*, 128。

尽管施坚雅的宏观区域模式受到了广泛的重视，但因其缺乏对"人的能动性"（human agency）的关注而受到一些批评。其中，主要的评判者是罗威廉（William T. Rowe）。罗威廉和施坚雅的主要分歧在于从事远距离贩运的商人，是否有能力克服九大宏观区域之间的地理障碍来进行跨区域贸易。施坚雅认为这些障碍是不可逾越的，因此他的结论是，大多数贸易活动只能在九大宏观区域内，而不是在它们相互之间进行。

罗威廉则以自己的研究论证了社会网络的力量：它使各种从事长途贸易的团体能够跨越宏观区域的边界来和其他区域里的商人发生贸易联系。罗威廉的论点不仅得到了很多美国学者的认同，也得到了不少中国研究人员的支持。不少人继罗威廉之后也对施坚雅的宏观区域模式的可信度提出了怀疑。他们有的指出，施坚雅所说的九大宏观区域中，至少有一个属于一直延伸到南亚的更大范围的贸易区，也有人证明跨区域的贸易活动确实存在。最近，越来越多的学者开始意识到，中国的地方社区并不是独立体：19 世纪前中国底层社会已经存在明显的跨区域活动。但总体而言，以上所有研究都没有涉及一个至关重要的问题：中国的贸易体系在 19 世纪下半叶和 20 世纪初的全球变化中是如何转型的？[1]

---

1 卡罗琳·卡蒂尔（Carolyn Cartier）认为施坚雅的宏观区域模式缺乏关注"人的能动性"，参见Carolyn Cartier, "Origins and Evolution of a Geographical Idea: The Macroregion in China," *Modern China* 28, no. 1 (2002): 79-142。质疑施坚雅宏观区域模式的人包括Charles Patterson Giersch, "Cotton, Copper, and Caravans: Trade and the Transformation of Southwest China," in *Chinese Circulations: Capital, Commodities, and Networks in Southeast Asia*, ed. Eric Tagliacozzo and（转下页）

在讨论中国贸易体系结构的同时，有些学者试图从"西方渗透"（western penetration）的角度研究中国的转型问题。但是，他们研究的对象是中国处于全球变化前沿的条约口岸，而不是以长途贩运为主的贸易体系。他们大多数得出的结论是，西方经济只能渗透到条约口岸，包括主要河流沿岸的港口，而这对中国本土经济，尤其是中国农村和内地的影响甚少。[1]在罗斯基（Thomas G. Rawski）几十年后发表的关于中国在

（接上页）Wen-chin Chang (Durham: Duke University Press, 2011), 39; Prasertkul Chiranan, *Yunnan Trade in the Nineteenth Century: Southwest China's Cross-Boundaries Functional System*, Asian Studies Monographs. 1. publ. ed. (Bangkok: Institute of Asian Stduies Chulalongkorn University, 1989)。批评施坚雅的学者包含Barbara Sands and Ramon Myers, "The Spatial Approach to Chinese History: A Test," *Journal of Asian Studies* 45 (1986): 721-743; William T. Rowe, *Hankow: Commerce and Society in a Chinese City, 1796-1889* (Stanford: Stanford University Press, 1984), 60-61。关于Peng Zizhi的观点请参见Carolyn Cartier, "Origins and Evolution of a Geographical Idea: The Macroregion in China," 118。关于中国学者的观点，请参见隗瀛涛主编，《中国近代不同类型城市综合研究》（成都：四川大学出版社，1998），页4—5；Yeh-chien Wang, "Secular Trends in Rice Prices in the Yangzi Delta: 1638-1935," in *Chinese History in Economic Perspective*, ed. Thomas G. Rawski and Lillian M. Li (Berkeley: University of California Press, 1992), 35-68。关于地方性的新视野，请参见Peter K. Bol，《地域史と後帝政國について−金華の場合》，《中國——社會と文化》，20 (2005): 6。

1 Joseph Esherick, "Harvard on China: The Apologetics of Imperialism," *Bulletin of Concerned Asian Scholars* 4, no. 4 (1972): 3-8, 9-16. 在辩论的另一方面，参见Rhoads Murphey, "The Treaty Ports and China's Modernization," in *The Chinese City between Two Worlds*, ed. Mark Elvin and G. William Skinner (Stanford: Stanford University Press, 1974。

交通和通讯方面如何受到西方影响的著作中，他也同意全球变化对中国内地的影响非常有限。自罗斯基以来，有更多的研究致力于条约口岸。尽管这些研究取得了一定的成绩，但并未涉及到中国在全球变化中贸易体系的转型问题。[1]

在讨论西方国家于亚洲设立条约口岸时，有些研究"亚洲区间贸易"（intra-Asia trade）的日本学者为我们了解中国的贸易体系提供了一些启示。尽管他们研究的对象不是该体系的转型，但他们的研究让我们进一步理解到中国的条约口岸如何与亚洲整个贸易网络连成一体，并透过这些港口让中国内地、亚洲其他地区以及世界其他地方进行商业往来。

从整个亚洲经济发展史的角度来看，杉原熏认为，"亚洲区间贸易"的增长是亚洲的生产者和商人及时利用新贸易机会的结果，而不是西方对亚洲的成功渗透。在荷兰和英国的东印度公司，以及中国清朝同时放松贸易限制后，情况更是如此。[2]作为对费正清（John K. Fairbank）中国历史模式的修正，滨下武志提出，欧美经济的侵入并没有改变中国内部

1　Thomas G. Rawski, *Economic Growth in Prewar China* (Berkeley: University of California Press, 1989). 有关条约口岸的新研究例子，参见Pär Kristoffer Cassel, *Grounds of Judg- ment: Extraterritoriality and Imperial Power in Nineteenth-Century China and Japan* (Oxford:Oxford University Press, 2012)。

2　Kaoru Sugihara, "The Resurgence of Intra-Asian Trade, 1800-1850," *in How India Clothed the World: The World of South Asian Textiles, 1500-1850*, ed. Giorgio Riello (Leiden: Brill, 2013), 139-168.

以九大宏观区域为主的贸易体系；相反，它被这个体系吞噬了。透过关注东亚贸易地区的特点，滨下武志不仅找出了中国朝贡体系与条约口岸出现后亚洲经济变化之间的联系，而且还发现了东亚贸易借以贯穿条约口岸、开放港口的腹地，以及沿海地区的方式。[1]

尽管如此，滨下武志、施坚雅和罗威廉等学者仍然没有在这个重要问题上达成共识：即中国贸易体系是在19世纪什么时候开始转型的？由于这几个学者所关注和研讨的是这一体系的不同侧面，他们所得出的结论也因此大相径庭。施坚雅和罗威廉都认为这一转型是从1880年代开始，而滨下武志则认为19世纪中叶为其转折点。这两种结论源自于他们各自注重的是整个体系的一方面：前者注重的是中国领土内（跨区域贸易）的体系；另一个是将此体系的范围扩大到亚洲其他地区。[2]

在1990年代初，当施坚雅、罗威廉和滨下武志还在讨论关于中国的贸易体系时，中国史研究领域开始出现了一批城市研究的著作。可是在这些著作中，很少有人去试图回答滨下武志、施坚雅和罗威廉尚未得出结论的问题。相反，这些城市研究的主要对象是大城市，甚至连在大

---

1 Takeshi Hamashita, "Tribute and Treaties: Maritime Asia and Treaty Port Networks in the Era of Negotiations, 1800-1900," 17-50.

2 据我所见，这些方面是一个系统的两个组成部分：一个国内跨区域贸易子系统，在中国长距离贸易的整个系统中运作，延伸到整个亚洲，以及从亚洲到世界其他地区。它们既不相互排斥，也不相互独立。在19世纪中叶之前，正是这个系统使得中国的北部边境与东南亚相连，将西南地区与东亚邻国联系起来，直接或间接使中国与全球其他地区相连。

城市和广大农村社会之间作为主要连接环节的中小城市都没有受到应有的重视。

在备受关注的城市中，上海排名第一。关于上海的著作数量超过了其他城市的总和；其次是北京、广东和成都等城市；然后是南京、苏州和香港等城市；武汉、天津、厦门和澳门等城市排名最后。相比大型城市，中小型城市所受的关注微不足道。唯一入围的城市仅有南通和扬州。[1]但值得欣慰的是，大城市研究涉及的主题中有很多关于普通百姓的生活。例如，在研究上海时，卢汉超详细介绍了上海平民的日常生活，叶文心讲述了城市中普通人的故事，顾德曼描述了他们与本地人的密切

---

1 有关城市的著作包括Susan Naquin, *Peking: Temples and City Life, 1400-1900* (Berkeley: University of California Press, 2000); Madeleine Yue Dong, *Republican Beijing: The City and Its Histories* (Berkeley: University of California Press, 2003); Richard Belsky, *Localities at the Center: Native Place, Space, and Power in Late Imperial Beijing* (Cambridge: Harvard University Asia Center, 2005); Vincent Goossaert, *The Taoists of Peking, 1800-1949: A Social History of Urban Clerics* (Cambridge: Harvard University Asia Center, 2007); Steven B. Miles, *The Sea of Learning: Mobility and Identity in Nineteenth-Century Guangzhou* (Cambridge: Published by the Harvard University Asia Center, 2006); Seung-joon Lee, *Gourmets in the Land of Famine: The Culture and Politics of Rice in Modern Canton* (Stanford: Stanford University Press, 2011); Kristin Eileen Stapleton, *Civilizing Chengdu: Chinese Urban Reform, 1895-1937* (Cambridge: Harvard University Asia Center, 2000); Di Wang, *Street Culture in Chengdu: Public Space, Urban Commoners, and Local Politics, 1870-1930* (Stanford: Stanford University Press, 2003); Di Wang, *The Teahouse: Small Business, Everyday Culture, and Public Politics in Chengdu, 1900-1950* (Stanford: Stanford University Press, 2008)。

联系，裴宜理（Elizabeth Perry）调查了他们对劳工运动的参与，张英进描写了他们作为电影观众的生活，而贺萧（Gail Hershatter）和安克强（Christian Henriot）则呈现了妓女的生活和社会地位。

同样，许多关于其他大城市的著作也对普通百姓生活给予了关注。例如，白思奇（Richard Belsky）在对北京的研究中，涉及了他们在同乡会的活动；王笛研究关于成都的书，详细记录了他们在街头和茶馆里的生活；罗芙芸（Ruth Rogaski）展示了他们对健康和疾病的理解，以及卫生概念在中国兴起后如何影响普通人的日常生活。[1]

然而，在对中小型城市的研究中，我们没有看到对普通百姓生活同等程度的关注。虽然在少数这样的著作中，邵勤、安东篱（Antonia Finnane）、柯莉萨（Elisabeth Köll）和卢汉超等学者取得了优异成就。

---

1 Elizabeth J. Perry, *Shanghai on Strike: The Politics of Chinese Labor* (Stanford: Stanford University Press, 1993); Bryna Goodman, *Native Place, City, and Nation: Regional Networks and Identities in Shanghai, 1853-1937* (Berkeley: University of California Press, 1995); Frederic E. Wakeman, *Policing Shanghai, 1927-1937* (Berkeley: University of California Press, 1995); Gail Hershatter, *Dangerous Pleasures: Prostitution and Modernity in Twentieth-Century Shanghai* (Berkeley: University of California Press, 1997); Yingjin Zhang, ed., *Cinema and Urban Culture in Shanghai, 1922-1943* (Stanford: Stanford University Press, 1999); Leo Ou-fan Lee, *Shanghai Modern: The Flowering of a New Urban Culture in China, 1930-1945* (Cambridge, MA: Harvard University Press, 1999); Hanchao Lu, *Beyond the Neon Lights: Everyday Shanghai in the Early Twentieth Century* (Berkeley: University of California Press, 1999); Christian Henriot, *Prostitution and Sexuality in Shanghai: A Social History 1849-1949* (New York: Cambridge University Press, 2001).

例如，邵勤的研究涉及南通人民的生活，尽管她的主要研究对象是企业家张謇及其企业；安东篱谈了很多关于妇女在中国社会中的地位，尽管她的主要课题是女性服装和 19 世纪中叶前的时尚；柯莉萨成功地展示了南通的棉纺厂和普通人日常生活之间的联系；卢汉超关于小城南浔的文章主要讨论对象是丝绸业的小商人。[1]

尽管如此，我们仍需要回答中国传统贸易体系何时开始转型的问题，并了解中国的贸易体系如何透过自身变革与全球贸易网络连接，尤其需要关注中小型城市，因为它们是大城市和中国广大农村之间的重要纽带。因此，本研究将关注中国地方社会面对全球变化的影响，以及普通人在促进中国贸易体系转型方面的作用。

就中国科学技术史而言，过去的学术研究表明，许多学者在 1990 年代之前，将技术视为科学的一部分，并以西方科学为基准来看待中国的技术。直到 21 世纪初，人们才开始将技术与科学的概念分开，并意识到中国在技术发展方面具有自己的特点和成就。因此，我们开始重视并发现中国的技术发展与普通老百姓生活之间千丝万缕的联系。

---

1 Qin Shao, *Culturing Modernity: The Nantong Model, 1890-1930* (Stanford: Stanford University Press, 2004); Antonia Finnane, *Speaking of Yangzhou: A Chinese City, 1550-1850* (Cambridge: Harvard University Asia Center, 2004); Elisabeth Köll, *From Cotton Mill to Business Empire: The Emergence of Regional Enterprises in Modern China* (Cambridge: Harvard University Asia Center, 2003); Hanchao Lu, "A Blessing in Disguise: Nanxun and China's Small Town Heritage," *Frontier of History in China* 8, no. 3 (2013): 434-454.

对中国科技发展史的研究始于 20 世纪初。当时，欧洲思想家流行一种东方文明"失败论"，认为中国没有能力像西欧国家那样产生科学革命和发展资本主义。在 1950 年代和 1960 年代，一些研究人员在这种思潮的影响下，试图找出中国文明未能产生和发展科学的原因，并将其归因于以儒家思想为主轴的中国文化。根据这一假设，相当多的西方学者认为中国历史文明阻碍了其在科学和技术方面的发展。[1]

在某种程度上，社会史的兴起为中国科学技术史研究提供了新的方向。自从 1973 年席文（Nathan Sivin）的书出版以来，[2]我们首先目睹了学者对欧洲人传播西方科学技术等话题的兴趣逐渐减弱。1980 年代初，一些采用"以中国为中心的研究方法"的学者开始使用社会史研究方法来解答历史遗留问题。除了史景迁（Jonathan Spence）以外，这些新的研究者开始依赖从中国找来的资料，而不是欧洲人的各种记录。[3]

1　Mary Clabaugh Wright, *The Last Stand of Chinese Conservatism: The Tung-Chih Restoration, 1862-1874* (Stanford: Stanford University Press, 1957); Joseph Richmond Levenson, *Confucian China and Its Modern Fate*, 3 vols. (Berkeley: University of California Press, 1958-1965); Joseph Needham, *The Grand Titration: Science and Society in East and West* (London: Allen & Unwin, 1969), 190.

2　Shigeru Nakayama and Nathan Sivin, eds., *Chinese Science: Explorations of an Ancient Tradition* (Cambridge: MIT Press, 1973).

3　Wen-yuan Qian, *The Great Inertia: Scientific Stagnation in Traditional China* (London; Dover, N.H.: Croom Helm, 1985); Jacques Gernet, *China and the Christian Impact: A Conflict of Cultures* (Cambridge: Cambridge University Press, 1985); Derk Bodde, *Chinese Thought, Society, and Science: The Intellectual and Social Background of Science and Technology in Pre-Modern China* (Honolulu: University of Hawaii Press, 1991).

在后殖民主义思潮的影响下，1990 年代成为中国科技史研究变化卓越的十年。在这时期内，我们见证了研究方法的多样化。其中，白馥兰（Francesca Bray）为这类研究开辟了新的天地。她不仅关注中国的技术，还使用社会史研究方法探究性别差异所造成的社会地位不同，发现中国妇女在满足日常家庭物质需求中所发挥的重要作用。[1]

　　在中国科学技术研究方面的重大转折点出现在艾尔曼（Benjamin A. Elman）所发表的文章《"普世科学"与"中国科学"》（" 'Universal Science' Versus 'Chinese Science' "）。之后，艾尔曼出版了他的书《科学在中国（1550—1900）》（*On Their Own Terms: Science in China, 1550-1900*），来挑战"中国人依靠接受欧洲传入的科学"这种说法。他认为，尽管中国在某些领域受益于西方科学思想的传播，但中国人一直在"以他们自己的方式"拓展他们自有的科学知识。一年后，艾尔曼进一步批评了过去只认为欧洲向中国传播科学知识的片面看法。[2]艾尔曼并不是唯一一个意识到中国和欧洲之间存在着科学知识互动而非单向流动的学者。但是，艾尔曼不仅提高了我们对这种互动的认识，而且引领我们走

1　Francesca Bray, *Technology and Gender: Fabrics of Power in Late Imperial China* (Berkeley: University of California Press, 1997).

2　Benjamin A. Elman, *A Cultural History of Modern Science in China* (Cambridge: Harvard University Press, 2006); Benjamin A. Elman, " 'Universal Science' Versus 'Chinese Science': The Changing Identity of Natural Studies in China, 1850-1930," *Historiography East and West* 1, no. 1 (2003): 68-116; Benjamin A. Elman, *On Their Own Terms: Science in China, 1550-1900* (Cambridge: Harvard University Press, 2005).

向一个新的研究方向，即寻找中国在科学和技术发展方面所独有的特点和历史轨迹。[1]

在艾尔曼的著作发表时，尚有学者对欧洲科学传播到中国这一话题感兴趣。但是，不久之后，他们的兴趣也开始从传播问题转向中国自己的技术，特别是与日常生活密切相关的通用技术。[2]这种转变始于白馥兰对中国技术的关注。白馥兰在她的研究中没有把技术作为科学的分支，而是把技术本身作为一个研究对象来探讨。在白馥兰接着出版的书中，她进一步将注意力放在中国技术上。透过她的研究，她发现了性别与使用不同技术种类之间的联系。在她看来，性别往往决定了谁从事耕作、编织和房屋建造。这种差异也影响普通人在家庭领域中所扮演的角色。[3]

---

1 Fa-ti Fan, *British Naturalists in Qing China: Science, Empire, and Cultural Encounter* (Cambridge: Harvard University Press, 2004).

2 Jean-Claude Martzloff, *A History of Chinese Mathematics* (New York: Springer, 2006); Liam Matthew Brockey, *Journey to the East: The Jesuit Mission to China, 1579-1724* (Cambridge: Belknap Press of Harvard University Press, 2007); Kent Deng, "Movers and Shakers of Knowledge in China During the Ming-Qing Period," in "Chinese Technological History The Great.Divergence," ed. Jerry Liu and Kent Deng, special issue, *History of Technology* 29 (2009): 57-80; Jerry Liu, "Cultural Logics for the Regime of Useful Knowledge During the Ming and Early-Qing China c. 1400-1700," in Liu and Deng, "Chinese Technology History," 29-56.

3 Francesca Bray, *Technology and Society in Ming China, 1368-1644, Historical Perspectives on Technology, Society, and Culture* (Washington: American Historical Association, 2000); Francesca Bray, *Technology and Gender: Fabrics of Power in Late Imperial China*, 9 (footnote 11).

在中国与外来技术交融的经历方面，1960 年代初和 1970 年代就已经有学者对蒸汽船进行研究，但此后学者们对这一话题已经不再感兴趣。21 世纪初，有些学者开始重新审视这些问题，这些研究包括西方国家在中国建立铁路和蒸汽船的经历。[1]其中，罗安妮试图从一个新的角度来分析蒸汽船在中国的经历。她从西方国家如何利用蒸汽船在中国建立贸易网络的角度，看待这些国家如何利用蒸汽船将中国社会变成半殖民地，并以此来叙述"中国在 19 世纪末和 20 世纪初受西方统治的特殊经历及其深远影响"。该书专门讨论蒸汽船初到中国时，中国乘客遭到的歧视，以及这种歧视如何助长中国人对外国人的厌恶和民族情绪。[2]

最近出现了越来越多关于 19 世纪起中国与西方技术互动的研究。尽管这些研究对了解中国做出了不可否认的贡献，然而，其中的绝大部分并不是为了讲述中国的普通老百姓如何由于外来技术的到来而在生活上发生了变化，以及他们如何应对这些变化。[3]因此，我认为有必要进行这方面的研究，以了解当西方技术作为全球变化的一部分来到中国时，

1 参见 Kwang-Ching Liu, *Anglo-American Steamship Rivalry in China, 1862-1874* (Cambridge: Harvard University Press, 1962)。铁路的最新研究是 Elisabeth Köll, *Railroads and the Transformation of China* (Cambridge: Harvard University Press, 2019)。

2 Anne Reinhardt, *Navigating Semi-Colonialism in China: Shipping, Sovereignty, and Nation-Building in China, 1860-1937* (Cambridge: Harvard University Asia Center, 2018).

3 Ying Jia Tan, *Recharging China in War and Revolution, 1882-1955* (Ithaca: Cornell University Press, 2021).

中国的百姓是如何与之磨合的。

具体来说，我不仅想了解地方政府如何处理外来技术所带来的一连串前所未有的问题，更重要的是，我想知道生活在中国地方社会的普通老百姓是如何透过自己的努力来应对这些在与外来技术接触中所产生的各种意想不到的情况。他们的努力不仅改变了自己的生活，还无意中促进了中国的技术转型。

研究方案

为了填补我们对中国地方社会在 19 世纪和 20 世纪初如何进行自身转型这一重要问题上的知识空白，以及更好地应对西方的中国历史研究一直以来存在的挑战，我进行了这项研究。我的研究对象是镇江，这是一个位于上海以西 246 公里处、长江和大运河交汇处的中小型城市，也是长江下游地区的一部分。在许多方面，镇江的历史变迁为我们提供了一个独特的机会，来了解中国地方社会如何与全球变化互动。尽管镇江不在东海岸，但它却是鸦片战争期间英军入侵的少数地区之一。[1]由于它是长江南北贸易主要枢纽之一，长期处于中国贸易体系转型的前沿。此外，由于地处长江沿岸，该城市也是中国最早看到西方工业化国家在鸦片战争期间带来的蒸汽船及其经济扩张影响的城市之一。因此，透过对

---

1 我们通常将鸦片战争视为两次战争：1839 年至 1842 年和 1856 年至 1860 年。我使用"鸦片战争"一词来包括两次战争。黄宇和对此定义的讨论，请参见 J. Y. Wong, *Deadly Dreams: Opium, Imperialism, and the Arrow War (1856-1860) in China*, 37。

镇江历史的仔细调查，我们可以了解中国地方社会在 19 世纪和 20 世纪初这一关键时期如何与全球变化磨合。

在详细阐述我的研究方案之前，我先解释一下我对"地方"（local）这个概念的理解，然后以此说明 19 世纪末和 20 世纪初镇江的"地方社区"（local communities）结构、地方群体及其互相联系范围，以及人际关系网络的活动空间。[1]一般字典会把"地方"定义为"本地"、"当地"等，有些人将其用于描述"邻里或社区"，指"一个有限的区域"，例如"一个小城市、城镇或地区"。有些学者将"地方"视为"全球"的反义词，将世界看作是分层的蛋糕，而"地方"就是蛋糕的底层。还有人认为"地方"是全球的一部分，就像银河系中的星星一样。同时，许多学者开始认识到"地方"具有自身的空间维度，可以用来划分人类在特定地域或地理距离内的活动。但是，所有这些关于"地方"的理解都可能会忽略一个事实，即大多数人的活动，特别是他们编织的人际关系网络，并不受特定领域的限制。这一概念同样适用于他们在地方层面上的活动。

尽管历史上的镇江作为城墙内的一个区域，在行政上很符合传统

---

1 本书所指的社区主要是地方社区（local communities），指包含了一个特定的、范围较小的地理空间，以及在此居住与活动的人群。换言之，地方社区具有地理空间与人群活动范围之双重性质。以本书研究的历史时代与主题而言，地理空间的范围大约等同于行政区的"县"，若以人群活动而言，则包含了他们的商业行为、移动、人际网络等行为与互动关系。因着人群的活动，地方社区的范围并非局限于县以内，他们往往与其他的地区的群体有各种联系。本书认为，地方社区的总体结合即是地方社会。

的"地方"定义，但是镇江内的地方社区与城外农村社区非常不同。19世纪初，镇江（与其他规模相似的城市相似）城内的社区大多由以街道为分界线的街坊组成。这些街坊里的大多数居民和农村里的村民没什么两样。尽管他们生活在城市里，他们对此并没有意识。由于19世纪末城市人口的增长，城市内到处都是新移民。许多人是小贩、牙人、工匠、脚夫、船夫和工人等。整个城市因此被分成小社区和不同民族的居住地。这些社区聚集在一起，使镇江成为亨利·列斐伏尔（Henri Lefebvre）所说的"生活空间"（lived space）。在这个空间中，来自不同社区的人们会在茶馆等公共场所相聚，或在节日或其他城市庆典活动中相遇。因此，我认为中国的地方社会不能简单地以地理领域为界。在我将要研究的历史时段内，中国的地方社会早已存在普遍的跨越"地方"界限的活动。[1]

---

1 对于城区的讨论，请参见Frederick W. Mote, *Imperial China, 900-1800* (Cambridge: Harvard University Press, 1999), 762; Hanchao Lu, *Beyond the Neon Lights: Everyday Shanghai in the Early Twentieth Century*。关于长安类似居民的讨论，请参见 John Friedmann, "Reflections on Place and Place-Making in the Cities of China," *International Journal of Urban and Regional Research* 31, no. 2 (2007): 262-263。关于上海民族飞地的讨论，请参见Bryna Goodman, *Native Place, City, and Nation: Regional Networks and Identities in Shanghai, 1853-1937*。关于列斐伏尔的术语，请参见Henri Lefebvre, *The Production of Space* (Oxford: Blackwell, 1991)。关于四川茶馆的讨论，请参见Di Wang, *The Teahouse: Small Business, Everyday Culture, and Public Politics in Chengdu, 1900-1950*。关于类似地方愿景的讨论，请参见Peter K. Bol,《地域史と後帝政國について－金華の場合》, 6。

其次，在 19 世纪末和 20 世纪初，随着蒸汽船和火车的到来，中国地方社会发生了一个重要的变化，即普通民众的流动性增加了。正因为如此，城市的边界不仅拓展到城市邻近的郊区，而且城市居民的活动范围——无论是在营销还是其他方面的活动——也沿着长江向外扩展。这一切导致了跨地区的人与人之间关系网络的扩大，以及地方活动范围的拓展。这种拓展使得地方的疆域远远超出了原来的社区范围。[1]

基于以上观察，我们需要重新审视对 19 世纪和 20 世纪初地方人们活动范围的认识。因为"地方"、"地区"或"全国"等概念已经无法完全适用于理解他们的活动能力，我们更需要了解这些活动的具体组织和扩大。换句话说，只要这些活动是在地方层面（我们通常将县以下作为地方层面）组织和进行的，即使有几个县的人参加，也应被视为地方活动。因此，本书将把这些街区之外的活动也视为"地方活动"。

在研究镇江时，我们需要重新界定"普通人"的定义。近年来，研究中国历史的学者普遍采用财富、权力和声望等标准来判断是否是"地方菁英"。然而，英国历史学家贝利在研究印度农村运动时指出，这种分类方法难以确定一个人的实际社会地位，因为"每一个人对比他社会地位更低的人来说都是菁英"。我们同样也发现这种分类方法难以运用于广泛大众，比如在镇江占人口很大一部分的是小贩、牙人和工匠等。因此，过去通行的分类方法似乎更适合于调查农村社会的权力结构，而

---

1 G. William Skinner, "Marketing and Social Structure in Rural China," *Journal of Asian Studies* 24, no. 3 (1965).

不适合分析城市社会的变化。考虑到这些实际情况，本书将使用"普通人"、"人们"或"老百姓"一类词来泛指从街头乞丐到小汽船业主等各种人。[1]

本书的具体设计和章节安排如下：为了让读者了解19世纪前的中国并非与世界其他地区隔绝，我首先将阐述中国从古代到19世纪前在全球变化中所扮演的重要角色。本书的目的是揭示中国在19世纪前一直和欧美国家在内的世界很多地区保持着间接的贸易联系，而不是在鸦片战争后才被迫开启国门。然而，鸦片战争使得这种联系从间接变成了直接。

在第一部分，我会探讨鸦片战争作为近代帝国主义产物，如何将中国的地方社会与全球变化直接联系起来，进而加速中国整个社会的演变。我希望深入了解这场强加于中国的战争是如何将来自地球不同地方和带着各自不同文化背景的两种人，即英国军人和中国的普通老百姓，以侵略者和被侵略者的身份进行负面接触。我不仅要阐述这些包括满族和汉族的中国士兵和英国军人都是全球变化和地方社会"磨合"过程中的参与者，而且还要证明中国的普通老百姓，包括妇女和儿童，也因为这场战争而被卷入了这一"磨合"过程，从而导致大规模自杀的悲剧。我也希望在呈现这些暴行和破坏时，揭示鸦片战争如何使镇江老百姓有机会与参加侵略战争的英国士兵进行面对面的接触，并进一步使得双方

---

1 Christopher A. Bayly, "Rallying around the Subaltern," in *Mapping Subaltern Studies and the Postcolonial*, ed. Vinayak Chaturvedi (London: Verso, 2012), 126.

之间的误解和偏见加深。

在这一研究中，我将利用跨国记忆来展示当事人的亲身经历。入江昭曾经描述过跨国历史研究中使用跨国记忆的意义，他以《硫磺岛的英雄们》和《来自硫磺岛的信》这两部电影为例，说明它们成功地呈现了美国和日本士兵的"平行故事"。在展现人性共同点上，跨国记忆成了这种表现方法的重要依据。为了使用跨国记忆，我将借助英国军官的个人回忆录和日记，以及同期生活在镇江的居民的私人日记。[1]

在第二部分，我的重点是探讨中国地方社会与 19 世纪下半叶全球经济变化之间的磨合。我会调查镇江如何在全球经济转型中扮演特殊角色。在这一段时期，我们可以看到上海崛起并成为中国以至亚洲的经济中心，这不仅引发中国以九大宏观区域为主的贸易体系的转型，而且扩大了中国与其他亚洲国家以及世界各地的经济联系。为了观察镇江在这一转型中的经历，我会仔细研究这个城市在长江南北贸易中所扮演的中介城镇角色。来自全国各地的商人中有不少是各大区域主要贸易网络的代理人。他们之中很多人也与亚洲其他地区有着紧密的贸易联系。为了审视镇江在上海崛起的背景下如何重新定位自己，并成为中国和日本之间跨国贸易网络的一部分，我将具体分析镇江的商业经纪人，以及当地传统的金融机构在这过程中的活动。我希望透过对他们的了解，确定 19 世纪末出现的新的日常商业行为和这些行为的"基础"，以此发现镇江

---

[1] 入江昭的引语来自 Christopher A. Bayly, "Rallying around the Subaltern," 126。

的地方社群如何成为全球经济转型的积极参与者。[1]

在书的第三部分，我会探究中国地方社会如何在引入欧美蒸汽航行技术后与全球变化相互磨合。我会阐述蒸汽船技术如何增强全球变化和地方社会之间的接触，从而给生活在社会底层的普通老百姓带来一连串新的挑战。我会把重点放在镇江地方社区如何应对这些挑战，以及如何利用这一新技术所带来的机会改善自身生活和谋取利益。为此，我将首先研究当地业主如何规避清朝官员设置的各种障碍，在内河运输中使用小蒸汽船。然后，我将关注当地的普通老百姓如何应对这项新技术给他们日常生活带来的变化，包括轮船事故。应对这些事故往往涉及县以上的官府，甚至外国领事馆。透过以上观察，我会证明，尽管缺乏有关欧美技术的知识，中国地方社会中的普通人仍有能力在全球范围内的大变迁中掌控自己的生活，不断适应变化并很好地生存下去。这种能力是推动整个中国社会发展和演变的真正动力。

在我的研究中我也会特别关注国家政权在中国地方社会和全球变化磨合中所扮演的角色。例如，我会观察清朝官员在英国军队入侵镇江时所做出的出乎寻常的反应，以及这些反应对当地社群的重大影响。众所周知，在鸦片战争爆发后，清朝与西方工业化国家签订了一连串不平等条约。这些条约不仅在很大程度上使中国地方社会屈从于西方国家的经

---

1 David Faure, "An Institutional View of Chinese Business," in *Chinese and Indian Business Historical Antecedents*, ed. Medha M. Kudaisya and Chin-Keong Ng (Leiden: Brill, 2009), 57.

济利益，而且使中国加入了一个与北大西洋国家直接相关的跨国贸易体系。在中国引入蒸汽船技术后，从清廷、北洋军阀，以至于国民政府都面临了如何接纳这一新事物的问题。他们的决策和实施很大程度上影响了人们与这项技术磨合的过程。基于我所收集到的证据，我将和最近在这方面已取得卓越成就的学者一起来证实国家政权在全球和地方的互动中起着不可忽视的重要作用。[1]

此外，本书的写作风格将以格尔茨所倡导的"深描"为特征。[2]透过采用这种写作风格，我将以丰富的原始数据以及地方人士所撰写的历史文献来呈现中国地方社会中普通人的经历。我希望我的叙述能在"概念性叙事"（conceptual narrative）和"本体论叙事"（ontological narrative）之间达到一种平衡，即在正确运用现代历史理念的同时尽一切可能地呈现当事人的感受和处境。我相信历史研究的意义在于将微观和宏观分析结合在一起，因此在得出宏观结论之前，我将对具体历史细节给予大量

---

1 有关中国国家建设的典范作品，请参见 Stephen R. Halsey, *Quest for Power: European Imperialism and the Making of Chinese Statecraft* (Cambridge: Harvard University Press,2015)。

2 Clifford Geertz, *The Interpretation of Cultures: Selected Essays* (New York: Basic Books, 1973), 5-6, 9-10. 一些好的叙事历史的例子包括 R. Keith Schoppa, *Blood Road: The Mystery of Shen Dingyi in Revolutionary China* (Berkeley: University of California Press, 1995); William T. Rowe, *Crimson Rain: Seven Centuries of Violence in a Chinese County* (Stanford: Stanford University Press, 2007); Jonathan D. Spence, *Return to Dragon Mountain: Memories of a Late Ming Man* (New York: Viking, 2007)。

关注。[1]

在开始研究前，我首先要回答一个问题：19世纪前，中国在日渐成形的全球中扮演了什么样的角色？为了更好地观察中国地方社会在19世纪和20世纪初如何与全球变化磨合，我们有必要对这个历史背景进行探讨。

---

1 Margaret. R. Somers and G. D. Gibson, "Reclaiming the Epistemological Other: Narrative and the Social Construction of Identity," in *Social Theory and the Politics of Identity*, ed. C.Calhooun (Oxford: Blackwell, 1994), 60-63. 关于"概念性叙事"和"本体论叙事"的讨论，请参见Margaret R. Somers, "Deconstructing and Reconstructing Class Formation Theory: Narrativity, Relational Analysis, and Social Theory," in *Reworking Class*, ed. John R.Hall (Ithaca: Cornell University Press, 1997), 84。

第一章　日渐成形的全球与 19 世纪前的中国

　　西方学者对于中国在 19 世纪前全球变化中的地位和作用的认识，始于"世界体系"的讨论。根据"世界体系"分析家的说法，早在 16 世纪之前，世界上就已存在着几个可辨别的世界体系，其中包括欧洲、俄罗斯和土耳其帝国各自形成的体系。除此之外，在中东和远东还有三个"巨大的世界经济体"——阿拉伯、印度和中国，它们可以被视为一个整体，即第四个体系。也有学者认为，世界体系也存在于印度洋区域、以中国为中心的亚洲地区，和以地中海为中心的欧洲地区。尽管每个人都以不同方式和标准认定世界体系，但他们大多承认中国在 16 世纪之前是世界主要的经济中心之一。[1]

---

1 弗兰克认为，世界体系（或多个体系）早在 16 世纪之前就已出现，参见 Andre Gunder Frank, *Reorient: Global Economy in the Asian Age.* 布罗代尔认为至少有三个世界体系存在，参见 Fernand Braudel, *Civilization and Capitalism, 15th-18th Century*, 3 vols. (New York: Harper & Row, 1982), 24, 69。拉维·阿尔文德·帕拉特（Ravi Arvind Palat）和沃勒斯坦也认为存在多个历史"世界体系"，参见 Ravi Arvind Palat and Immanual Wallerstein, "Of What World System Was Pre-1500 'India' a Part?," in *International Colloquium on "Merchants, Companies and Trade"* (Paris: Maison des Sciences de I' homme, 1990). 有关沃勒斯坦的主要观点概述，请参见 Bertrand Badie, et al., ed., *International Encyclopedia of Political Science*, vol. 1 (Thousand Oaks: Sage Publications, 2011), 2759。

中国成为世界经济中心的原因之一是透过丝绸之路和整个世界（不包括美洲）连接起来。自汉朝开通了塔里木盆地和河西走廊以来，丝绸之路就成为中国与欧洲、波斯、印度次大陆和阿拉伯的主要联系途径。沿着这条通道，佛教在公元1、2世纪得以传播。尽管当时这些贸易往来主要是透过南亚、中亚和中东的中间商进行的，但是北京的货物透过喀什被运到了罗马（当时中国称之为大秦）。同时，不同文化理念和疾病也透过商人、旅行者、僧侣、朝圣者和传教士从一个地方传到了另一个地方。[1]

除了丝绸之路，海路也是连接世界不同地区的主要方式。亚洲是世界上最早进行航海活动的地方之一，而中国则是当时造船技术最先进的

---

1 Christopher I. Beckwith, *Empires of the Silk Road: A History of Central Eurasia from the Bronze Age to the Present* (Princeton: Princeton University Press, 2009); Susan Whitfield, *Life Along the Silk Road* (Berkeley: University of California Press, 1999); Xinru Liu, *The Silk Road in World History* (Oxford: Oxford University Press, 2010); James A. Millward, *The Silk Road: A Very Short Introduction* (Oxford: Oxford University Press, 2013); Luce Boulnois, *Silk Road: Monks, Warriors and Merchants* (Hong Kong: Odyssey, 2004); Frances Wood, *The Silk Road: Two Thousand Years in the Heart of Asia* (Berkeley: University of California Press, 2002). 关于中国历史上曾把罗马叫做"大秦"，请参见Philip Jenkins, *The Lost History of Christianity:The Thousand-Year Golden Age of the Church in the Middle East, Africa, and Asia—and How It Died* (New York: Harper One, 2008), 64-68。关于欧洲的经历，请参见Jerry H. Bentley, *Old World Encounters: Cross-Cultural Contacts and Exchanges in Pre-Modern Times* (Oxford: Oxford University Press, 1993); John Prevas, *Envy of the Gods: Alexander the Great's Ill-Fated Journey across Asia* (New York: Da Capo Press, 2004)。

磨合：
近代镇江的全球化之旅

国家之一。透过海路，中国与爪哇、印度、索马里、阿拉伯、埃及、波斯以及欧洲（透过埃及陆路）相连。在公元 7 世纪左右，印度洋上的贸易使得亚洲、欧洲、非洲、中东和印度之间的往来频繁。随着伊斯兰教的兴起，地中海东部和波斯之间形成了一个相对稳定的环境，商人们得以从事贸易活动。因此，来自印度次大陆的商人将棉花和丝绸等产品带到了红海、波斯湾和非洲东海岸。这与中国唐朝（618—907）的经济繁荣相吻合。于是，中国商人在公元 900 年左右开始在南亚和东南亚的贸易网络中活跃起来，他们提供的瓷器和丝绸等商品备受欧洲等各国人欢迎。唐朝和宋朝在很大程度上依赖海上贸易收入，其中包括来自亚洲各国之间的贸易收入，以维持开支。[1]

　　13 和 14 世纪的蒙古帝国，包括中国元朝（1279—1368），并没有切断世界各地区之间的联系和往来，相反，蒙古帝国透过将中国及其西藏地区、匈牙利、俄罗斯北部等广大领土置于蒙古人统治之下，加强了这些国家和区域之间的联系。尽管蒙古统治者曾严厉对待他们统治下的人民，但蒙古帝国至少为那些地区带来了所谓的"蒙古治世"（Pax Mongolica）和统一的贸易及邮政系统。正因如此，中亚贸易路线得以恢复，这使得阿拉伯商人能够进入中国本土，最终定居在像福建省最大城

1　对于印度洋海上贸易的出现，参见K. N. Chaudhuri, *Trade and Civilisation in the Indian Ocean: An Economic History from the Rise of Islam to 1750* (Cambridge: Cambridge University Press, 1985), 34-62。对于唐代中国经济繁荣的讨论，请参见 Kangying Li, *The Ming Maritime Trade Policy in Transition, 1368 to 1567* (Wiesbaden: Harrassowitz, 2010), 6。

市泉州这样的地方，并建立自己的穆斯林社区。这些商人沿着海岸线抵达中国其他地区。他们的商务工作一直延伸到蒙古统治者设立贸易局来控制他们的活动范围为止。[1] 在蒙古帝国统治下，海上贸易也蓬勃发展，由此中国商人透过海上贸易将丝绸、瓷器、铜币和银条等商品推向了世界市场。和过去王朝一样，元朝也将海上贸易的利润作为重要收入来源。[2]

因此，有一组学者认为，蒙古帝国的建立在世界走向全球化中起了重要作用。例如，社会学家阿布—卢格霍德认为，因为蒙古帝国的建立，13 世纪的世界上已出现了处于中间发展阶段的世界体系。在这一体系内，小亚细亚与中国透过陆路相连，而埃及、印度、马来西亚和中国则透过海路相连。马丁·沃尔夫（Martin Wolf）也认为，13 世纪蒙古帝国对欧亚大陆的征服是促使全球意识产生的两个里程碑事件之一。另一个事件则是 15 世纪和 16 世纪欧洲人的地理大发现。经济学家罗纳德·芬德利（Ronald Findlay）甚至认为，建立横跨欧亚大陆中部的蒙古帝国促进了世界走向全球化。[3]

在大蒙古帝国一部分——中国元朝结束后不久，明太祖朱元璋不仅禁止海上贸易（1371 年），还采取了一连串限制私人贸易和垄断朝贡制

1　Diana Lary, *Chinese Migrations: The Movement of People, Goods, and Ideas over Four Millennia* (Lanham, MD: Rowman & Littlefield, 2012), 53-56.

2　Kangying Li, *The Ming Maritime Trade Policy in Transition, 1368 to 1567*, 6.

3　Janet L. Abu-Lughod, *Before European Hegemony: The World System A.D. 1250-1350*, 124- 125; Martin Wolf, *Why Globalization Works* (New Haven: Yale University Press, 2004), 100.

度中海上贸易往来的政策。随后，明成祖朱棣在 1433 年结束了郑和下西洋的航海活动，宣布从贸易中牟利是可耻的。自此，明朝开始长期限制中国与其他国家和地区的海上贸易往来。虽然明清时期多次解除和重新实施同样的海上贸易禁令，但总体上限制了中国在南亚、东南亚与欧洲进行贸易竞争。就在明朝终止曾经沿着印度洋贸易路线到达阿拉伯以及东非的宝船之旅的半个世纪后，哥伦布于 1492 年抵达美洲，达伽马于 1497 年成功绕过了好望角。

而在这时，穆斯林商人已经将东南亚与印度、波斯湾和红海联系起来。他们透过传播苏菲主义教义使印度尼西亚西部大部分地区皈依伊斯兰教，并靠着扩展爪哇岛西部、苏门答腊岛和婆罗洲等地生产胡椒等经济作物，以及发展马来半岛的采矿业来控制东南亚。正是凭借这些活动，穆斯林商人才得以在中国实施海禁时继续与中国商人（透过中间商）以及印度商人进行海上贸易。[1]

达伽马航海探险成功后，葡萄牙人便来到印度洋，击败了穆斯林武装船队，从而获得进入印度洋和中国南海之间整个地区的机会。此后，一些欧洲国家，包括葡萄牙本身，都开始进入马六甲、苏门答腊、暹罗、菲律宾、台湾地区和日本等地展开竞争，并分别对这些地方拥有过

---

1 Anthony Reid, *Southeast Asia in the Age of Commerce, 1450-1680: Expansion and Crisis*, vol. 2 (New Haven: Yale University Press, 1993), 14. 关于穆斯林商人的研究，请参见 Ira . Lapidus, *A History of Islamic Societies*, 3rd ed. (Cambridge: Cambridge University Press,2014), 436。

控制权。[1]

但是，达伽马航海探险不仅开辟了欧洲和亚洲之间的海路，同样，哥伦布美洲之行也促成了美国历史学家阿尔弗雷德·克罗斯比（Alfred Crosby）所说的"哥伦布大交换"。透过这一交流，不同的植物、疾病、人口、动物、技术和文化在非欧亚大陆和美洲之间相互融合。同时，麦哲伦在 1521 年的环球之旅中穿过了太平洋，这也导致另一位美国历史学家约翰·麦克尼尔（John McNeill）所说的"麦哲伦交换"。在这个交换中，不同的物种透过太平洋在不同国家和民族之间传播。[2]正是因为达伽马的旅行，包括葡萄牙、西班牙、荷兰和英国在内的欧洲国家才能以东南亚地区为立足点，与中国沿海地区来往。正是由于这些欧洲人的这些行动，18 世纪的理论家亚当·斯密将哥伦布的美洲之行和达伽马穿过好望角前往东印度群岛的旅程称为"人类历史上最有意义的事件"。[3]

自从亚当·斯密提出这个观点以来，许多人都认同 16 世纪是全球化的起点。有些人将全球化分为古生代（archaic）、原生代（proto）和现代（modern）三个阶段，并强调 16 世纪以欧洲人航海探险为主的事

---

1 José Eugenio Borao, *The Spanish Experience in Taiwan, 1626-1642: The Baroque Ending of a Renaissance Endeavor* (Hong Kong: Hong Kong University Press, 2009); Lapidus, *A History of Islamic Societies*, 438.

2 John McNeill, "From Magellan to Miti: Pacific Rim Economies and Pacific Island Ecologies since 1521," in *Pacific Centuries: Pacific and Pacific Rim Economic History since the Sixteenth Century*, ed. Dennis O. Flynn, Lionel Frost, and A. J. H. LathLatham (London: Routledge, 1999).

3 引用自 Adam Smith, *The Wealth of Nations* (New York: Random House, 1937 [1776]), 590。

件在整个全球化进程中起着关键作用。他们认为这些事件直接引发了早期的全球化。[1]而另一些人则透过关注欧洲和亚洲之间的交流，认为达伽马航海探险创造了一个"欧亚大陆的海洋世界"，使得欧洲和亚洲之间得以进行思想、哲学和文化上的相互交流。他们强调，西班牙人征服马尼拉（菲律宾）后，该地区就成为了亚洲、欧洲和美洲市场联系的纽带。因此，他们主张将1571年定为全球意识形成之年。[2]

从全球贸易的角度来看，经济史学家凯文·奥罗克（Kevin H. O' Rourke）和杰弗瑞·威廉姆森（Jeffrey G. Williamson）则认为，真正的全球贸易变化是在19世纪才出现的。因为只有那时运输成本的突然下降才使欧洲和亚洲的商品价格趋于一致。哥伦布发现美洲和达伽马到达东南亚的影响，对全球贸易规模的出现贡献并不大。[3]

但是，就中国而言，这些16世纪的事件无疑提高了中国在世界上的地位。因为这些事件使中国得以将对外连接一直扩展到美洲，并有机

---

1 贝利认为，这个古生代阶段在16世纪就已经形成了；原生代阶段是在17和18世纪，而现代阶段是自19世纪以来。参见Christopher A. Bayly, *The Birth of the Modern World, 1780-1914: Global Connections and Comparisons* (Malden: Blackwell Publishing,2004)；A. G. Hopkins, *Globalization in World History* (New York: Norton, 2002), 1-10, 11-46。

2 Geoffrey C. Gunn, *First Globalization: The Eurasian Exchange, 1500 to 1800* (Lanham, MD: Rowman & Littlefield, 2003); Dennis O. Flynn and Arturo Giráldez, "Globalization Began in 1571," in *Globalization and Global History*, ed. Barry K. Gills and William R. Thompson (London: Routledge, 2006).

3 Kevin H. O' Rourke and Jeffrey G. Williamson, "When Did Globalization Begin?" *European Review of Economic History* 6, no. 1 (2002): 23-50.

会作为新兴洲际贸易体系中心在不断形成的全球贸易交流中发挥重要作用。当然，这一切都取决于中国明朝取消海上航行后是否将自己与世界其他地区完全隔绝开来。

长期以来，许多西方学者认为明朝出于自我"优越感"和仇外心理，取消了郑和率领的宝船航行，并因此关闭了国门。甚至有人推测，中国的自我孤立是后来无法充分发挥科学和经济潜力的主要原因。[1]这种观点基于一种假设：一旦葡萄牙、西班牙、英国等国在海上扩展贸易活动，就会导致中国失去陆路贸易机会；也就是说，荷兰和英国在印度洋和中国南海增加贸易活动会削弱中国与世界其他地区陆路贸易的重要性。确实，有一项研究表明，13 世纪后，当东西方商人不再在黑海地区相遇时，中国和意大利之间的联系中断了。尽管一些研究早已证明，朱棣皇帝限制海上贸易时，中国与中亚等地因为明朝统治者允许中亚商人进入中国而继续保持着陆路联系，这些研究还发现，明朝曾向撒马尔罕、塔什干、布哈拉以及远至波斯派遣了许多使团，但是那份关于中国和意大利中断联系的研究仍然滋生了对中国失去陆路贸易机会的猜疑。[2]

---

1 经济史学家兰德斯是持此观点者之一。请参见David S. Landes. *The Wealth and Poverty of Nations: Why Some Are So Rich and Some So Poor*, 335-349。

2 有关此假设的延续，请参见Peter N. Miller, *The Sea: Thalassography and Historiography* (Ann Arbor: University of Michigan Press, 2013), 190。有关与此假设相矛盾的研究，请参见Joseph Fletcher, "China and Trans Caspia, 1368-1884," in *The Chinese World Order: Traditional China's Foreign Relations*, ed. John K. Fairbank (Cambridge: Harvard University Press, 1968), 16-17, 207。

可喜的是，近来有越来越多学者开始意识到，随着欧洲人在 16 世纪后来到亚洲，中国非但没有将自己和外部世界隔绝，反而扮演了积极参与全球贸易的角色。这是明朝海上贸易禁令并不足以隔绝中国和外部世界的主要原因：虽然明朝限制了海上贸易，但并没有阻止陆路贸易。因此，从 15 世纪初至 19 世纪，丝绸之路上长途贩运从未中断，反而不时增加。比如，透过陆路，在孟加拉国湾、阿拉伯海或地中海东部出产的大量烟草被运到欧亚大陆和中国的中间地区。有的被走私到俄罗斯和蒙古等地方，或被带到中国新疆地区。[1]

即使在海上贸易中断之后，中国仍然保持着与亚洲其他地区的贸易联系，并透过这些地区与世界各地保持贸易往来。这主要是因为中国商人善于利用明清朝贡制度来规避王朝对海上贸易的限制。有关中国朝贡制度的研究自费正清和邓嗣禹早期出版的文章以来，美国史学界已经有了大量的研究。特别是在过去十年中，研究重点转向清朝的朝贡制度。根据新的研究，清朝为了控制满洲、蒙古、青海、西藏和新疆等地，使用了各种手段与俄罗斯和伊斯兰国家打交道。同时，清朝还采用了一连串策略，从武力镇压到经济刺激，迫使这些地区的人们臣服。因为这些研究，我们放弃了过去关于清朝仅依靠朝贡制度与邻国交往的观念。学

---

1 米华健（James A. Millward）的研究结果是基于对"丝绸之路"的更广泛定义，参见 James A. Millward, *Eurasian Crossroads: A History of Xinjiang* (New York: Columbia University Press, 2007), 77。支持这一成果的研究，请参见 Carol Benedict, *Golden-Silk Smoke: A History of Tobacco in China, 1550-2010* (Berkeley: University of California Press, 2011), 26。

者们也意识到，从明末开始，由于大量欧洲人来到亚洲的朝贡国家，朝贡体系已经开始走向瓦解。这一趋势在清朝后期尤为明显。[1]

可是，虽然朝贡制度在明朝时期已经开始衰落，但中国商人仍然依靠他们在中国和朝贡国之间建立的贸易网络，与亚洲其他地区的商人进行贸易。与此同时，这些地区也成为清朝透过中间商与欧洲贸易的场所。这种贸易网络遍布东亚和东南亚的地区，如朝鲜、日本、琉球群岛、安南（越南）、占婆（越南中部和南部）、暹罗（泰国）、缅甸、尼泊尔和台湾地区（不是朝贡国）。透过这些贸易网络，中国商人建立了一个复杂而完整的贸易体系，将中国与世界各地连接在一起。这一切正是明清两朝继续与外部世界进行贸易往来的主要依据。[2]

在中国境内，商人们透过中国南部和东北部的沿海地区，如海城（辽宁省）、广东省和福建省厦门等地的贸易网络和海外进行贸易。他

---

1 John King Fairbank and S. Y. Teng, "On the Ch' ing Tributary System," *Harvard Journal of Asiatic Studies* 6, no. 2 (1941): 135-246. 对于显示清朝使用各种方法的研究，请参见 Peter C. Perdue, *China Marches West: The Qing Conquest of Central Eurasia* (Cambridge: Harvard University Press, 2005)。关于不断出现的认识的讨论，请参见 Laura Newby, *The Empire and the Khanate: A Political History of Qing Relations with Khoqand C. 1760-1860* (Leiden:Brill, 2005), 6-10。

2 C. Guillot, Denys Lombard, and Roderich Ptak, *From the Mediterranean to the China Sea: Miscellaneous Notes* (Wiesbaden: Harrassowitz, 1998); Gang Deng, *Maritime Sector, Institu- tions, and Sea Power of Premodern China* (Westport, CT: Greenwood Press, 1999); Murray A. Rubinstein, *Taiwan: A New History* (Armonk, NY: M. E. Sharpe, 1999), 45-106.

们与东亚和东南亚华侨商人往来，并为这些地区的经济做出贡献。例如，他们推动长崎和九州岛贸易港口的发展，帮助澳门、马尼拉、万隆、巴达维亚、大城、马六甲和台湾地区维持贸易繁荣。[1]

中国商人在北亚同样十分活跃。虽然清王朝没有将蒙古人归入朝贡体系，但汉族商人仍然"逐渐建立覆盖蒙古高原大部分地区错综复杂的贸易网络"，并依靠他们的经济实力迫使蒙古贵族臣服。这也成为传统蒙古游牧社会在 17 和 18 世纪衰落的一个原因。[2]

由于中国商人频繁的贸易活动，明清的朝贡制度造就了一个以中国为中心的亚洲贸易网络，覆盖了从北亚到东南亚的地区，并为 19 世纪贸易在整个东亚的扩大提供了基础。因此，即使明朝采取限制性贸易政策，中国也没有真正关闭国门，反而继续与世界各地保持直接或间接的贸易联系。[3]

为了了解中国这一时期在全球贸易所扮演的角色，我们可以研究中

1　John E. Wills, "Maritime Asia, 1500-1800: The Interactive Emergence of European Domination," *The American Historical Review* 98, no. 1 (1993): 83；Gungwu Wang, "Merchants without Empire: The Hokkien Sojourning Communities," in *The Rise of Merchant Empires: Long-Distance Trade in the Early Modern World, 1350-1750*, ed. James D. Tracy (Cambridge: Cambridge University Press, 1990); Leonard Blussé, *Strange Company: Chinese Settlers, Mestizo Women, and the Dutch in Voc Batavia* (Dordrecht: Foris Publications, 1986).

2　Nakami Tatsuo, "Russian Diplomats and Mongol Independence, 1911-1915," in *Mongolia in the Twentieth Century: Landlocked Cosmopolitan*, ed. Stephen Kotkin and Bruce A. Elleman (Armonk, NY: M. E. Sharpe, 1999), 70.

3　有关亚洲贸易网络基于中国朝贡体系的讨论，参见Takeshi Hamashita, "The Tribute Trade System and Modern Asia," in *Japanese Industrialization and the Asian* （转下页）

国在 16 世纪后出现的洲际贸易，特别是在全球白银交换的作用。全球性洲际贸易出现于 15 世纪末，正好与明朝经济发展时期吻合。由于海路比陆路更安全、快捷，各种商品透过海运在欧亚大陆、非洲和美洲大陆之间运输。因此，除了贩运非洲奴隶的数量有所增加外，来自东南亚（香料）、印度（棉织品）、非洲（黄金）、美洲（银、毛皮、糖和烟草）和中国（丝绸和瓷器）的商品数量也开始增长。在全球性贸易的发展过程中，中国的商品生产，特别是针对海外市场的商品生产也在 17 世纪得到增加。当时，珠江三角洲已成为陶瓷、丝绸和其他奢侈品的出口中心，为亚洲、中东和欧洲市场提供交易场所。虽然清朝乾隆皇帝后来于 1759 年将广州指定为中国与外国人贸易的唯一港口，但这并没有改变中国在全球市场商品交换中的地位。[1]

随着洲际贸易的增加，一个基于全球使用白银作为交换货币的新金融体系应运而生。正如亚当·斯密所指出的，自哥伦布发现美洲以来，由于墨西哥和玻利维亚白银的涌入，西欧经济发生了重大变革。同时，亚当·斯密也观察到全球经济的另一个重要转折点：自 16 世纪至 18 世纪中叶，欧亚大陆、非洲和美洲已经广泛采用白银交易。[2]

（接上页）*Economy*, ed. A. J. H. Latham and Heita Kawakatsu (London: Routledge, 1994), 91-107; Takeshi Hamashita, "Tribute and Treaties: Maritime Asia and Treaty Port Networks in the Era of Negotiations, 1800-1900," 17-50。

1　Frank Dikötter, *Exotic Commodities: Modern Objects and Everyday Life in China* (New York: Columbia University Press, 2006), 32.

2　Adam Smith, *The Wealth of Nations*, 38-39.

在这个全球经济变化中，中国扮演了主要角色。原因之一是在明朝货币化和商业化的进程中，全世界的银条持续流入中国。例如，在西班牙吞并菲律宾后，大量的西班牙卡洛斯元（Carolus Dollars）流入中国市场。[1]同时，由于多种原因，中国在 18 世纪已成为拥有世界上最大白银储备的国家之一。这些原因包括：一、明朝使用纸币失败后决定以白银作为纳税货币；二、庞大的中国人口造成对白银的巨大需求；三、明朝放松贸易禁令以及朝贡制度的延续，使中国海外贸易激增。这些变化使中国白银价格高于其他国家，并因此刺激西班牙、美洲和日本等地开采的白银流向中国。而这一流动是透过长崎、台湾地区、印度支那、印度、好望角、马尼拉—阿卡普科、俄罗斯、鄂图曼帝国和丝绸之路沿线地区来完成的。[2]当然，中国提供丝绸、茶叶和瓷器等珍贵产品能力的提高也导致白银从亚洲其他地区、欧洲和美洲流入中国。因此，透过白银交换，中国早在 16 世纪就已为塑造全球性贸易体系做出贡献，并同时

---

1 Zhaojin Ji, *A History of Modern Shanghai Banking: The Rise and Decline of China's Finance Capitalism* (Armonk, NY: M. E. Sharpe, 2003), 28; Timothy Brook, *Vermeer's Hat: The Seventeenth Century and the Dawn of the Global World* (New York: Bloomsbury Press, 2010), 1652-1653.

2 Dennis O. Flynn and Arturo Giráldez, "Money and Growth without Development: The Case of Ming China," in *Asia Pacific Dynamism, 1550-2000*, ed. Heita Kawakatsu and A. J. H. Latham (London: Routledge, 2000), 215; Dennis O. Flynn, "Precious Metals and Money, 1200-1800," in *Handbook of Key Global Financial Markets, Institutions and Infrastructure*, ed. Gerard Caprio, Douglas W. Arner, and Thorsten Beck (Boston: Academic Press, 2012), 221-234.

激发欧美和亚洲之间的贸易。[1]

19世纪前，中国在全球贸易中持续发挥重要作用的另一个原因，是它能够从一连串重大危机中迅速恢复，这一点与欧洲国家有很大的区别。历史学家通常将17世纪世界上出现的一种现象称为"17世纪危机"，即许多地区的经济和政权同时出现相似的危机。17世纪中期，处于欧亚大陆的国家都不约而同地遭受人口压力和自然环境灾难。这种源于14世纪的人口压力和灾难伴随着各国皇权危机的出现，最终导致了从英国斯图亚特王朝到鄂图曼土耳其以及中国明朝的崩溃。[2]

尽管这种大规模王朝更替和经济变化的原因不尽相同，但中国能够很快地从危机中恢复的主要原因是，清朝在17、18世纪采取了一连串重建措施。虽然实施这些措施时需要考虑到中国境内不同民族的利益，但清王朝所依赖的是其娴熟的统治能力，而不是强行汉化政策。例如，在18、19世纪，清朝在重建中亚和新疆时，并未只顾满族人的利益，也同时考虑到了当地维吾尔族人的利益。与许多人的假设相反，乾隆皇帝为了维持统一，迎合了许多其他民族的需求，其结果使中国在乾隆时

---

1 Takeshi Hamashita, *China, East Asia and the Global Economy: Regional and Historical Perspectives*, ed. Linda Grove and Mark Selden (London: Routledge, 2008), 39-56.

2 类似的讨论参见Geoffrey Parker, "Crisis and Catastrophe: The Global Crisis of the Seventeenth Century Reconsidered (Ahr Forum)," *American Historical Review* 113, no. 4 (2008): 1053-1079。也可参见John Brooke, "Chapter Three: Ecology," in *A Companion to Colonial America*, ed. Daniel Vickers (Malden: Blackwell, 2003), 50。

期成为世界上人口最多、政治最稳定、最多元民族的国家之一。[1]

因此，在任何意义上，清朝绝不是像有些西方学者认为的那种内向和封闭的"天朝"，而是一个积极参与领土扩张、与俄罗斯人和蒙古准噶尔部争夺欧亚大陆控制权的国家。这一切甚至发生在清朝已经建立了一个在疆土上比其前身大一倍的时候。清朝在领土扩张方面取得的成就，改变了中国和俄罗斯这两个世界上仅存的大国在欧亚大陆上的权力格局，并以此扭转了以17世纪王朝危机为标志的世界格局。尽管在这个过程中陷入危机的国家也开始巩固自己的权力，并开始沿着边境进行领土扩张，但到18世纪中期，只有中国和俄罗斯成为世界上疆土最大的帝国。此后，清朝将在欧亚大陆扩大领土和影响所获得的经验用于处理18世纪中叶后的"英属"印度问题。尽管当时清王朝对外部世界还缺乏全面的了解，但仍然坚持与之互动。[2] 也就在这个时期，清朝正式恢

1　关于清朝依赖熟练的统治者，参见Evelyn Sakakida Rawski, *The Last Emperors: A Social History of Qing Imperial Institutions* (Berkeley: University of California Press, 1998)。关于清朝在中亚和新疆推动帝国建设，参见James A. Millward, *Beyond the Pass: Economy, Ethnicity, and Empire in Qing Central Asia, 1759-1864* (Stanford: Stanford University Press, 1998)。关于乾隆皇帝的研究，参见Pamela Kyle Crossley, *A Translucent Mirror: History and Identity in Qing Imperial Ideology* (Berkeley:University of California Press, 1999)。关于乾隆时期的中国研究，参见Mark C. Elliott, *Emperor Qianlong: Son of Heaven, Man of the World* (New York: Longman, 2009)。

2　William T. Rowe, *China's Last Empire: The Great Qing* (Cambridge: Harvard University Press, 2009), 287. 关于清朝与莫斯科俄罗斯和蒙古准噶尔的竞争，参见Peter C. Perdue, *China Marches West: The Qing Conquest of Central Eurasia*, 10。（转下页）

复与朝鲜、日本等国家的贸易关系。作为一个消费王朝，清朝采取"开放"政策，并透过海路贸易获得所需的消费品以满足国内需求。[1]

因此，正如我们所见，中国不仅在 19 世纪与其他国家和地区保持联系——尽管有些联系（比如与欧洲等地的联系）是间接的，而且，中国从 16 世纪开始作为世界金融体系的一部分，在逐渐成形的全球经济中扮演了重要角色。透过政权建设和领土扩张，中国在 18 世纪成功维持了这一角色。然而，在 19 世纪初，一连串新的全球变化对中国与世界各地区的联系造成了很大影响。回顾中国进入 19 世纪的历史背景后，我们现在可以仔细观察这些影响如何体现在中国地方社会与全球变化的磨合中。

（接上页）关于清朝与"英属"印度的关系研究，参见 Matthew W. Mosca, *From Frontier Policy to Foreign Policy: The Question of India and the Transformation of Geopolitics in Qing China* (Stanford: Stanford University Press, 2013), 2-3。

1 关于清朝立即恢复中国贸易关系，请参见 David C. Kang, *East Asia before the West: Five Centuries of Trade and Tribute* (New York: Columbia University Press, 2010), 119。关于清朝采取"开放门户"的方法，请参见 Yangwen Zheng, *China on the Sea: How the Maritime World Shaped Modern China* (Leiden: Brill, 2012)。

第一部分

战争是负面接触的方式

中国在 19 世纪初出现的最主要变化之一，是在近代帝国主义兴起、欧洲和北美的工业化国家纷纷出现，开始积极地寻求全球霸权时，拓展了与这些国家的直接联系，并在对这些国家缺乏了解的情况下与它们发生各种接触。由于文化传统和对整个世界的认知等一连串差异，中国与这些国家之间出现了外交上的摩擦。这一切成为英国入侵中国，引发鸦片战争的理由。

　　在研究战争作为人类相互冲突的主要形式的西方学者中，有人把战争看成是全球化进程不可或缺的组成部分。他们认为，战争拉近了世界的距离，促使世界各地的人们对世界的整体有更多认识。根据政治学家哈尔瓦德·布海格（Halvard Buhaug）和尼尔斯·格莱迪奇（Nils P. Gleditsch）的观点，战争给人们一个负面互动的机会。他们将人类互动分为两种类型：正面和负面，并认为战争是对立方从价值观到不同文化信息方面的负面交流。专门从事战争史研究的塔拉克·巴卡维（Tarak Barkawi）曾解释，在战争中或透过战争，敌对双方会加强对彼此的了解、重构自我意识和对方形象，并寻找响应对方举动的策略。基于这种理解，巴卡维提出："战争就是与敌人之间发生联系。"[1]

---

1 Halvard Buhaug and Nils P. Gleditsch, "The Death of Distance? The Globalization of Armed Conflict," in *Territoriality and Conflict in an Era of Globalization*, ed. Miles Kahler and Barbara F. Walter (Cambridge; New York: Cambridge University Press, 2006), 187; Tarak Barkawi, *Globalization and War* (Lanham, MD: Rowman & Littlefield, 2006), xiii; Tarak Barkawi, "Con- nection and Constitution: Locating War and Culture in Globalization Studies," in *Globalization and Violence (Globalization War and Intervention)*, ed. Paul James and Jonathan Friedman (London: Sage Publications, 2006), 28.

鸦片战争除了能告诉我们中国和英国在军事和文化上的碰撞、战场内外的厮杀，以及侵略者（英国军人）和被侵略者（中国的老百姓）之间的遭遇之外，还能告诉我们更多关于中国地方社会与近代帝国主义是如何"磨合"的吗？为了寻求此答案，我在本书的这一部分不仅要仔细查看在这场战争中的每一方如何准备、参与这场战争以及如何相互对抗，而且还会观察中国普通老百姓在镇江战役中如何对来自欧洲的外国士兵做出反应。

从镇江的经历中，我们会看到以战争为方式的中国地方社会和近代帝国主义之间的"磨合"不仅是以中国普通老百姓的痛苦为沉重代价，而且这场战争本身作为连接来自不同文化和历史背景的人的一种方式，加强了双方之间的误解和敌对情绪。所以，鸦片战争对入侵者和被入侵者来说都只是种负面的接触方式。

第二章　鸦片战争前的镇江

　　在开始研究镇江战争之前，让我们先简单了解一下镇江的历史和居民。我们会发现，镇江不仅在 19 世纪前的九大宏观区域贸易中占有重要地位，而且是一个历史悠久、充满生气的居住地。可是，近代帝国主义的出现却使得这一切遭受到毁灭。现在，让我们从镇江作为一个渡口的历史开始叙述。

作为海之门的渡口

　　镇江是位于长江下游的一个城市，位于当今江苏省的西南部。随着跨区域贸易的发展，它与长江沿岸，特别是长江下游的其他城市，几乎同时出现。虽然在 19 世纪之前，这些城市中的大多数仍然是小型或中型城市，但到了 19 世纪中叶，镇江、扬州和南通等城市在规模上都有了很大的发展。[1] 长江是世界第三长的河流，横贯中国，西起今天的青海

---

1 尽管扬州本身不在长江上，但由于其接近和通过运河的便利，通常被认为是长江沿岸城市。

磨合：
近代镇江的全球化之旅

省，东至上海市。它的上游是从其发源地至宜昌（在湖北），中游在宜昌和湖口（在江西）之间，而下游则从湖口一直往东流到太平洋。尽管西方人通常称之为"扬子江"，但大多数中国人称其为长江。[1]

镇江位于长江下游，这个地区本身是中国历史上最繁荣的地区之一。该地区大约在公元 220 年的东汉末年开始发展，并在宋朝时期成为中国的社会、经济和文化中心。在随后的几个世纪里，它不仅是中国人口最多的地区之一，也是"城市化最明显的地区"。直到晚清时期，长江下游仍然是全国商业化程度最高的地区。[2]

在中国，人们通常称这地区为"江南"。1645 年，清朝在该地区建立了江南省，并于 1665 年将其一分为二，分别成为安徽省和江苏省。从那时起，"江南"一词所指的就是包括今天南京、镇江、常州、无锡、苏州、上海、嘉兴、湖州和杭州等城市的地区。[3]透过东汉和北宋之间发

---

1 长江流域规划办公室，《今日长江》（北京：水利电力出版社，1985），页 2。

2 Robert M. Hartwell, "Demographic, Political, and Social Transformations of China, 750-1550," *Harvard Journal of Asiatic Studies* 42, no. 2 (1982): 365-442. 引文来自 Gilbert Rozman, *Urban Networks in Ch'ing China and Tokugawa Japan* (Princeton: Princeton University Press, 1974), 217. 参见 Bruce J. Jacobs, "Uneven Development: Prosperity and Poverty in Jiangsu," in *The Political Economy of China's Provinces: Comparative and Competitive Advantage*, ed. Hans J. Hendrischke and Chongyi Feng (London: Routledge, 1999), 114。

3 张华、杨休、季士家，《清代江苏史概》（南京：南京大学出版社，1990），页 40—41；龙登高，《江南市场史：十一至十九世纪的变迁》（北京：清华大学出版社，2003），页 2。

生的三次从北向南的人口大迁徙，该地区成为这些北方移民的主要居住地。这几次迁徙不仅使江南的人口增加，还为该地区注入了新的生活方式、农耕技术和各种文化元素。例如，新的移民促进了江南原有耕作方式的改变，从而将粗放式耕作转变为集约式耕作，并因此极大地提高了水稻产量。[1]

在春秋战国时期，镇江以东的长江下游一段呈倾斜的V字形，向东通向中国海，这个地方被称为"海门"。这个V字形正好处在河流和大海的交汇处，因此被视为重要的地理位置。公元1300年左右，长江上游淤泥的堆积使得海门变窄，并逐渐向东移动。[2]

在西周时期，现在的镇江是周朝王室的一个分支设立的驻军地。在秦朝和西汉之间，连接长江下游南北的唯一通道是长江南边的"京口"和北边广陵之间的渡口。因此，京口成为南北方向过江的必经之地。三国时期，孙权在京口的北固山前建造了一座铁瓮城，据称这座城池是现在镇江市的前身。[3]

隋朝修建大运河，显然提升了镇江在王朝眼中的地位。隋朝第二位皇帝隋炀帝修建运河的主要原因，是为了能够巡视南方并将谷物从经济发达的南方运到新的都城洛阳。为此，他决定疏浚现有的运河并开发新

---

1 许伯明编，《吴文化概观》（南京：南京师范大学出版社，1997），页6—7、17；周振鹤，《中国历史文化区域研究》（上海：复旦大学出版社，1997），页29。

2 范然、张立编，《江河要津》（南京：江苏人民出版社，2004），页6—7。

3 严其林，《镇江史述》（长春：吉林文史出版社，2006），页14—22；范然、张立编，《江河要津》，页23—24、56。

的部分，最终将整个运河从今天的北京一直延连接伸到现在的杭州。[1]

大运河分为四个主要部分（这些部分不包括连接长安和黄河的独立运河）。京口坐落在其中一个部分——江南运河的入口处，而江南运河可以容纳长 200 尺、宽 50 尺、高 45 尺（1 尺等于 37.1475 厘米）的船只。由于大运河连接了当时全国的五大河流——海河、黄河、淮河、长江和钱塘江，镇江成为全国最发达的水路网络的一部分。镇江位于长江和大运河的交叉口，因此显然处于重要的地理位置。但是，真正使镇江成为长江上一个繁忙城市的是漕运的开始。[2]

漕运和镇江的崛起

虽然在之前每年春秋两季都有贡粮运输，但直到大运河修建后，大部分贡粮才透过水路运往王朝的首都。在隋朝和唐朝初期，镇江成为漕运的第二大转运中心。然而，漕运在唐朝末年衰落，并在五代十国时期因各方势力的纷争而暂时停止运作。[3]

北宋继承了唐朝的贡粮运输方式。在重新规划河流和运河的运输路线后，北宋王朝很快恢复漕运，并开始将贡粮和其他商业物资透过大运河从长江下游地区运往国都汴京（今开封）。透过这个运输系统，来

---

1 严其林，《镇江史述》，页 69、88、91—92。

2 严其林，《镇江史述》，页 91—93。

3 范然、张立编，《江河要津》，页 45、59—60；严其林，《镇江史述》，页 99—108。

自东南地区的贡粮首先在长江以南的各个地点聚集，然后透过大运河到达北方。虽然当时镇江并不是各路商家的货物采集点，但它是江南漕运船只直达大运河北端的必经之地。正因为如此，镇江成为漕运的繁忙之地，以至于当地官府不得不建造一条单独航道，以缓解船只从城市进入大运河所造成的壅堵。[1]

北宋末期，由于金朝（中国东北女真族所建）不断骚扰导致长江以北的大运河中断，扬州在漕运中失去原有的地位。但是，这反而增强了镇江在漕运中的地位，因为镇江位于长江南岸。特别是南宋时期，随着王朝水路运输的重组和新首都临安（今杭州）的建立，宋朝开始依赖江南运河向首都运输货物。江南运河因此成为连接临安和长江下游地区的重要纽带，而镇江则是长江下游地区漕粮运输通往临安的必经之地。镇江因此成为长江下游地区最繁荣的城市之一。[2]

元朝在大都（今北京）建都，因此放弃了修建大运河的初衷：将贡粮运往开封或洛阳。为此，元朝将运河改道，使其直接从东南向东北延伸，而不是往西北方向。可是，随着时间推移，会通河变得越来越浅，其中有几段已被淤泥完全封闭。因此，元朝开辟了一条海路，让漕船由黄海和渤海到达首都。由于海路开通，镇江不再是漕运的必经之路，因此在漕运中失去了原有的地位。[3]

---

1 范然、张立编，《江河要津》，页42—47；严其林，《镇江史述》，页124—125。
2 范然、张立编，《江河要津》，页36；严其林，《镇江史述》，页131。
3 范然、张立编，《江河要津》，页76—78。

明朝初期，当海上贸易被禁止时，镇江曾有机会重新恢复其在漕运和大运河南北贸易中的地位。但是，明太祖将首都迁至应天府（今南京），使得透过南北运河运送漕粮不再必要。因此，沿着南北运河的贸易活动也减少了。此外，由于运河长期未经修缮，长途贩运商人开始选择其他贸易路线。这两个因素共同导致了镇江重新崛起的推迟。[1]

当明成祖将首都迁至顺天府（今北京），并将运河运输漕粮作为王朝首要事项之一时，镇江的情况立即发生变化。明朝皇帝考虑继续采用前朝的方式，将海路与大运河结合起来。但是，由于日本海盗对海上旅行造成危胁，他放弃了这个想法。对他来说，唯一的选择似乎是重建大运河。[2]因此，大运河再次成为自明成祖以来漕运的主要依靠，这一举措使运河得以延续多年。即使在黄河累积大量淤泥、航道经常变化、河岸需要不断修复的情况下仍是如此。[3]

在这些变化中，镇江恢复了在漕运中的原有地位。由于瓜洲渡口在镇江和扬州之间更为安全、方便，大多数运输船只透过这个渡口渡江，直到多年后瓜洲渡口的水位变得太低，无法通过为止。因此，镇江开始在明朝中期以降的中国跨区域贸易中扮演南北连接的重要角色。[4]

---

1 R. S. Cohen, *Chinese Studies in the History and Philosophy of Science and Technology*, trans. Kathleen Dugan and Jiang Mingshan, Boston Studies in the Philosophy of Science (Dordrecht; Boston: Kluwer Academic Publishers, 1996), 305-306.

2 范然、张立编，《江河要津》，页 77—78。

3 严其林，《镇江史述》，页 197—198、215—223。

4 严其林，《镇江史述》，页 195—197。

跨区域贸易中的南北连接

明朝禁止海上贸易时，中国已经开始出现大规模商业化，而这一趋势一直持续到 19 世纪。这种商业化基于宋朝早期的经济扩张，以长途贸易体系为主导。这种贸易体系使得不同贸易区域间的粮食、谷物和奢侈品交换成为可能。其兴起受益于交通条件的改善、国外白银的涌入、纺织业的出现，以及王朝对市场控制的松动。同时，农民经济也逐渐脱离自给自足的形态，开始依赖市场交换以满足生活需求。这一切为镇江提供了成为南北跨区域贸易关键环节的机会。[1]

对镇江的商业化产生极大影响的是经济作物种植的崛起，其推动了农业生产的专业化。据估计，到明朝中期，广东有 40% 到 70% 的农民已经将他们的农业生产投入到甘蔗种植中。在北方，棉花种植占据 20% 到 30% 的农田，从而取代粮食。北方很多地区也因此成为全国最好的棉花生产地之一，仅次于江南地区。到 18 世纪，水果和烟草成为广东和福建的主要经济作物。但最突出的商业转型是江南开始大量生产丝绸和

1　Richard John Lufrano, *Honorable Merchants: Commerce and Self-Cultivation in Late Imperial China, A Study of the East Asian Institute* (Honolulu: University of Hawai'i Press, 1997), 25; Leo Kwok-yueh Shin, *The Making of the Chinese State: Ethnicity and Expansion on the Ming Borderlands* (Cambridge; New York: Cambridge University Press, 2006), 171; James Tong, *Disorder under Heaven: Collective Violence in the Ming Dynasty* (Stanford: Stanford University Press, 1991), 143; William T. Rowe, *Hankow: Commerce and Society in a Chinese City, 1796-1889*, 52.

棉花。[1]

以往的江南是一个以种植水稻为主的区域。自唐朝起中国的经济中心从北方转移到南方后,江南一直是最重要的贡粮产地。江南的稻米主要通过大运河源源不断地被运往首都。这一切在明朝中期后开始发生变化。尽管苏州仍然是全国稻米贸易的中心,江南则开始逐渐失去其稻米产区的地位。相反,尽管那里的贡粮仍然继续被输往首都,江南地区自己却不得不从四川、湖南、安徽和江西等地进口稻米以满足当地人口所需。其中最主要的成因是:经济作物的生产产生了大量的收益,因此促使大多数农民从稻米种植转向丝绸和棉花产品的生产。[2]

江南这一变化所产生的社会和经济影响波及了整个中国。由于全国各地在商业化过程中的财富累积,特别是对丝绸和棉花产品需求的扩大,使得在江南地区生产丝绸和棉花产品比种植水稻更有利可图。为了应对市场对丝绸的高需求,该地区的农民转向养蚕。他们利用此所得的高额利润购买了化肥、优质蚕茧、桑树苗以及养蚕和缫丝用的木炭,以提高丝绸产量。就此,江南很快成为全国丝绸和棉花的生产中心。但随之而来的是,在出现纺织业的同时,江南以纯水稻种植为本的农业则丧

---

1 James Gerber and Lei Guang, *Agriculture and Rural Connections in the Pacific, 1500-1900* (Aldershot: Ashgate, 2006), 200; Susan Naquin and Evelyn Sakakida Rawski, *Chinese Society in the Eighteenth Century* (New Haven: Yale University Press, 1987), 143.

2 万绳楠、庄华峰、陈梁舟,《中国长江流域开发史》(合肥:黄山书社,1997),页 181—182; Linda Cooke Johnson, *Cities of Jiangnan in Late Imperial China*, 172.

失殆尽了。[1]

　　与此同时，由于经济作物生产的强化和人口增长，江南成为一个从长江中上游地区如四川、湖南和江西进口稻米的主要地方。明清两朝似乎都深刻认识到江南的变化，因此鼓励这些地区向江南出售稻米。这些地区也经过自己的农业生产和长途贸易的改变来适应江南地区对稻米的需求，因为江南地区需要养活的人口比全国其他任何地区都多。[2]

　　其直接结果是在清朝中期出现了一些稻米转运中心：重庆、汉口、九江和长江边的芜湖。这些城市成为四川、湖北、湖南、江西和安徽等省与江苏、浙江、广东和福建进行贸易的货物聚集中心和联系纽带。[3]在这个发展过程中，镇江成为江苏北部的稻米集散地，然后逐渐变成江南与长江中上游的枢纽。几乎所有从长江中上游前往江南的稻米在进入大

<hr />

1　根据黄宗智（Philip C.C. Huang）的说法，在 1350 年，中国没有人穿棉布；可是到 1850 年，"几乎每个农民都穿棉布"，请参见 Philip C. Huang, *The Peasant Family and Rural Development in the Yangzi Delta, 1350-1988* (Stanford: Stanford University Press, 1990), 47-48。此外，据黄氏估计，45% 的家庭从事织布，但到 19 世纪中叶，100% 的松江家庭都织布，请参见 Philip C.C. Huang, *The Peasant Family and Rural Development in the Yangzi Delta, 1350-1988*, 44-47; Robert C. Allen, Tommy Bengtsson, and Martin Dribe, *Living Standards in the Past: New Perspectives on Well-Being in Asia and Europe* (Oxford: Oxford University, 2005), 59。

2　万绳楠、庄华峰、陈梁舟，《中国长江流域开发史》，页 359。

3　鲍亦骐编，《芜湖港史》（武汉：武汉出版社，1989），页 26；许正元等编，《芜湖米市述略》（北京：中国展望出版社，1988），页 2—7；万绳楠、庄华峰、陈梁舟，《中国长江流域开发史》，页 359。

运河之前都会首先到达镇江，然后透过江南运河到达苏州。清朝时期，福建和广东在苏州市场上购买的大量来自长江中上游的稻米都是从镇江采购来的。[1]

镇江能够在稻米贸易中发挥如此重要的作用，主要得益于清初长江中上游地区的经济发展。长江上游地区在中国历史上一向以生产稻米著称，包括所谓的"天府之国"，即今日的四川成都，尽管该城市并不坐落在长江上，而是通过岷江与长江相连。在清朝之前，人们很难步入长江上游地区，因为船只沿川江（通往长江中下游的主要通道）而下很危险，此地几乎是遥不可及。正因如此，四川在历史上一直与其他地区的贸易脱节，商人们只能运输少量的产品，如茶叶和丝绸。[2]

自奠定江山以来，清朝为振兴长江上游的经济做出了不懈的努力。通过官府补贴和鼓励移民，促使了长江上游从清初一直持续到 19 世纪的经济复苏。在 18 世纪上半叶，大量的移民不仅增加土地开发的数量，而且还引进先进的耕作技术，因此大大提高了农作物产量和各种商品的数量。长江上游地区因此成为全国跨区域贸易的一部分。来自川江支流的稻米、糖和盐在宜宾、泸州和重庆聚集，然后顺着长江到达其他地区。到了 18 世纪末，长江上游地区已经"比任何其他周边地区更好地

---

1 严其林，《镇江史述》，页 201；范然、张立编，《江河要津》，页 80—82。

2 Paul J. Smith, *Taxing Heaven's Storehouse: Horses, Bureaucrats, and the Destruction of the Sichuan Tea Industry, 1074-1224*, (Cambridge: Council on East Asian Studies, Harvard University Press, 1991); 王笛，《跨出封闭的世界：长江上游区域社会研究（1644—1911）》（北京：中华书局，2001），页 36、40—41、250—253。

融入国民经济"[1]。

长江上游经济复苏之际，长江中游地区的经济也突飞猛进。明末，后金入侵导致该地区部分荒芜。但到清初，清王朝鼓励人们迁徙到长江中游，特别是汉江地区的高地荒芜之处。虽然此举未能完全成功，但该地区仍有不少经济发展，例如陕西南部的山区和湖北北部的丘陵地区。这使得汉江上的贸易恢复了活力，该地区很快成为中国主要的稻米供应地之一，也因此被重新纳入全国粮食交换市场。[2]长江上游和中游地区的所有货物都通过长江下游被运往江南。虽然长江中游地区也有通往其他地区的河道，如赣江、湘江和西江，但谷物、木材、棉花、丝绸、茶叶和稻米等货物都通过长江下游向东运输。[3]

就是这条连接长江中上游地区和江南的主要货物流动路线，使得镇江从一个默默无闻的小镇崛起成为在全国跨区域贸易中占据一席地位的重要城市。在明末和清朝大部分时期，除漕粮外，大量商品货物都通过镇江运往江南，并被销售给来自全国各地的商人。例如，江南地区所使用的来自北方的棉花中有很大一部分通过镇江运输。同时，来自苏州、

---

1 引自 Susan Naquin and Evelyn Sakakida Rawski, *Chinese Society in the Eighteenth Century*, 96, 194, 215; 王笛，《跨出封闭的世界：长江上游区域社会研究（1644—1911）》，页 199。

2 万绳楠、庄华峰、陈梁舟，《中国长江流域开发史》，页 74、202；Susan Naquin and Evelyn Sakakida Rawski, *Chinese Society in the Eighteenth Century*, 86, 159。

3 万绳楠、庄华峰、陈梁舟，《中国长江流域开发史》，页 363；Susan Naquin and Evelyn Sakakida Rawski, *Chinese Society in the Eighteenth Century*, 62, 159。

杭州和湖州的丝绸产品也通过镇江运往新疆，成为边疆贸易的一部分。四川、湖南、云南和贵州的木材也沿着长江先到达镇江，再被运往苏州。因此，在 19 世纪之前，镇江已经成为南北跨区域贸易的枢纽。[1]

镇江作为一个充满活力的城镇

在 19 世纪初被英国人入侵之前，镇江是一个充满活力的城镇。该城墙内共有四个贸易市场，其中一个坐落在城市的中心位置。最大的市场位于城市南门，毗邻大运河。由于大部分货物都是通过运河运到镇江，因此这个市场成为所有市场中最繁忙的一个。第二个市场位于城市西角。第三个市场则与其他市场有所不同：它位于贯穿城市、连接长江和大运河的小关河岸边。正因如此，市场周围挤满了杂货店、餐馆和街头小贩。这个市场还有一个拱门，人们通常称之为"四牌楼"。城市中心由五条商业街组成的商业区被称为"五条街"。[2]

在镇江的这些市场上，有大量的日用杂货店出售纸张、灯油、传统药材、谷物、酒、醋、香油、钉子和丝绸等物品。除此之外，还有许多迎合各种公众需求的商店，它们提供印刷用品、房屋建筑材料、编织品和染料等商品。城内的街道根据特定的行业如鱼网修理和木匠等形成了

---

1 严其林，《镇江史述》，页 201；范然、张立编，《江河要津》，页 81—83。
2 《镇江商业史料》，政府档案号 850000041（镇江：镇江市政府，未出版），页 4—5、10—11。

不同的区域，这些街道通常也以行业命名。[1]城市里有许多街头艺人，还有几座长期用来演出当地戏曲的戏台。其中一座位于寺庙旁边。这些戏台不仅在节日期间，而且在婚礼和家庭庆祝活动中也不断有表演。为了这些表演而设置的植物油灯在天黑后给这个城市提供了照明。[2]

城墙内的住宅区主要由十九条坊、十一条街和九十五条小巷组成，也被称为住宅巷。其中许多街道远离市场。[3]一般的住宅为木制，有瓦顶，通常有三个居室，其中一个有窗户，其他两个则没有。较大的房屋通常有三个厅堂、两个小卧室和一间门房。[4]城市中还有一些私人园林，通常属于清朝官员或富贵人家。其中最宏伟的建筑是"梦溪园"，它因贯穿园林的小溪而得名。这条小溪是穿透城市的一条小河流的分支。梦溪园占地十亩，有一座佛塔、一个小湖，还有几座漂亮的宅子。[5]其他人们常去的地方包括寺庙，如最著名的佛寺甘露寺，以及回族人使用的中国式清真寺。寺庙周围的街道通常以其命名。此外，当地文人聚集的书院也在类似寺庙的建筑内。[6]

关于镇江的人口，在1736至1795年乾隆皇帝统治时期，大约有

---

1 严其林，《镇江史述》，页80—81、98、129—130、203。

2 同上，页237。

3 同上，页80—81、98、129—130、203。

4 镇江市地方志编纂委员会，《镇江市志》，第1册（上海：上海社会科学院出版社，1993），页587。

5 严其林，《镇江史述》，页152—154。

6 镇江市地方志编纂委员会，《镇江市志》，第1册，页587。

十五万人，包括城市和周边地区的居民。1850 年代初太平军占领该市和江苏省的大部分领土之前，镇江的人口一直在增长，但是在这次变故中骤降至约十万人。此后不久，人口又开始回升至十二万。20 世纪初，约有七万人居住在城墙内。1906 年铁路在江苏出现后，镇江的人口数再次下降。只有当江苏省政府于 1929 年搬迁到镇江时，该市的人口才开始稳定增长。这种情况一直持续到 1940 年代末，因为省政府在这一时期仍然留在镇江。

大多数镇江的居民是汉族，许多人是来自中原，如河南地区的移民后代。城里有不少望族，其中最大的是赵氏家族。毛氏家族也属于最繁荣的家族之一。元朝时期，有不少来自中国北方和西北地区的蒙古族、畏吾儿族、契丹族和回回人留居在镇江。由于回回人信伊斯兰教，他们在城市中建造了几座清真寺。因此，一些以回回人为主的居民区街道被命名为"爸爸巷"、"大爸爸巷"和"清真寺巷"。[1]

在城市居民中，有几个松散的民间团体。他们往往以相似的目标而聚集在一起，其中最著名的是诗社，大约有五十一位参加，而且都是女性。她们不仅一起作诗，还将她们各自的作品印刷出来。还有一些艺术家在绘画方面形成自己独特的风格并因此而闻名。这些人中有不少人还属于生员以上的身分。[2]

---

1 作为比较，可参考曹树基，《清代江苏城市人口研究》，《杭州师范学院学报（社会科学版）》，2002 年第 4 期，页 50—57；严其林，《镇江史述》，页 72—73、132—134。

2 严其林，《镇江史述》，页 232—237。

除了这些团体外，还有一个纯志愿性社会组织——京口救生会。这样的组织不仅救溺水者，而且还支持那些因事故而失去家人或成为孤儿的人。多年来，该组织得到了当地商家的支持，并赢得了当地政府的认可。它一般利用商家的捐款来购买土地和建造房屋，并以此维持其日常事务。这一组织往往由地方士绅来主持。这些人中也有已退休的地方官员。比如，曾经有一位清朝官员提前退休来主持该组织。去世后，由其子接手。及至其子应举得第，在去别处就任前，又将此责任托付给了一位家族成员。按照惯例，当该组织的成员去世后，他的名字会被刻在一个纪念碑上，以表彰他对社团的贡献。[1]

鸦片战争的开始

镇江的美好时光从 1839 年英国人打响鸦片战争的第一枪时开始消逝。英国的入侵不仅破坏了城市的基础设施，而且给所有居民带来了痛苦，无论是一般劳工、店员还是工匠。虽然西方历史学界对战争成因存在争议，但大多数学者认为其主要原因是中国为控制鸦片流入、白银流出和减少税收下降而采取的一连串措施，加剧了中英两国之间的矛盾，同时英国为了进入中国而不惜一切，甚至动用战争手段。

在中国，这一切是这样发生的。首先，清朝道光皇帝在各官员送来的奏折中注意到税收短缺和南方地区不断发生叛乱。其中几份文书提

---

1 范然、张立编，《江河要津》，页 88—89。

到，吸食鸦片和鸦片走私对南方农村造成了严重破坏，并给清朝带来了不少麻烦。确实，吸食鸦片在当时已成为严重的社会问题。19世纪初，外国商人已经开始用快船将鸦片先运到临近香港的伶仃岛，然后再将其运到香港，从那里偷渡到中国内地。与此同时，在中国的西北部，穆斯林商人也将鸦片从新疆带入中国内地。当时，陕西和甘肃地区也开始种植鸦片。由于需求急遽增加，英国商人从印度中西部摩腊婆地区（Malwa）带入中国的廉价鸦片很快在市场上占据了主导地位。大量白银被用于购买英国人的鸦片，直接导致全国范围内的白银短缺。[1]

　　早在嘉庆皇帝执政（1796—1820）的最后几年，白银外流已经成为一个问题。到1826年，也就是道光皇帝继位后的第六年，中国已经失去了在全球白银交易中的主导地位，这不仅导致国内白银的短缺，而且因为缺少白银的税收，使得清朝的收入大幅减少。[2]因此，在一批官员

---

[1] Peter Ward Fay, *The Opium War, 1840-1842: Barbarians in the Celestial Empire in the Early Part of the Nineteenth Century and the War by Which They Forced Her Gates Ajar* (Chapel Hill: University of North Carolina Press, 1997), 55; David Bello, "Opium in Xinjiang and Beyond," in *Opium Regimes: China, Britain, and Japan, 1839-1952*, ed. Timothy Brook, Patrick Carr, and Maria Kefalas (Berkeley: University of California Press, 2000), 127-151; Iltudus Thomas Prichard, *The Administration of India from 1859-1868: The First Ten Years of Administration under the Crown*, vol. 2 (London: Macmillan, 1869), 207.

[2] Yangwen Zheng, *The Social Life of Opium in China*, 90. 可是万志英（Richard Von Glahn）怀疑仅凭鸦片贸易就能导致白银外流，参见Richard Von Glahn, *Fountain of Fortune: Money and Monetary Policy in China, 1000-1700* (Berkeley: University of California Press,1996), 246-257。

的建议下，道光皇帝于 1839 年 1 月 6 日派遣林则徐前往广东解决鸦片问题。林则徐到达广东后，首先与两广总督邓廷桢和广东巡抚怡良商讨控制鸦片走私的方法。在他的努力下，到 1839 年 5 月，大部分英国人的鸦片贸易已被制止。随后，林则徐将重点放在吸食鸦片的人身上，没收了他们的鸦片，并关闭了所有的鸦片馆。到 1839 年 6 月 3 日，林则徐下令在广东虎门镇销毁所有查获的鸦片，包括由英国驻华商务总监查理·义律（Charles Elliot）代表英国商人交出的鸦片。[1]

随后，英国对中国禁烟做出了一连串反应，成为鸦片战争的导火线。其中最值得注意的是一群定居广州的英国商人为发动战争所做的努力，因为他们坚决主张对清朝动用军事手段，通常被称为"好战派"。与其他商人不同，他们从这一事件中看到了英国用武力打败中国来获得经济利益的机会。于是，这些人回到伦敦后，立刻推波助澜地敦促英国议会对中国发动战争，使得英国的公众舆论从起初的褒贬不一转向支持战争。这种公众舆论的变化无疑影响了英国议会的最终决定。当然，在此期间，英国和中国文化之间的差异也起到了一定的作用，这种差异不断出现在两国之间的接触中，比如英国人是否应该遵从中国人的磕头礼仪等问题上。[2]

---

1 茅海建，《天朝的崩溃：鸦片战争再研究》（北京：生活·读书·新知三联书店，1995），页 89—125。

2 关于好战派，请参见 Song-Chuan Chen, *Merchants of War and Peace: British Knowledge of China in the Making of the Opium War*。关于英国公众对鸦片战争的看法，请参见 Peter J. Kitson, *Forging Romantic China: Sino-British Cultural Exchange 1760-1840*。（转下页）

1839 年 9 月至 10 月，林则徐下令销毁鸦片并限制外国鸦片制造商进入中国的消息传到伦敦后不久，英国内阁派出了一支先遣队前往中国。然后，在 1840 年 4 月，英国政府赢得了关于发动战争的辩论，并于 6 月在澳门成立了一支远征军。这支远征军由查理·义律的堂兄海军少将乔治·懿律（George Elliot）担任指挥，他刚被任命为英国对中国事务全权代表不久，而查理·义律上尉则任副全权代表。这支远征军包括十六艘装有总计五百四十门火炮的军舰、四艘武装汽船、二十七艘运输船、一艘运兵船和四千名军人，其中包括由英国军官带领的印度军团士兵。[1]

　　1840 年 6 月，英国军队向清朝军队开了第一枪。一个月后，英国军队袭击浙江定海，并凭借先进的军事技术顺利闯入天津附近的北河。此后，时任两广总督的琦善在广东与刚刚取代了乔治·懿律职位的英国全权代表查理·义律进行谈判。在 1841 年 1 月，查理·义律单方面公布了《穿鼻草约》，其中包括中国向英国割让香港一款。但该协议最终未能获得清朝皇帝的批准，也未得到英国政府的认可。[2]

（接上页）关于文化冲突，请参见Robert A. Bickers, *The Scramble for China: Foreign Devils in the Qing Empire, 1832-1914* (London: Penguin, 2012)。关于英国公众对鸦片贸易持有不同意见，请参见Stephen R. Platt, *Imperial Twilight: The Opium War and the End of China's Last Golden Age*, 315。

1　Julia Lovell, *The Opium War: Drugs, Dreams and the Making of China*, 87; Harry Gregor Gelber, *Opium, Soldiers and Evangelicals: Britain's 1840-42 War with China, and Its Aftermath*, 102.

2　Jessie Gregory Lutz, *Opening China: Karl F. A. GüTzlaff and Sino-Western Relations, 1827- 1852* (Grand Rapids, MI: William B. Eerdmans Publishing Company, 2008), 104-108.

英方不认可的主要原因是：尽管在查理·义律的胁迫下琦善做出很多让步，英国外交大臣巴麦尊子爵（Lord Palmerston）仍然对协定所获得的利益不满意。巴麦尊子爵于是起用璞鼎查将军（General Henry Pottinger）来取代查理·义律指挥英国远征军。在等待璞鼎查到来的过程中，查理·义律则发动对虎门的攻击，占领珠江口，控制整个广州城，并以此要挟清朝政府用赎金来赎回该城。就在这时候，广州郊区三元里发生了一起中国农民在暴雨中袭击英国士兵的事件。这使中国人赢得了被后来研究中国历史的学者们普遍认为的对英国人的第一次胜利。[1]

几个月后，在 1841 年 8 月，璞鼎查与另外两位军官，威廉·巴加（William Parker）和休·高夫（Hugh Gough）抵达了香港。虽然这几位军官各自属于不同的指挥系统，但他们共同承担对华战争的责任。于是，经过多次在餐桌上的交谈，三人制定了一项对清朝战争的详细计划。[2]按照这一计划，在同年 8 月至 10 月间，英国军队控制了福建厦门和浙江的三个地方：定海（第二次控制）、镇海和宁波。不久，在 1842年春天，璞鼎查又得到了英国派来的二十五艘战舰、十四艘汽船和一万名士兵的增援。有了这些装备和士兵，英国军队对中国的东海岸发起了另一轮攻击，并在 1842 年 5 月到 6 月之间夺取了浙江乍浦、江苏吴淞

---

1 Immanuel Chung-yueh Hsèu, *The Rise of Modern China*, 4th ed. (New York: Oxford University Press, 1990), 185-188.

2 Harry Gregor Gelber, *Opium, Soldiers and Evangelicals: Britain's 1840-42 War with China, and Its Aftermath*, 125-127; Immanuel Chung-yueh Hsèu, *The Rise of Modern China*, 4th ed., 185-188.

和上海。[1]

　　璞鼎查紧接着面临去天津还是长江的选择。他的翻译马儒翰（John Robert Morrison）建议选择长江，理由是长江是中国运输粮食的主要通道。正如马儒翰所说："只要我们把手指放在长江上面……我们就可以主宰一切。"他的看法得到了休·高夫的认可，因为休·高夫本人也非常坚持必须先控制长江流域。休·高夫认为，只有这样做，英国军队才能切断大运河通往清朝首都的生命线，并对濒临崩溃的清朝造成重大打击。因此，马儒翰和休·高夫都督促璞鼎查选择长江，而这一选择使镇江成为英国军事打击的下一个目标。[2]

1　Harry Gregor Gelber, *Opium, Soldiers and Evangelicals: Britain's 1840-42 War with China, and Its Aftermath*, 126-127; Immanuel Chung-yueh Hsèu, *The Rise of Modern China*, 4th ed., 189.

2　Yuan Wei, *Chinese Account of the Opium War*, trans. Edward Harper Parker (Shanghai: Kelly & Walsh, 1888), 66. 引自 George Pottinger, *Sir Henry Pottinger: First Governor of Hong Kong* (New York: St. Martin's Press, 1997), 91。

第三章 镇江之战

1842 年 7 月 21 日，《南京条约》签署前夕，英国远征军开始了入侵镇江的行动。根据三位英国指挥官商定的计划，一支由十一艘战舰、四艘军队装载舰、五艘蒸汽护卫舰、五艘轻载铁质蒸汽船、两艘测量船和四十八艘小型运输船组成的舰队于 1842 年 7 月 6 日从上海进入长江，启程前往镇江。四天后，这支舰队到达了镇江 66 公里以东的江阴。其中有一艘战舰是恶名昭彰的"复仇女神"（Nemesis），它是一艘英国商人专为侵华战争而设计和建造的狭长型平底战舰。此战舰不仅由铁壳制成，还有一个独特的船体设计，使其易于逆风行走，并在长江的"泥滩和沙洲，那些只能容纳浅水船"的情况下仍然可以运行。[1]

除了英国军队，这支舰队上还有一批协助英军进攻镇江的汉人帮凶。他们之中许多人来自广东、福建和浙江，也有少数来自江苏和安徽。其中很多人原来是盐商的私人武装，以保护他们的商品不受海盗侵扰。他们随同英军前往镇江是为了获利，因为英军向他们承诺，如果他

---

1 这段引述来自 Charles R. Low, *Soldiers of the Victorian Age*, vol. 1 (London: Chapman and Hall, 1880), 242。

们协助英军渗透到任何城市内，就可以在攻破城市后夺走任何物品。[1]

据一位英国军人在日记中透露，这次入侵镇江的目的是为了切断清朝的血脉，即漕粮运输路线。然而，为了达到这个目的，英军投入了比以往任何一次对中国的战役中更多的士兵。他们不遗余力地入侵镇江，不顾一切地将中国普通老百姓卷入这场战争的灾难中。[2]

关于守城方案的争议

在探讨这场强加给镇江的战争之前，我们先看一下清朝县级以上官员为这场战争做了哪些准备。道光皇帝首先派遣了一些官员来保护长江下游地区，防止英军通过镇江的渡口进入中国内地。但是，这些官员既没有作战经验，也不懂军事技术，更不知道如何对付一支装备了工业化技术，如蒸汽动力战舰的外国军队。因此，在执行这一重大任务时，他们感到非常无助。

在英军离开厦门前，消息就已经传到镇江，引发了清朝各级官员之间以及官员和地方士绅之间的争论：如何保卫长江。争论的重点包括如何防止英军通过瓜洲和京口之间的渡口进入内地，以及什么是最佳的作战方案。从清朝皇帝到地方官员，几乎每个人都参与了这场争论。

---

1 《道光壬寅兵事官书汇钞》，收入《里乘》，第 2 卷（镇江：江苏省立国学图书馆，1934—1937），页 72、75；《壬寅兵事续钞》，收入《里乘》，第 2 卷（镇江：江苏省立国学图书馆，1934—1937），页 91、96。

2 Charles R. Low, *Soldiers of the Victorian Age*, vol. 1, 242.

这场争论始于裕谦和伊里布，因为他们的职责是守卫长江下游地区。作为管辖江苏、江西和安徽的两江总督，裕谦在定海被占领后被派往保卫浙江和夺回定海，而伊里布则被派赴镇江。他们讨论的主要问题为是否关闭镇江的河港，以防止英军派遣帮凶透过河口渗透到内地。伊里布在敌人进入长江之前，向皇帝建议不要关闭港口，因为这将给南北往来商人造成很大不便。他认为只需要在长江入口处沉没装满石头的船只，就足以阻止英军进入。[1]裕谦则向皇帝表达了不同的观点。他认为江口非常浅，充满了沙子，所以不必担心英国舰队进入江中。一旦河道被堵塞，河水会淹没农田，使村民失去收成甚至生命。此外，裕谦认为没有必要阻止那些英军的汉人帮凶到长江下游为英国人收集粮食，因为据他了解，英国人不吃谷物，只吃鸡、牛、羊等动物。[2]

至于那些英军的汉人帮凶，裕谦建议清朝以恩威并济的方式对待他们。根据他的推理，那些来自沿海省份的汉人很可能纯粹是为了利益而协助敌人，因此他们并不反对清朝。如果他们愿意反悔或向清朝投降，清政府可以给予奖励。对于他们之中的少数带头人，清政府则可以悬赏捉拿，并严惩其家人。[3]

裕谦和伊里布在皇帝面前的争论最终以伊里布撤回他的计划结束。

---

1 《道光壬寅兵事官书汇钞》，收入《里乘》，第 2 卷，页 49。

2 中国史学会主编；齐思和、林树惠、寿纪瑜，《鸦片战争》，第 6 卷（上海：神州国光社，1954），373；《道光壬寅兵事官书汇钞》，收入《里乘》，第 2 卷，页 50—51。

3 《道光壬寅兵事官书汇钞》，收入《里乘》，第 2 卷，页 49—51。

磨合：
近代镇江的全球化之旅

伊里布同时向皇帝道歉，表示他没有意识到水灾的可能性。可是，在收到伊里布的道歉后不久，皇帝得知，裕谦在英国入侵期间，在镇海自杀未遂，后死于杭州。[1]

得知裕谦的死讯，道光皇帝任命牛鉴为下一任两江总督，负责在长江下游地区建立强大防御。同样得到任命的还有海龄，一名副都统，负责保卫镇江和抵御英军入侵。第三位加入防御工作的人是齐慎，他原来是四川提督。当时清朝皇帝要他从四川带一支军队，一旦上海吴淞落入英军之手，便协助保卫镇江。牛鉴、海龄和后来加入的齐慎很快在皇帝面前通过提交奏折展开了另一轮关于如何处理镇江渡口的辩论。[2]

辩论开始时，道光皇帝问牛鉴如何防止敌人从渡江口进入中国内地。尽管牛鉴清楚地知道该河道作为漕运和运送官方文书南北通道的重要性，他仍然回答没有必要担心这个问题。首先，长江下游，特别是渡口那一段的水很浅，只有沙船等中国船只才能通过。就像英国舰队没能通过通州（今南通）一样，它也无法进入该河段。[3]牛鉴进一步补充道，即使英军试图通过该河段，那里也已经有很多中国士兵守卫，因此唯一需要担心的是英军的汉人帮凶可能会利用中国船只通过此河道进入该地区。另外，牛鉴认为，由于英军的汉人帮凶总是与英军一起行动，因此不必担心英军会控制镇江的过河通道。为了安全起见，他建议道光皇帝

---

1 《道光壬寅兵事官书汇钞》，收入《里乘》，第 2 卷，页 52。

2 中国史学会主编；齐思和、林树惠、寿纪瑜，《鸦片战争》，第 4 卷，页 692；《道光壬寅兵事官书汇钞》，收入《里乘》，第 2 卷，页 55—56。

3 《道光壬寅兵事官书汇钞》，收入《里乘》，第 2 卷，页 57—58。

命令各省提前收集贡粮，并在英军有机会进入长江前将其运到与镇江隔江相望的瓜洲。此外，牛鉴承诺会仔细检查每一艘运送贡粮的船只，以防止英军的汉人帮凶伪装成船夫混入长江。[1]

接着，道光皇帝询问海龄的策略。海龄在一份奏折中向皇帝汇报称，在勘察了镇江以外的地区后，他意识到长江在镇江附近的一段确实是浅滩和沙地，因此英国军舰将无法通过。唯一一个英国舰队可以通过的地方，海龄已经在俯瞰它的山上部署了大炮。[2]然而，就在海龄提交这份报告后不久，他在另一份奏折中告诉皇帝，最近频繁的降雨导致镇江水位上涨，这样英国军舰就有可能通过河道。为了防止这种情况发生，他已要求当地官员召集熟悉河道的当地人组成小组，准备从水下摧毁英国船只。[3]

道光皇帝阅读了海龄的奏折后，又收到齐慎关于在镇江和渡口的战略位置已安排了中国士兵的类似报告。齐慎还提到，他已命令当地官员召集愿意与英军作战的地方人士，特别是那些熟悉河流的人，准备阻止英军进入浅滩。他请求道光皇帝给予准许，如果他们能摧毁一艘英军的船，应该允许他们拿走船上的一切物品作为奖励。如果他们成功地烧毁这艘船，他们可以得到赏银。[4]

---

1 《道光壬寅兵事官书汇钞》，收入《里乘》，第 2 卷，页 57—58。

2 中国史学会主编；齐思和、林树惠、寿纪瑜，《鸦片战争》，第 4 卷，页 692；《道光壬寅兵事官书汇钞》，收入《里乘》，第 2 卷，页 55—56。

3 《道光壬寅兵事官书汇钞》，收入《里乘》，第 2 卷，页 63—64。

4 《道光壬寅兵事官书汇钞》，收入《里乘》，第 2 卷，页 64—65。

尽管这场讨论没有产生实质结果，但是道光皇帝仍然接受牛鉴关于将漕运日期提前的建议。当英军启程前往镇江时，道光皇帝已经下令将大部分贡粮由大运河运往北方首都。在运粮过程中，每一条船都有士兵和当地民兵严密看守，以防止英军的汉人帮凶偷盗。[1]

　　当这些官员在道光皇帝前争论时，他们和地方士绅之间也出现类似的辩论。辩论的要点是考虑从岸上攻击英军的策略。这场辩论始于裕谦。当他刚到达镇海并向皇帝报告常州、镇江和扬州的河流太难防御时，他建议在镇海建立一个防御工事。[2]地方士绅包世臣听到这个消息后，写信批评裕谦没有选择在镇江以东 32 公里处的圌山设立防线，因为圌山位于长江和镇江市之间，是最佳的防御位置。包世臣是一位举人，因为积极参与各种慈善活动而成为镇江城内最受尊敬的人物之一。在镇江面临英军入侵的威胁时，当地社群都希望他能代表老百姓向清政府表达意见。当包世臣将信送给裕谦时，裕谦已经离开镇江，因此包世臣请求当地官员将信转交给去了镇海的裕谦。可是，此信过了很长一段时间才到达，彼时，裕谦已经在英军入侵镇海时殉职了。

　　除了给裕谦写信外，包世臣还写了一封给陈庆祥的信。陈庆祥被

1　W. D. Bernard and W. H. Hall, *Narrative of the Voyages and Services of the Nemesis from 1840 to 1843 and of the Combined Naval and Military Operations in China: Comprising a Complete Account of the Colony of Hong-Kong, and Remarks on the Character and Habits of the Chinese* (London: H. Colburn, 1844), 410-411.

2　陈庆年，《道光英舰破镇江记》，档案号 850000175（镇江：镇江市政府，未出版），页 3—4；法芝瑞，《京口债城录》（重印本，台北：文海出版社，1986），页 8—9。

任命为参将和海龄的助手。由于包世臣未能与更高级别的官员接触，他认为有必要与陈庆祥这样的低级别官员接触。在信中，包世臣建议在圌山建立以大炮为主的防线，并在那里堵住河道，以阻止英军上岸。他认为，由于河道在靠山的地方变得更加狭窄，大炮可以轻松打击敌舰。包世臣还建议用火船飘向英军舰队来烧毁敌舰。收到信后，陈庆祥将其转交给新任命的总督牛鉴和奕经。奕经是道光皇帝的侄子，刚被委任负责从江苏以外的省份召集士兵来保卫镇江。陈庆祥和牛鉴都认为，由于圌山边已有士兵把守，包世臣的建议只是多此一举。[1]

遭到两位官员的拒绝后，包世臣决定采用另一种方法。他又写信给府丞周琐。但是，周琐也驳回了包世臣的想法。他说英国人永远不会进入圌山边的河道，因为他们会被困在浅浅的河岸上，让中国士兵有充足的机会从岸上向他们发动进攻。[2]

后来，周琐向海龄提到了包世臣的想法。海龄同意周琐的观点，即圌山前面的河口对英国船只来说太窄了。海龄还告诉周琐，即使有经验的中国船夫在通过那里的河道时也会有困难，更不用说对河流一点也不熟悉的英国人了。[3]但是，在听说英军已逼近镇江后，周琐才意识到他和其他官员只讨论过一个策略，并无其他备选方案。于是他匆忙地接受了包世臣的第二个建议，并命令将着火的船放入河里，沿河而下，以阻挡英国舰队。周琐收集了大块木头、石头和五十艘木船，安排了一次试

---

1 陈庆年，《道光英舰破镇江记》，页 3—4；法芝瑞，《京口债城录》，页 8—9。

2 夏燮，《中西纪事》（重印本，长沙：岳麓书社，1988）。

3 《道光壬寅兵事官书汇钞》，收入《里乘》，第 2 卷，页 47。

验。但是，木船着火燃烧，却并没有沿流而下。尽管如此，周琐仍决定继续采用这个策略。[1]

随着防御准备工作的进行，海龄发现一千六百名士兵不足以守住城市。于是他向道光皇帝递交了几份奏折，要求增加军队。当海龄得知英军占领定海并杀死了该地官阶最高的清朝官员时，他在给皇帝的奏折中表示震惊，对英军逼近的速度和清朝军队的脆弱表示担忧。他请求道光皇帝从直隶、吉林和黑龙江等东北地区派遣八旗兵来协助保卫镇江。他认为这些士兵比已经落入英军手中的广东、福建和定海的士兵更为可靠，虽然八旗兵不熟水性，但他们能更好地保护这个城市。[2]道光皇帝随后要求牛鉴和广西巡抚梁章钜在各地为镇江寻找更多合适的军队。他还派遣福建水师提督陈安魁协助奕经从浙江带来两千名士兵。在皇帝的命令下，八旗都统德珠布从西安带来一千名骑兵，齐慎从浙江带来两千名士兵。这些士兵与来自湖北的两千名士兵汇合，并都归湖北提督刘允孝指挥。[3]

最终，经过一番努力，海龄终于获得了清朝派来的四百名来自山东青州的八旗兵。这些八旗兵是中国最勇敢善战的士兵之一，备受推崇。德珠布在给皇帝的奏折中提到，如果没有这些士兵守卫镇江，王朝将会失去命脉。奕经指派他们守卫炮台，因为这是城外最具战略意义的位置。

---

1 陈庆年，《道光英舰破镇江记》，页 3—4。
2 《道光壬寅兵事官书汇钞》，收入《里乘》，第 2 卷，页 54—55。
3 文庆等编，《筹办夷务始末·道光朝》（重印本，台北：文海出版社，1970）；陈庆年，《道光英舰破镇江记》，页 8—9；《道光壬寅兵事官书汇钞》，收入《里乘》，第 2 卷，页 45—46。

这样，加上来自全国其他地区的增援，守城士兵的总数达到了九千人。[1]

同时，海龄还计划召集三百名当地民兵加入防御工作。然而，他很快发现当地官员并未重视他的命令，安排建造船只以攻击河上的英军。地方官员们也没有找到人来组建民兵，甚至大雨导致的城墙坍塌都没有得到修复。后在当地居民捐献材料和劳役的协助下，城墙终于修复了，但其他防御计划都被忽视了。[2]

随着防御准备工作的进行，当地出现了放弃抵抗的言论。牛鉴一到镇江就得知了一份由当地官员转达的不抵抗建议。他还要求周琐筹集十二万两银子，以备从英军手中赎回镇江。尽管大多数城内富人都同意听从他的命令，但有两个最有权势的家族加以抵制。牛鉴最终只能放弃这个计划。在牛鉴募集赎金的过程中，恐慌的情绪开始在整个城市蔓延开来。[3]

城内的恐慌

当上海落入英军手中的消息传到镇江时，城内老百姓的第一反应是"无比恐惧"（借用英国牛津字典对panic一词的概念）[4]，因为他们知道英

1　钟瑞等编，《京口八旗志》（1879年重印本，哥伦比亚大学典藏）；《道光壬寅兵事官书汇钞》，收入《里乘》，第2卷，页61。

2　《道光壬寅兵事官书汇钞》，收入《里乘》，第2卷，页60。

3　陈庆年，《道光英舰破镇江记》，页7；钟瑞等编，《京口八旗志》。

4　《牛津学术英语学习者词典》（*Oxford Learner's Dictionary of Academic English*）将"panic"定义为"突然的极度恐惧感，无法控制，阻止人们清晰思考"，参见 *Oxford Learner's Dictionary of Academic English* (Oxford: Oxford University Press, 2014)。

军接下来会入侵镇江。此外，他们也听闻英国士兵在攻破乍浦后进行了大规模的杀戮和掳掠，并对此感到十分绝望。在这种情况下，当地官员的所作所为加剧了民众的恐慌和危机感。这再次证明了国家官员的个人性格、观点，以及对不同形势的判断和应对方法，在地方社会处理危机事件中扮演着至关重要的角色。

随着恐慌情绪的蔓延，城内百姓首先想到的是大规模逃离。当大多数人开始这样做时，地方官员试图透过现有的防御计划来说服他们留在城市，不过没有人相信这些官员的说辞。于是，在城墙的东门前聚集了大批人群，因为那里没有什么门卫，但是他们很快被官府的差役驱散了。这些差役对着老百姓大声吼叫，有些甚至动起手来。人群中有人看到一名妇女将自己的物品交给一名差役，于是那名差役就让她出城门。这立刻引起了很多人的不满。同时，城内也有传言称当地官员早已将自己家人迁出城外，更加剧了人们的愤慨。[1]

当时，海龄命令他的士兵保持对"汉奸"的高度警惕。所谓"汉奸"，指那些协助英军入侵的汉人帮凶以及他们雇佣的探子。他认为这些奸细会顺着长江潜入镇江。以下几个事件似乎证实了海龄的猜测。有一次，海龄的士兵拦住了一艘从崇明运糖到海门的船只，这两个地方都在江苏。他怀疑船上的人是英军的汉人帮凶，要求士兵们保持警惕。后来，他们又逮捕了一名自称是广东商人的男子，他说他来镇江是为了购买稻米。

---

1 陈庆年，《道光英舰破镇江记》，页 7；钟瑞等编，《京口八旗志》；法芝瑞，《京口债城录》，页 11—12。

虽然他揣着广东官府签发的旅行证，但海龄仍怀疑他是奸细。接着，在海龄下令逮捕的大约一百人中，有一个人不断打听城内的驻军情况，显然是在为英军搜集军事情报。海龄还了解到，在被捕的人中有十二人的行李里藏有各种武器。他确定这些是敌人的细作，并下令处决他们。这一事件发生后，海龄下令关闭镇江的所有河港，禁止外埠商人进入镇江。[1]

不久后，海龄的怀疑形成了一种超出常规的行为模式。他的转变更加煽动了城市中弥漫的绝望情绪。比如，当他听说乍浦的八旗兵不仅没能打败英军，而且他们自己也无人幸免于难时，情绪变得非常极端，于是命令士兵关闭所有城市的入口，以防止英军的汉人帮凶潜入。在把八旗兵安置在靠近敌人预期登陆点的城门处后，他把自己关在城内的一座寺庙里，并安排四十名士兵在晚上守卫，同时将自己的新婚小妾和她的家人都送出城。[2]

一旦城门关闭，城内便起了混乱，因为当时城内还有超过一万名城外来的人。他们之中大部分是镇江附近的农民，来城里卖各种产品、购物或寻求娱乐。城里不仅没有足够的食物供应这么多人，而且也没有地方安置他们。他们不得不在炎热的七月露宿街头。[3]知府祥麟恳求海龄允许这些城外人离开，海龄无奈地同意了，但却令士兵在城门口搜查所有

---

1 《道光壬寅兵事官书汇钞》，页 48、85。
2 陈庆年，《道光英舰破镇江记》，页 6；杨棨，《出围城记》（重印本，台北：文海出版社，1986），页 73—75。
3 法芝瑞，《京口债城录》，页 28—30；朱士云，《草间日记》（重印本，台北：文海出版社，1986），页 118—119。

出城的人。士兵趁此机会骚扰这些人，并当众摸年轻妇女，引起不少人的愤怒。更糟糕的是，就在几个人出城后，海龄又改变主意，下令再次关闭大门，因为他听说英军已逼近镇江。[1]

城里粮食短缺很快成为另一个严重问题。早在关闭城门之前，地方官员就命令士兵从城郊的村民那里收集粮食以备战。虽然士兵们几乎拿到了大部分城外的粮食，但还远远不够供应城墙内的人口。[2]为此，海龄下令减少士兵的口粮。为应对日益紧张的局势，一些地方官员试图说服海龄让他们出城寻找粮食。但海龄拒绝了这一建议。一群士兵某晚聚集在城墙前，抗议海龄的决定。于是海龄命令八旗兵穿上盔甲，站在城墙顶上，准备向这些士兵开火。另有一些士兵随后开始抢劫城市商铺和居民。许多老百姓充满恐惧和无助，站在城墙上哭着求救。[3]

在缺粮问题加剧时，一位颇有声望的地方人士试图把大约一千石的米送进城，但海龄拒绝，担心他是英军的刺探者，下令处决任何敢为他开城门的人。海龄还声称那些持不同意见的人是通敌者，城内有足够的士兵来处决他们。[4]随着紧张局势的升级，人们聚集在街市上表达对海龄

---

1 法芝瑞，《京口偾城录》，页 28—30；朱士云，《草间日记》，页 118—119。

2 John Ouchterlony, *The Chinese War: An Account of All the Operations of the British Forces from the Commencement to the Treaty of Nanking* (London: Saunders and Otley, 1844), 400- 401.

3 陈庆年，《道光英舰破镇江记》，页 12—13；《壬寅兵事续钞》，收入《里乘》，第 2 卷，页 93—94。

4 杨棨，《出围城记》，页 79。

的不满。海龄命令士兵准备向人群开火。怒火不断升温，海龄指责在场所有人都是急于向英军投降的汉奸。[1]

从那时起，海龄与城市居民的关系急遽恶化。同时，海龄也越来越怀疑镇江有很多敌人的奸细。于是他下令射杀任何聚集在城墙上的人，禁止人们在天黑后结伴而行，并拘留任何不带当地口音的人，无论他们是商人、杂工、街头乞丐还是僧侣。[2]按照这些命令，士兵们开始惩罚所有被怀疑为奸细的人，甚至连儿童也不放过。他们处决了一些经过严酷拷打后招供为奸细的人，并按惯例在大校场处决并公开羞辱。有一次，海龄围捕了大约一百七十人，并开始公开处决。其中一些人是乞丐。他唯一没有继续下去的原因是听到了英军即将到来的消息。即便如此，已有十三人惨遭处决。据一位目击者后来的描述，被处决者的尸体被切成几块，其中一个僧人的体内脂肪堵塞了一个街道的排水管。[3]

当时，大校场聚集了许多妇女和儿童，他们哭泣着为自己即将被处决的家人苦苦哀求。看到这情景，知府本人都流下了一些眼泪。在地方官员的极力劝说下，海龄终于同意释放那些被城内居民担保无罪的人，但他仍然命令士兵将那些没有担保的人从城墙上扔下去。许多人因此受了重伤甚至死亡。于是，城内的谣言四起，说海龄对汉人有恶意，一切

---

1 陈庆年，《道光英舰破镇江记》，页12—13；杨棨，《出围城记》，页79。

2 陈庆年，《道光英舰破镇江记》，页11—12；法芝瑞，《京口债城录》，页34。

3 法芝瑞，《京口债城录》，页34；陈庆年，《道光英舰破镇江记》，页11—12；《道光壬寅兵事官书汇钞》，页69。

所作所为都是专门针对汉人的。[1]

看到海龄无限夸大敌人的帮凶和奸细渗入镇江的可能性，府丞周琐和知县钱燕桂等地方官员开始质疑海龄拘留和杀害无辜者的决定。而海龄则坚决认为，他只是在惩罚那些在英军到来之前为他们刺探情报的奸细。周、钱二人开始意识到海龄不会听从劝告，于是他们未经海龄允许就放走了一些被关押的人。海龄为此非常生气，他在周和钱不在时派士兵搜查了他们的官府，并扣留七名差役。当周、钱二人出城办完管理军需品、以及在一座寺庙中设立临时官府的事后，海龄拒绝让他们进城。[2]

尽管一些地方官员对海龄的所作所为非常不满，但是除了府丞周琐和知县钱燕桂，没有人敢说三道四。而海龄唯一信任的地方官员是知府祥麟，因为祥麟不仅与他有姻亲关系，而且从未质疑过他的决定。

总之，在英军到来之前，镇江的老百姓就已陷入了绝望之中。为了了解英军到来后的情况，我们现在将视线转向英军。[3]

英国舰队的到来

1842 年 7 月 12 日，英军离开江阴前往镇江。在英军官兵中，普遍

---

1 杨棨，《出围城记》页 78—79。
2 陈庆年，《道光英舰破镇江记》，页 9—10；罗志让，《道光壬寅英兵犯城事》，政府档案号 85000021（镇江：镇江市政府，未出版）。
3 关于清代近代文学派学者魏源的批评，请参见 Yuan Wei, *Chinese Account of the Opium War*, trans. Edward Harper Parker, 65。

存在着一种错误的认识，认为他们的任务是教训清廷，让后者知道如何与先进的西方国家打交道，而不是为了获得疆土或煽动中国民众对清朝的反叛。[1]为了彰显战争的目的，英军烧毁了沿途的所有船只，以显示他们对清朝的震慑力量。其中一些船只属于盐商，即使有盐商出高价赎回自己的船，也未能幸免。一位英国军官在日记中庆祝道："长江战役的伟大目标就此完成了。"[2]

当英国士兵接近镇江时，他们遇到了第一批当地村民。由于这些村民从未见过来自欧洲的外国人，更别说在大型军舰上装备大炮的外国人，他们数以千计地聚集在江边，惊奇地注视着英国舰队经过，就像在看一场奇观。他们之中许多人甚至认为英国士兵的红色军装是翅膀。[3]

更巧的是，就在这时发生了日食。这一罕见的自然现象被看作是一个不祥之兆，预示着将会发生可怕的事情。同时，这似乎证实了人们的

---

1 Arthur A. T. Cunynghame, *An Aide-De-Camp's Recollections of Service in China, a Residence in Hong-Kong, and Visits to Other Islands in the Chinese Seas* (London: Saunders and Otley, 1844), 82.

2 W. D. Bernard and W. H. Hall, *Narrative of the Voyages and Services of the Nemesis from 1840 to 1843 and of the Combined Naval and Military Operations in China: Comprising a Complete Account of the Colony of Hong-Kong, and Remarks on the Character and Habits of the Chinese*, 410-411; Yuan Wei, *Chinese Account of the Opium War*, trans. Edward Harper Parker, 66; John Ouchterlony, *The Chinese War: An Account of All the Operations of the British Forces from the Commencement to the Treaty of Nanking*, 410-411.

3 Arthur A. T. Cunynghame, *An Aide-De-Camp's Recollections of Service in China, a Residence in Hong-Kong, and Visits to Other Islands in the Chinese Seas*, 83.

磨合：
近代镇江的全球化之旅

猜测，即英国人不属于人类，而与魔鬼或恶魔相似，他们的到来将摧毁这里的一切。与此同时，突然发生的日食还加剧了谣言的传播：中国很快就会被一个女魔（很可能是指维多利亚女王）征服，这个女魔得到了"红发野蛮人"（指英国士兵）的帮助，他们的船可以轻松驾驭长江的波涛汹涌。所有这些传言都加剧了人们对镇江即将遭遇的不幸的恐慌和忧虑。[1]

就在第二天，当两艘英国军舰到达圌山附近，英军与守卫镇江的中国士兵发生了第一次冲突。英国人首先从军舰向岸上开炮，并打伤了几个中国士兵。而中方士兵立即躲了起来。虽然他们也用自己的大炮还击了几下，但未能击中任何目标。接着，他们在山间疏散开来。见此情形，英国士兵决定继续前进。[2]就在这时，大约八十名从战场上撤退的中国士兵来到山上的驻军堡垒。他们恳求守卫让他们进入堡垒以为他们的伤员包扎伤口。但是他们被拒绝放行，因为海龄曾特别叮嘱不放任何人进入堡垒。这些士兵们只能离开，去别处寻求协助。[3]

英军离开江阴三天后，有两艘军舰到达镇江市东方约 4.8 公里的焦山岛前的江面。为了显示其无比的威力，军舰向岸上随意发射了几轮炮弹。正如一位当地目击者所描述的那样，炮声震耳欲聋，似乎将长江的波浪推了起来。军舰和炮火两者结合，显然使当地的老百姓感到无比震

---

1 Arthur A. T. Cunynghame, *An Aide-De-Camp's Recollections of Service in China, a Residence in Hong-Kong, and Visits to Other Islands in the Chinese Seas*, 84-85.

2 Arthur Waley, *The Opium War through Chinese Eyes* (London: Allen & Unwin, 1958), 199.

3 Arthur Waley, *The Opium War through Chinese Eyes*, 199.

撼。[1]过一阵子，一些英国士兵到达了焦山岛最高处的堡垒。当他们开始试图翻墙进入时，听到了一阵骚动，随即发现有好几个中国士兵从堡垒的高处跳下身亡。这时，那些被临时召集起来守卫堡垒的民兵也开始逃跑，英国士兵无法阻止他们。[2]

随着炮声响彻整个镇江城的周边地区，城里的人们纷纷开始躲藏。有一些人趁混乱之际洗劫了几个店铺，也有一伙当地的民兵趁乱闯入一个县衙洗劫了银两。湖北提督刘允孝立即派士兵逮捕了城里的抢劫者，并当场处决了其中一人。与此同时，整个英国舰队继续向镇江进发，并于1842年7月20日全部抵达了镇江城外的金山岛。[3]在到达岸边之前，英国士兵看到一个装满木片的大木筏慢慢向他们漂来。接着，整个木筏被点燃。由于木筏在水中移动得很慢，英国士兵在它对自己构成任何威胁之前就已把它推开了。很明显，当地官员唯一的防御计划以失败告终。[4]

英国士兵到达岸边后立即开始登陆，但最初的行动非常混乱。部分军队在半夜才到达，至少有两支队伍完全错过了目标地点。虽然这种混

---

1 法芝瑞，《京口偾城录》，页27—30。

2 法芝瑞，《京口偾城录》，页27—30。

3 陈庆年，《道光英舰破镇江记》，页8；朱士云，《草间日记》，页118—119；《壬寅兵事续钞》，收入《里乘》，第2卷，页94。

4 Edward H. Cree and Michael Levien, *Naval Surgeon: The Voyages of Dr. Edward H. Cree, Royal Navy, as Related in His Private Journals, 1837-1856*, 1st ed. (New York: E. P. Dutton, 1982), 97; John Ouchterlony, *The Chinese War: An Account of All the Operations of the British Forces from the Commencement to the Treaty of Nanking*, 347.

乱为中国打击英军提供了机会，但并未被利用。[1]上岸之后，英军指挥官以"收买人心"为由，下令不允许士兵伤害村民或他们的农田。但是士兵们没有服从命令，而是放火烧毁房屋，随意窃取村民的物品。例如，一些寻找食物的英国士兵点燃了一堆干草，引发大火，最终烧毁了整个村庄。在另一处，他们杀死了两名村民，并自称是正当防卫。还有一些士兵发现有中国士兵藏在一座寺庙内，于是放火烧了整座寺庙。一位英国军官后来在他的日记中承认，他的士兵给中国老百姓带来了"最灾难性的后果"。[2]

在中国方面，英国舰队一到，齐慎和刘允孝便让他们的士兵进入北固山上的两座寺庙，俯瞰河岸。海龄在城内贴出告示，宣称敌人已撤到长江对岸，并建议城内居民观察中国士兵如何用他们的优势军事技能与对水上作战的熟练经验来与英国人进行对抗。但人们很快意识到英军正在不断靠近城门，特别是那些在城墙上观看英军的人。[3]

在英军对城市发动进攻之前，一位地方领袖颜崇礼来到了英军驻地，并要求见英军指挥官。颜崇礼告诉一名英国军官，他代表镇江和扬

---

1 Edward H. Cree and Michael Levien, *Naval Surgeon: The Voyages of Dr. Edward H. Cree, Royal Navy, as Related in His Private Journals, 1837-1856*, 98; John Ouchterlony, *The Chinese War: An Account of All the Operations of the British Forces from the Commencement to the Treaty of Nanking*, 349-350.

2 Edward H. Cree and Michael Levien, *Naval Surgeon: The Voyages of Dr. Edward H. Cree, Royal Navy, as Related in His Private Journals, 1837-1856*, 83-89.

3 法芝瑞，《京口偾城录》，页27—30。

州的居民恳求英军放过这两个城市。这位军官接受了他的礼物，但拒绝让颜崇礼见他的指挥官；相反，他把颜崇礼带到一个郭姓的汉人帮凶首领那里。郭告诉颜崇礼，虽然他以前是清朝官员——一名宁波府的知县，但选择了为英国人工作。英国人无意扰乱中国老百姓的平和生活，所以镇江和扬州的居民应该放心。英军的唯一目的是为英国在战前受到清政府的所作所为"伸冤"。鉴于清朝皇帝从未明确对英国表示希望和平或战争的明确态度，而且像伊里布这样的清朝官员从未亲自向英国人求情，他认为清政府应该受到惩罚。郭向颜崇礼展示了一份清朝政府"冒犯"英国人的罪名，其中列举了其所造成的英国商人的鸦片损失，以及把英国人当作其臣民。此外，郭也说英国希望中国的部分地区对外国开放。在颜崇礼离开之前，郭承诺，如果清朝军队不向英国军队开火，英国军队也不会反击。后来，周琐向道光皇帝报告了颜崇礼与英国人洽谈一事。在报告中，周琐建议清朝与英国寻求长期和平，因为英军实力过于强大，清军无法取胜。[1]

在这一切喧嚣中，镇江城外的村民们对英军的反应却与城里居民截然不同。许多人对此只是好奇，没有感到惊慌或受到威胁；有些人继续在炮火声中如常吃饭，好像一切都很平静。但是，这种宁静状态很快就被城门口的激烈声响打破了。[2]

---

1 《道光壬寅兵事官书汇钞》，收入《里乘》，第 2 卷，页 67—69。

2 这一点得到了英国和中国的目击证人的证实，参见 Granville G. Loch, *The Closing Events of the Campaign in China the Operations in the Yang-Tze-Kiang and Treaty of Nanking* (London: J. Murray, 1843), 104；《壬寅兵事续钞》，收入《里乘》，第 2 卷，页 91。

城墙外的敌人

7 月 21 日，英军开始在镇江城墙边上部署，但是第一次交锋却发生在远离城墙的地方，因为清朝军队在那里建立了几个营地。显然中方高估了自己的军事力量，他们很快发现自己估计错误，并为此付出了沉重代价（图一）。

当时，英军总共有九千名军事人员，其中大部分是英国人，也有一

图一　城墙外的英军

来源：Allom, Thomas, and Stoddart, James, "West Gate of Ching-Keang Foo" *Prints, Drawings and Watercolors from the Anne S.K. Brown Military Collection.* Brown Digital Repository. Brown University Library. https://repository.library.brown.edu/studio/item/bdr:228378/

小部分印度人。英军还带有三千名水手，其中包括一些非洲人和马来西亚人。必要时，这些人随时可以参战。另外，英方还有一支庞大的汉人帮凶队伍，协助英军作战。[1]英国士兵装备了贝克式步枪和一种因颜色而得名"褐筒"的火枪。这些武器的射程一般都能达到约两百米，而且发射速度比中方使用的鸟铳快两倍。英军的大炮也比中方的红夷大炮准确得多。甚至连英军的炮弹设计也比中方先进。此外，每艘英国军舰都安装了十到二十门大炮，其中威力最大的炮是在旗舰"复仇女神"号上。[2]

中方有九千名士兵，分属三类军队：八旗兵、绿营军和地方民兵。英国人习惯称八旗兵为鞑靼人，并知道他们属于满族旗人群体；绿营军由汉族士兵组成，由汉族官员指挥。这些官员大多出身于科举，缺乏军事知识或作战经验。地方民兵则由城市和郊区的人组成，他们由地方官员和乡绅带领。[3]

中方的大炮被戏称为"红夷大炮"，因为它们是明朝从葡萄牙人那

---

1 陈庆年，《道光英舰破镇江记》，页 8；John Ouchterlony, *The Chinese War: An Account of All the Operations of the British Forces from the Commencement to the Treaty of Nanking*,343-344; Edward H. Cree and Michael Levien, *Naval Surgeon: The Voyages of Dr. Edward H. Cree, Royal Navy, as Related in His Private Journals, 1837-1856*, 98.

2 Michael Adas, *Machines as the Measure of Men: Science, Technology, and Ideologies of Western Dominance* (Ithaca, NY: Cornell University Press, 1989), 186; 刘鸿亮，《第一次鸦片战争时期中英双方火炮的技术比较》，《清史研究》，2006 年第 3 期，页 31—42。

3 "鞑靼"是欧洲人用来称呼蒙古人的术语之一。Harry Gregor Gelber, *Opium, Soldiers and Evangelicals: Britain's 1840-42 War with China, and Its Aftermath*, 134.

里得来的。由于缺乏先进的铸铁技术，中国人无法建造更好的大炮，所以只能继续使用这些早已过时的武器。这些大炮一旦受潮就会失去功能。与英国人相比，中方的炮弹射程很短。[1]中国步兵的主要武器是大刀、长矛和弓箭。只有少数士兵能够使用欧洲人自14世纪初发明后至17世纪便不再使用的鸟铳。这些枪最早是中国从葡萄牙人那里获得的，也有后来从日本海盗那里缴获的。这种步枪的射程通常为100米左右，是英国士兵使用的步枪的一半。尽管这些步枪的火力不足，而且已经破旧不堪，清朝的军队仍然依赖它们和敌人作战。[2]

当然，这并不代表清朝的军队没有改良这些枪，他们开发了几种实用的方法来操纵这些武器。例如，三名士兵携带一支鸟铳和用作子弹的铁球，使得每个人能够承担三分之一的枪和弹药的重量。他们还设计了一种携带鸟铳和弹药的方法，即用竹管和棉带将其系在腰间。通过这些方法，他们不用像欧洲人那样把枪放在地上来装弹。而且，尽管英国士兵的火枪比中国人的先进得多，但是中国士兵可以比英国士兵以更快的速度发射。[3]

---

1 刘鸿亮，《明清王朝红夷大炮的盛衰史及其问题研究》，《哈尔滨工业大学学报（社会科学版）》，2005年第1期，页1—5。

2 刘鸿亮，《明清王朝红夷大炮的盛衰史及其问题研究》，页1—5；何立波，《鸦片战争时中英双方武器之比较》，http://www.zisi.net/htm/ztlw2/zggds/2005-05-10-20645.htm。

3 Granville G. Loch, *The Closing Events of the Campaign in China the Operations in the Yang- Tze-Kiang and Treaty of Nanking*, 113-115.

不久之后，英军正式对清朝军队发起进攻。这一决定与英军总指挥在北固山的经历有关。原本，英军总指挥打算等待中国人投降，但是在此之前，发生了一件事情，让他决定立即发动进攻。这件事发生在北固山的一座寺庙里。一位僧人无意中听到两个清朝士兵谈到英军的到来，便急着要离开这所寺庙，但是他被士兵们拦住了。这些士兵向他保证他会安全。可是不久之后，有位士兵悄悄告诉这位僧人，海龄怀疑他们都是敌方奸细，并已下令将所有僧人拘留审问。僧人马上将此事告诉他的同伴，并和他们一起逃之夭夭。一名英军的汉人帮凶在跟随英军总指挥休·高夫将军到山顶观察地形时，听说了这件事并告知指挥官。于是，休·高夫将军决定立刻发动攻击。他还自以为是地认为这样做是为了把中国老百姓从海龄这样的清朝官员手中拯救出来。[1]

当休·高夫将军下达进攻命令时，他突然意识到这座城市正处于异常的安静状态。他看不到任何守军，唯一能见的是清朝军队在南部小山上设立的两个营地。显然，中方指挥官选择了最便于逃跑的位置来抵抗英军。于是，休·高夫将军决定先派他身边的部队去攻击这些营地，而他则带领士兵准备攻城。[2]

当清朝军队遭遇英国士兵的进攻时，他们感到非常震惊，因为他们马上意识到自己高估了清军大炮的射程。在惊讶之余，他们排列开来，并同时发出响亮的吼声试图震慑敌方。随后，他们向英军开炮，但

---

1 陈庆年，《道光英舰破镇江记》，页 12—13；杨棨，《出围城记》，页 93—94。

2 Edward H. Cree and Michael Levien, *Naval Surgeon: The Voyages of Dr. Edward H. Cree, Royal Navy, as Related in His Private Journals, 1837-1856*, 98.

他们的炮弹没能打中敌人。英国士兵开始还击，造成了一些清朝士兵的伤亡。这时，一大群英军的汉人帮凶带着各类中国式武器向清朝士兵冲去。他们分成两三个小队，约有五六百人。他们的头目是被称为"大丈夫"的人。英国士兵紧随其后。看到敌人在推进，中国士兵也拿着大刀和长矛反冲锋。这时，一名中国士兵看到一个英国军官在指挥进攻，便用大炮对准他射击，居然命中了。[1]

在英国军舰猛烈的火力下，清朝军队所设的防线崩溃了。士兵们开始放弃他们的阵地，躲在山上或灌木丛中。战场上唯一可见的是原本用来载清朝官员的轿子和几匹马。经过一番探查，英军指挥官确定，中国军官之所以选择在这个地方扎营，是因为它靠近一条道路，以便他们在被打败的情况下可以迅速逃跑。[2]

战火硝烟中的城市

当城外双方交战正酣时，英军开始进攻镇江城。在最初的交锋中，中国士兵表现得无比勇敢。英国人后来解释，从他们的角度来看，中国

---

1 Arthur Waley, *The Opium War through Chinese Eyes*, 208; Edward H. Cree and Michael Levien, *Naval Surgeon: The Voyages of Dr. Edward H. Cree, Royal Navy, as Related in His Private Journals, 1837-1856*, 98; John Ouchterlony, *The Chinese War: An Account of All the Operations of the British Forces from the Commencement to the Treaty of Nanking*, 358-360; 《道光壬寅兵事官书汇钞》，收入《里乘》，第 2 卷，页 66—67、72、75、77。

2 Arthur A. T. Cunynghame, *An Aide-De-Camp's Recollections of Service in China, a Residence in Hong-Kong, and Visits to Other Islands in the Chinese Seas*, 97.

士兵的勇敢纯粹是出于上级的胁迫，他们自身并不愿意参加战斗。然而，英国士兵很快意识到，这些与他们拼死相搏的人并不是一般的中国士兵，而是勇敢的八旗兵。（图二）

图二　与英军搏斗的八旗兵

英军按计划展开了攻城战，他们让两个纵队主攻北固山脚下的北门，以造成英军的重点攻击对象是北门的假象，另一纵队则集中攻击位于城西南角的西门。之所以这样做，是因为英军从一些僧侣口中得知这座城市建在山的南面，所以他们很难从北门进入该城。因此，中国方面没有注重对北门的防卫。英军指挥官推测，中国方面一定会以为英军主攻北门。于是，他决定对北门和西门同时发动攻击。[1]

辅助英军攻北城门的两艘军舰不断地对城墙附近开炮。尽管休·高夫最初表示不使用重炮轰击城市，但当他们看到中国方面使用大炮时，便很快改变了主意。当英军接近北门时，他们马上意识到所面对的不是普通的中国士兵，而是传说中凶猛的八旗兵。[2]然而，八旗兵在向英军射击时，却没有注意到有些英国士兵已经攀登上城墙的另一边。这些英国士兵使用攀登梯，在步枪火力掩护下，登上了城墙。于是双方开始近身搏斗，甚至徒手搏斗。在搏斗中，一名八旗兵在被刺刀刺中多次后，仍然将两名英国士兵一起拉下城墙。最终，英军在杀死了大批中国士兵后获得了胜利（图三）。[3]

---

1 Edward H. Cree and Michael Levien, *Naval Surgeon: The Voyages of Dr. Edward H. Cree, Royal Navy, as Related in His Private Journals, 1837-1856*, 98; John Ouchterlony, *The Chinese War: An Account of All the Operations of the British Forces from the Commencement to the Treaty of Nanking*, 349.

2 Edward H. Cree and Michael Levien, *Naval Surgeon: The Voyages of Dr. Edward H. Cree, Royal Navy, as Related in His Private Journals, 1837-1856*, 98; Arthur Waley, *The Opium War through Chinese Eyes*, 203；陈庆年，《道光英舰破镇江记》，页12—13；Arthur A. T. Cunynghame, *An Aide-De-Camp's Recollections of Service in China, a Residence in Hong- Kong, and Visits to Other Islands in the Chinese Seas*, 96.

3 Edward H. Cree and Michael Levien, *Naval Surgeon: The Voyages of Dr. Edward H. Cree, Royal Navy, as Related in His Private Journals, 1837-1856*, 100-101; Granville G. Loch, *The Closing Events of the Campaign in China the Operations in the Yang-Tze-Kiang and Treaty of Nanking*, 112-113.

图三　英军正在攻城

来源：Thomas Allom and G. N. Wright, *The Chinese Empire Illustrated*. Volume 2.
(London: London Printing and Publishing Company, 1858), 126. Wikimedia Commons.

　　就在这时候，休·高夫来到西门并试图打开城门，与此同时，一些英国士兵在城门下放置炸药。当时有中国士兵从城墙顶端向他们不断开火，于是这些英国士兵试图躲在一座连接城门和桥的房子里避开火力。尽管受到猛烈的火力压制，一名英国士兵仍然成功到达城门并引爆炸药。一声巨响后，他很快又设置了另一包炸药，成功地将被沙袋堆封住的城门和城墙炸出了一个大洞。与此同时，另外三支英军队伍也及时赶到西门，他们趁机从大洞冲进城内。[1]当时，城墙内大约有五千三百名中国士兵，其中大多数是汉族。他们之中也有不少人表现出与八旗兵一样的勇敢，与英国士兵徒手搏斗。当更多的英国士兵向城市深处推进时，他们遇到更多的汉族士兵。这些士兵开了一阵枪后就溜走，他们是齐慎和刘允孝派来守卫城市的。[2]

城门一旦被攻破，立刻在城市居民中造成混乱，因为大批人都想逃出城门。当海龄朝南门走去时，知府祥麟跟在身后，请求允许人们从南门出城。海龄为了不显得已经放弃守城，拒绝了他的要求。相反，他命令士兵向在南门口聚集的人群开枪。这让祥麟对海龄感到非常失望，于是他返回官府准备自杀，但被助手阻止了。[3]面对这种可怕的局面，府丞周琐和知县钱燕桂带领一大批士兵前往镇江以南约32公里的丹阳县。他们要求当地官员召集约一百艘船，将他们运到江苏省的另一个城市——常州。但官员们无法在这么短的时间内提供足够的船只，他们对周琐和钱燕桂谎称英军侦察队已经到达丹阳，正在前往此处的路上。周、钱二人

---

1 H. Cree and Michael Levien, *Naval Surgeon: The Voyages of Dr. Edward H. Cree, Royal Navy, as Related in His Private Journals, 1837-1856*, 100-101; Alexander Murray, *Doings in China: Being the Personal Narrative of an Officer Engaged in the Late Chinese Expedition, from the Recapture of Chusan in 1841, to the Peace of Nankin in 1842* (London: R. Bentley, 1843), 173-174.

2 Granville G. Loch, *The Closing Events of the Campaign in China the Operations in the Yang- Tze-Kiang and Treaty of Nanking*, 112-113; 陈庆年，《道光英舰破镇江记》，页 13。

3 杨棨，《出围城记》，页 80—81。

于是决定留下来与英军作战，但最终却没有发现敌人的踪迹。[1]

　　虽然当时城内有不少中国军队的指挥官和士兵逃走了，但仍有大量士兵，特别是八旗兵，留下来抵御敌人。一些被俘的中国士兵拒绝进食并试图自杀，他们的勇敢行为让英国军人惊讶不已。其中一位英国军官事后在日记中写道，中国士兵"显然勇猛无比"[2]。但是，许多英国军人却将中国士兵的勇敢行为归因于他们在战前所受到的威胁。有些英国士兵记得，在北门和西门曾发现汉族士兵的尸体。这些尸体要么已被肢解，要么被割了喉咙，有些则是因被人用大刀猛击头部致死。这些英国人推测，这些尸体很可能是那些想逃跑的中国士兵被上级处死后留下的，并以此作为对其他士兵的警告。[3]

　　在攻城的过程中，英国军人也很快意识到有两种中国士兵：八旗兵和汉族士兵。虽然他们不知道为什么两者有所不同，但他们知道只有汉族士兵会逃跑。对此，中国方面倒有自己的解释。比如，有个当地人在日记中说，整个清朝军队低估了自己对敌人的作战能力，因此准备不足。当一些汉族士兵意识到他们的敌人非常强大时，就选择了逃跑。[4]一

---

1 陈庆年，《道光英舰破镇江记》，页 13、18。

2 Arthur A. T. Cunynghame, *An Aide-De-Camp's Recollections of Service in China, a Residence in Hong-Kong, and Visits to Other Islands in the Chinese Seas*, 99-100, 103-104.

3 John Ouchterlony, *The Chinese War: An Account of All the Operations of the British Forces from the Commencement to the Treaty of Nanking*, 399-400.

4 Alexander Murray, *Doings in China: Being the Personal Narrative of an Officer Engaged in the Late Chinese Expedition, from the Recapture of Chusan in 1841, to the Peace of Nankin in 1842*, 174-175; 魏源，《圣武记》（重印本，北京：中华书局，1984），页 65。

个身处战火中的地方士绅却提出了一个很有意思的解释。他认为汉族士兵把英国人和满清王朝都看成是"野蛮人",因此他们拒绝参加这场野蛮人对野蛮人的争斗。他举了以下例子来证明他的推测:在开战前,清朝官员允许八旗兵的家属离开城市,但不让汉族士兵的家属离开。这件事导致满汉之间关系紧张。结果,当英国进入城市后,有些汉族士兵不但不抗击英军,反而在城市内的道路上放火,以阻止八旗兵迂回,尽管这么做最终使英军受益。[1]

我们在这里所看到的只是这场战争中的一个方面,而另一方面,英军攻破城墙后镇江发生了什么,还有待了解。现在,让我们来看一下英国士兵与镇江的普通百姓,如何以侵略者与被侵略者的身份发生直接接触。

---

1 法芝瑞,《京口偾城录》,页44—46;陈庆年,《道光英舰破镇江记》,页13。

第四章　侵略者与被侵略者

在枪炮声渐渐平息之后，英国军人发现了一个奇怪的现象：整个城市的各个角落都散落着妇女和儿童的尸体。他们很快意识到这只是冰山一角，背后隐藏着一个巨大的秘密：无数妇女和儿童在自杀和仁慈杀戮（mercy killing）中丧生。事实上，镇江老百姓在英军入侵期间遭受了巨大的苦难，以至于英军指挥官休·高夫本人都私下表示对战争及其可怕后果感到痛心。然而，我们更需要了解镇江的悲惨经历所揭示的鸦片战争的本质及其对中国社会的影响。[1]

19世纪普鲁士的理论家卡尔·克劳塞维茨（Carl von Clausewitz）曾指出"战争是一件很糟糕的事"[2]，因为战争使无辜的人在争斗、杀戮和破坏中遭到不幸。镇江所发生的一切表明，战争不仅是敌对双方的军事博弈，一场侵略性战争还会因侵略者和被侵略者之间的负面接触导致后者

---

1 休·高夫的引述来自 Robert S. Rait, *The Life and Campaigns of Hugh, First Viscount Gough, Field-Marshal* (Westminster: A. Constable & Co., 1903), 275。

2 Andrew Holmes, *Carl Von Clausewitz's On War: A Modern-Day Interpretation of a Strategy Classic* (Oxford: Infinite Ideas, 2010), 71.

遭受深重的灾难。

在这里，我们将看到英国军人和镇江老百姓之间的"接触"导致了可怕的后果，其中包括大规模自杀和仁慈杀戮。此外，由于双方来自不同的历史背景和文化传统，对自杀现象的解释也完全不同。彼此之间的偏见在镇江战役之前已经存在，并在战争结束后进一步延续。为了诠释这一悲剧的内在含义以及对中国社会所造成的深远影响，我们现在将仔细考察镇江普通百姓如何与侵略者负面接触。

自杀作为一种社会现象

根据历史学家对欧洲帝国主义在世界其他地区影响的研究，美洲印第安人和非洲人在抵抗欧洲压迫者时，除了采取逃亡和躲藏等"日常抵抗形式"外，还常常诉诸自杀。同样，镇江的老百姓对英军入侵的反应也是大规模自杀和仁慈杀戮。以下是英国军人亲眼目睹并加载日记中的众多事例中的一小部分。[1]

有一次，几个在城墙上行走的英国士兵看到远处有两个中国士兵，正当他们准备开火时，发现和士兵走在一起的还有妇女和儿童，而那些儿童簇拥在一对夫妇身后。这些妇女看到英国士兵后，毫不犹豫地把孩

---

1 我借用了詹姆斯·斯科特（James Scott）的"日常抵抗形式"这一术语，参见 James C. Scott, *Weapons of the Weak: Everyday Forms of Peasant Resistance* (New Haven: Yale University Press, 1985)。

子们推进旁边的水沟，并强按住他们的头，一一淹死。接下来，那些中国士兵对这几个妇女做了同样的事，最后自己也跳水自尽。一名英国军人在日记中说："我们当时在城墙上，因为离得太远，所以无法制止他们。"[1]

另一次，几个口渴的英国士兵来到了一口诱人的井边。其中一人喝了井里的水后赞不绝口，于是他的同伴也加入了他的行列。第二天，这些士兵得知，其实在他们喝井水时，井底正躺着九具妇女和儿童的尸体。同时，其他英国士兵也在另一口井里发现了显然是溺水自杀的妇女尸首。这些妇女身着华服并佩戴珠宝，显然是出身富裕家庭，而且很可能是满族人。[2]

还有不少英国士兵在另一处发现了尸体，其中既有儿童，也有少妇和老妪。他们的身上有很深的伤口。有些人被割破了喉咙。当几个英国士兵走进一间房子时，他们发现三个女人，看似一个母亲与两个女儿，她们的喉咙惨遭割裂，伤口从左耳横跨至右耳。在同一间房子的另一边，士兵们还发现两个女孩的尸体，尸体下方还躲着一名中国士兵。[3]

---

1 Armine S. H. Mountain, *Memoirs and Letters of the Late Colonel Armine S. H. Mountain, C. B., Aide-De-Camp to the Queen and Adjutant-General of Her Majesty's Forces in India* (London: Longman, Brown, Green, Longmans & Roberts, 1857), 209.

2 Unknown, *The Last Year in China, to the Peace of Nanking as Sketched in Letters to His Friends* (London: Longman, Brown, Green, and Longmans, 1843), 177; Armine S. H. Mountain, *Memoirs and Letters of the Late Colonel Armine S. H. Mountain, C. B., Aide-De-Camp to the Queen and Adjutant-General of Her Majesty's Forces in India*, 208.

3 Granville G. Loch, *The Closing Events of the Campaign in China the Operations in the Yang- Tze-Kiang and Treaty of Nanking*, 107, 109-110.

类似地，另一组士兵在一间房子里发现一个躺在地上的婴儿，很显然婴儿的父母已经自杀了。在那里他们还发现十六具以上的妇女和儿童的尸体，有的被毒死，有的被割喉。[1]

在一间房子里，一名英国士兵发现有几个人正在喘息，旁边还有一具尸体。在另一个房间，他又看到一位悲切的老人正在照顾两个脊柱被砍断的孩子。一个女孩躺在床上，血液从她脖子上的丝巾中涌出。附近有一位年长的妇女，她的身体扭曲，好像是被勒死的。还有一个孩子的脖子被刺穿。他还看到一些妇女因为痛苦而扭曲的脸。[2]

连清朝官员海龄也在自杀者之列。英国军队一进城就开始找他，但不久就发现他已自杀身亡。关于他如何结束生命，存在几种说法。有些声称他在杀死妻子和孩子后自焚。海龄的助手告诉英国人，海龄在意识到失败后回到官衙，命令僚属收集各种官方文书，送到另一个房间。在那里，海龄在文件上放了一堆木柴，然后自己坐上木堆，命令僚属放火将他烧死。他的二儿子和三女儿也准备自杀，但被及时阻止。同样，知府祥麟也企图跳井自杀，但也被救了出来。[3]

---

1 Arthur A. T. Cunynghame, *An Aide-De-Camp's Recollections of Service in China, a Residence in Hong-Kong, and Visits to Other Islands in the Chinese Seas*, 103.

2 Edward H. Cree and Michael Levien, *Naval Surgeon: The Voyages of Dr. Edward H. Cree, Royal Navy, as Related in His Private Journals, 1837-1856*, 105.

3 Arthur A. T. Cunynghame, *An Aide-De-Camp's Recollections of Service in China, a Residence in Hong-Kong, and Visits to Other Islands in the Chinese Seas*, 104；陈庆年，《道光英舰破镇江记》，页 13；赵勖禾，《丹徒掌录》（镇江：镇江市档案馆，未出版）；《道光壬寅兵事官书汇钞》，收入《里程》，第 2 卷，页 74。

为了证实海龄确已自杀身亡，英军派人去查看他残存的尸体。在海龄的住所，英国士兵还发现海龄和道光皇帝之间的通信，海龄在其中表达了他强烈的责任感和战斗到底的决心。在信中，道光皇帝严厉斥责海龄没有挫败英军对镇江的进攻，并警告海龄如果再一次防守失败，他的后果将不堪设想。[1]

见证了这些悲剧的人对自杀行为做出了截然不同的解释。镇江的居民认为英国军队毫无疑问应对此负责。正如一位当地士绅在个人日记中指出的那样，是英国士兵割断了那些妇女和儿童的喉咙。尽管当地居民都认为英军该负主要责任，因为是他们发动战争，但也有人暗示，这些妇女、儿童和老人的死出自于他们家人的手。[2]但是，英国军队却将责任完全归咎于中国方面。他们声称，八旗兵和汉族士兵是杀害自己的妻子、姐妹和女儿的罪魁祸首。一些英国士兵猜测，在战斗前，清朝官员要求士兵在必要时为清朝献身。因此，这些士兵回去先把他们的妻子、姐妹和女儿杀了，然后与他们的上级一起和敌人作战或自杀。[3]

据几个英国士兵描述，他们在战火中曾见到一些八旗兵扔下武器、

---

1 Granville G. Loch, *The Closing Events of the Campaign in China the Operations in the Yang-Tze-Kiang and Treaty of Nanking*, 124.
2 法芝瑞，《京口债城录》，页 1；陈庆年，《道光英舰破镇江记》，页 17；杨棨，《出围城记》，页 81—83。
3 Edward H. Cree and Michael Levien, *Naval Surgeon: The Voyages of Dr. Edward H. Cree, Royal Navy, as Related in His Private Journals, 1837-1856*, 102.

脱下军装，然后消失在平民中。当时，他们对这些八旗兵的行为感到非常疑惑。更令他们不解的是，那些士兵在战斗中是如此勇敢，似乎对敌人毫不畏惧。[1]直到发现了不少平民的尸体，这些英国军人才意识到，那些八旗兵离开战场是为了完成一项更重要的任务：结束他们家人的生命。也就是说，这些八旗兵决定在外国侵略者到达家门之前对他们的家人进行仁慈杀戮。[2]

在一些英国人看来，这纯属中国士兵的野蛮行为，而另一些士兵则认为他们是为了维护自己家人的尊严。有的甚至推测，那些中国士兵一定认为自我毁灭是他们的妻子、姐妹和女儿的唯一出路，因为她们无法避免受辱。对中国人来说，没有比被外国人糟蹋更耻辱的事了，所以这些妇女们宁愿自杀来避免此厄运。出于同样的原因，中国士兵选择杀死

1 Armine S. H. Mountain, *Memoirs and Letters of the Late Colonel Armine S. H. Mountain, C. B., Aide-De-Camp to the Queen and Adjutant-General of Her Majesty's Forces in India*, 208; Edward H. Cree and Michael Levien, *Naval Surgeon: The Voyages of Dr. Edward H. Cree, Royal Navy, as Related in His Private Journals, 1837-1856*, 103-104; Duncan MacPherson, *The War in China: Narrative of the Chinese Expedition, from Its Formation in April, 1840, to the Treaty of Peace in August, 1842* (London: Saunders and Otley, 1843), 269.

2 Duncan MacPherson, *The War in China: Narrative of the Chinese Expedition, from Its Formation in April, 1840, to the Treaty of Peace in August, 1842*, 374-376; Robert S. Rait, *The Life and Campaigns of Hugh, First Viscount Gough, Field-Marshal*, 274-275; Edward H. Cree and Michael Levien, *Naval Surgeon: The Voyages of Dr. Edward H. Cree, Royal Navy, as Related in His Private Journals, 1837-1856*, 105.所谓"仁慈杀戮"系指在某些情况下，为了避免大灾难而进行的杀戮。

他们的妻子、姐妹和女儿似乎也合乎逻辑。奇怪的是，在当地居民和英国军人的日记里都没有提到英军的汉人帮凶是否和这些杀戮有关。[1]

在试图解释自杀现象的英国人中，有些人将镇江与乍浦做了比较，因为他们在那里也遇到了类似的情况，尽管在乍浦自杀的人数少得多。根据一位英国军人的叙述，他在乍浦也曾见到中国妇女试图淹死自己，有人从小池塘里拉出刚刚入水的妇女和儿童。在另一起事件中，一个英国士兵阻止一位老年妇女试图溺死她的女儿。但等他一转身，这名妇女就结束了她女儿和自己的生命。[2]

有的英国士兵将镇江的自杀现象与日本的情况做比较，并将之解释为亚洲文化传统的一部分。比如，有人提到，日本人在未能履行自己的职责时，往往会用自杀的方式解决问题。他们会和家人及亲密朋友聚餐，然后把自己的所有物品散发出去，就如同将进行一次永恒的旅行。酒醉饭饱之后，他们当着众亲友的面，在一片掌声和喝彩声中死去，就

---

1 John Francis Davis, *China, During the War and Since the Peace*, vol. 1 (London: Longman, Brown, Green, and Longmans, 1852), 248-249; Duncan MacPherson, *The War in China: Narrative of the Chinese Expedition, from Its Formation in April, 1840, to the Treaty of Peace in August, 1842*, 270; Armine S. H. Mountain, *Memoirs and Letters of the Late Colonel Armine S. H. Mountain, C. B., Aide-De-Camp to the Queen and Adjutant-General of Her Majesty's Forces in India*, 209.

2 Alexander Murray, *Doings in China: Being the Personal Narrative of an Officer Engaged in the Late Chinese Expedition, from the Recapture of Chusan in 1841, to the Peace of Nankin in 1842*, 181-182; John Francis Davis, *China, During the War and Since the Peace*, 248-249.

此成为亲友心目中的英雄。[1]

　　尽管有这般的假设，仍有少数英国军人意识到中国老百姓对外国入侵者的极大恐惧是他们选择自杀和仁慈杀戮的主要因素。他们也认为清朝官员，甚至在民间所有的迷信思想也是其成因之一。但是，他们唯一不承认的是他们对镇江的入侵，以及英国士兵的所作所为对镇江老百姓在心理上的影响。有的人甚至认为，清朝官员向老百姓灌输这样的思想，即外国人是"畸形和野蛮的生物"。如果老百姓不自杀，他们就会在被杀之前经受蹂躏和痛苦。至于迷信思想对此的作用，也有人提到，镇江和乍浦的人们似乎对不可避免的厄运有着共同的感受。这些迷信思想让中国士兵感到了杀戮亲人的紧迫感。[2]最后，仍然有一些英国士兵对亲眼目睹的自杀、杀戮和城市受到的严重破坏深感不安。一位英国军官在他的日记中写道："当回顾这一切时，没有一颗属于人的心不会不被此触动，除非是已经老得僵化了心，否则不会对这种悲惨的情景无动于衷。"[3]

1　Arthur A. T. Cunynghame, *An Aide-De-Camp's Recollections of Service in China, a Residence in Hong-Kong, and Visits to Other Islands in the Chinese Seas*, 105-106.

2　Arthur A. T. Cunynghame, *An Aide-De-Camp's Recollections of Service in China, a Residence in Hong-Kong, and Visits to Other Islands in the Chinese Seas*, 103; Duncan MacPherson, *The War in China: Narrative of the Chinese Expedition, from Its Formation in April, 1840, to the Treaty of Peace in August, 1842*, 390-391.

3　Granville G. Loch, *The Closing Events of the Campaign in China the Operations in the Yang- Tze-Kiang and Treaty of Nanking*, 109-110.

同时，这些英国军人特别对海龄的自杀原因提出一种解释。根据他们的看法，海龄是想以死来证明他愿意通过自杀来为自己的失职赎罪。因此，他的自杀纯粹是出于绝望而不是英雄主义的精神。另一种观点则是：他的自杀是为了避免受到清朝皇帝的严厉惩罚。当然，在英军中，也有人认为海龄的自杀表现出他的大无畏精神，所以他值得获得相当于欧洲贵族的地位。[1]

废墟中的城市

在英国军人对自杀现象惊愕之余，他们发现镇江城内正处于混乱之中。不仅大批房屋被烧毁，而且不少私人财产被洗劫一空。正如一名英国军人所描述的那样，枪炮声平息后的镇江所留下的只是"可怕的废墟"，空气中弥漫着腐烂的尸体和夹杂着燃烧的臭味。整个城市哀鸿遍野。似乎街上唯一尚存的生物是饥饿的流浪狗。[2]

---

1 Arthur A. T. Cunynghame, *An Aide-De-Camp's Recollections of Service in China, a Residence in Hong-Kong, and Visits to Other Islands in the Chinese Seas*, 104; Duncan MacPherson, *The War in China: Narrative of the Chinese Expedition, from Its Formation in April, 1840, to the Treaty of Peace in August, 1842*, 404-405.

2 Edward H. Cree and Michael Levien, *Naval Surgeon: The Voyages of Dr. Edward H. Cree, Royal Navy, as Related in His Private Journals, 1837-1856*, 105; Duncan MacPherson, *The War in China: Narrative of the Chinese Expedition, from Its Formation in April, 1840, to the Treaty of Peace in August, 1842*, 394-395；《道光壬寅兵事官书汇钞》，收入《里乘》，第 2 卷，页 72—73。

虽然这种景象是由英国军队和中国士兵放的火造成的——前者试图摧毁中国军队的军火库，而后者则试图只留下一座空城给敌人——但是更多的破坏来自于城内的部分居民和郊区来的大批抢劫者。当第一声枪声在城门响起，这些人就趁着大部分居民仓惶逃离之际开始抢劫。这一现象持续不断，直到整个城市被洗劫一空。[1]

我们首先得问一下，英国士兵是否也参与抢劫？我们可以从他们日记的只言片语中察觉到，他们确实参与抢劫。例如，一名士兵说到，当他发现一些贵重物品，其中包括雕刻精美的玉石，并意识到它们的价值时，便毫不犹豫地将其占为己有。同时他又顺手牵羊地拿了一些小东西，比如一个瓷杯和一面镜子。当一名英国军官和他的士兵发现一名清朝官员住宅内藏有大量白银时，他们不仅将其洗劫一空，还烧毁了整座房子。[2] 另一次事件中，一名英国士兵从一座寺庙偷走一面铜锣，打算将其捐赠给大英博物馆，以此扬名。之后，他把一个锅盖放回原处，并戏

---

1 Duncan MacPherson, *The War in China: Narrative of the Chinese Expedition, from Its Forma- tion in April, 1840, to the Treaty of Peace in August, 1842*, 394-395; Armine S. H. Mountain, *Memoirs and Letters of the Late Colonel Armine S. H. Mountain, C. B., Aide-De-Camp to the Queen and Adjutant-General of Her Majesty's Forces in India*, 205-207.

2 Arthur A. T. Cunynghame, *An Aide-De-Camp's Recollections of Service in China, a Residence in Hong-Kong, and Visits to Other Islands in the Chinese Seas*, 106-107, 118; Armine S. H. Mountain, *Memoirs and Letters of the Late Colonel Armine S. H. Mountain, C. B., Aide-De- Camp to the Queen and Adjutant-General of Her Majesty's Forces in India*, 207.

称这是等值交换。英国士兵在满族人的家中搜寻八旗兵的同时，还顺手牵羊，将有价值的物品放进自己的行囊。一些参与抢劫的当地人跟随着英国士兵，发现他们几乎拿走了所有有价值的物品。正如一位英国军官在他的日记中所承认的那样，英军中普遍有掠夺行为，大量贵重物品如银锭和手表落入"（英国）士兵之手"。[1]

英国士兵在镇江的所作所为，提供了更多关于整个鸦片战争期间英军劫掠的证据。类似的情况也曾发生在厦门、北京和其他地方。可是，英国士兵并不是唯一的掠夺者。从英国和中国目击者的回忆中，我们可以看到有不少当地人也加入了掠夺者的行列。[2]

当地的劫匪似乎都非常擅长抢劫。一些人故意在一条街的两端放火，然后从街的中间开始逐户抢夺。他们还经常绕过价值较低的物品去抢夺那些价值更高的。一旦完成，许多人会在黑暗中从东南门逃出城。然而英国人直到第二天才发现此事，并开始防守东南门。[3]有一次，一群

---

1 John Francis Davis, *China, During the War and Since the Peace*, 249; Edward H. Cree and Michael Levien, *Naval Surgeon: The Voyages of Dr. Edward H. Cree, Royal Navy, as Related in His Private Journals, 1837-1856*, 106.

2 有关英军在厦门抢劫的细节，请参见Harry Gregor Gelber, *Opium, Soldiers and Evangelicals: Britain's 1840-42 War with China, and Its Aftermath*, 128。有关英军在北京颐和园抢劫的细节，请参见James Louis Hevia, *English Lessons: The Pedagogy of Imperialism in Nineteenth- Century China*, 76-82。

3 爱德华·克丽（Edward H. Cree）和迈克尔·莱文（Michael Levien）称那些掠夺者为"最擅长和最绝望的掠夺者"，请参见Edward H. Cree and Michael Levien, *Naval Surgeon: The Voyages of Dr. Edward H. Cree, Royal Navy, as Related* （转下页）

当地人包围一座县衙，打算抢劫那里存放的货物。即使在英国士兵出现后，他们也拒绝离开。只有当英国士兵威胁要进行严厉惩罚时，他们才怏怏而去。[1]

参与抢劫的中国人包括几种类型。有的是英军的汉人帮凶，以前曾是盐商、海盗或土匪。这很大程度上证实了一些清朝官员的判断，即他们与英国人勾结进行抢劫。一部分人则来自镇江周边地区。还有一些来自城内，他们有的是出于对邻居和亲戚的嫉妒，有的是因为不满主人。他们抢走英国士兵留下的所有有价值的东西：有些用肩膀扛，有些用手推车拖。有些人将战利品捆成一捆，用绳子从城墙上放下来，再偷运出城。[2]

最终，所有想从混乱和他人不幸中获益的人都加入了抢劫者的行列。在中国方面有当地居民和村民，而在英国方面则有印度人和英国船只上的船员，包括非英国的欧洲人、马来西亚人和非洲人。根据一位英

(接上页) *in His Private Journals, 1837-1856*, 104。阿瑟·康宁汉姆（Arthur A. T. Cunynghame）认为他们是"世界上最大的小偷和最混乱的人"，请参见Arthur A. T. Cunynghame, *An Aide-De-Camp's Recollections of Service in China, a Residence in Hong-Kong, and Visits to Other Islands in the Chinese Seas*, 184-185；Granville G. Loch, *The Closing Events of the Campaign in China the Operations in the Yang-Tze-Kiang and Treaty of Nanking*, 116。

1 Granville G. Loch, *The Closing Events of the Campaign in China the Operations in the Yang- Tze-Kiang and Treaty of Nanking*, 120-121.

2 这一点由当地官员的多篇奏折和一名中国目击者的陈述表明，参见《道光壬寅兵事官书汇钞》，收入《里乘》，第2卷，页67、69、72、75；《壬寅兵事续钞》，收入《里乘》，第2卷，页96；杨棨，《出围城记》，页84—86；Arthur Waley, *The Opium War through Chinese Eyes*, 211。

国军医的回忆，当他正在救护一位受伤的英国士兵时，看到很多英国船员经过他身边"把他们的战利品存放到船上去"。[1]

一些英国军官曾试图以拘留和公开鞭打的方式来制止抢劫。为此，他们还处决了几个非洲人和印度人，并暴尸示众。但是，他们并未对那些参加抢劫的英国士兵采取任何措施。尽管英军在大宅邸的入口处设置警卫，但并没起到什么作用，因为掠夺者数量众多，而且很快就成倍增长，很多人还携带凶器。[2]

谈及镇江被洗劫一空的惨案，英方和中方都互相指责。英方称是当地人利用当局的疏忽造成这一结果，而中方则认为主要责任在于英国士兵和英军的汉人帮凶。[3]

侵略者和被侵略者的日常接触

在英军入侵镇江所造成的混乱结束后，英军最高指挥官休·高夫

1　Henry Keppel, *A Sailor's Life under Four Sovereigns* (London; New York: Macmillan, 1899), 270; Duncan MacPherson, *The War in China: Narrative of the Chinese Expedition, from Its Formation in April, 1840, to the Treaty of Peace in August, 1842*, 420-421.

2　参见陈庆年，《道光英舰破镇江记》，页 18；Duncan MacPherson, *The War in China: Narrative of the Chinese Expedition, from Its Formation in April, 1840, to the Treaty of Peace in August, 1842*, 418-419。

3　陈庆年，《道光英舰破镇江记》，页 17；杨棨，《出围城记》，页 81-83；Alexander Murray, *Doings in China: Being the Personal Narrative of an Officer Engaged in the Late Chinese Expedition, from the Recapture of Chusan in 1841, to the Peace of Nankin in 1842*, 183.

想让部队继续向天津进发，但是他的手下劝他暂时留在镇江。在停留期间，英军做了各种迫使镇江人民屈服的尝试。休·高夫的决定无意中让英国士兵与镇江的老百姓之间有了日常接触的机会，并使双方都能更密切地观察对方。正如以下事例所示，尽管中英双方之间不再处于军事冲突中，但城内老百姓对英国军队的邪恶意图仍然深信不疑，就如同他们对外国侵略者的恐惧挥之不去一样。

在镇江停留数日后，休·高夫决定改变对待当地人的策略。比如，战斗结束后，英军抓住了海龄的一个僚佐，命令他起草一封给所有参加镇江保卫战的清朝官员的劝降信。信中声称英国发动战争是因为清朝皇帝没有满足他们的需求，并表示战争针对的只是皇帝而非清朝官员或中国老百姓。英军指挥官随后命令英国士兵和英军的汉人帮凶停止烧杀劫掠。[1]同时，英军开始对与他们为敌的人表现出一些宽容。有一次，英国士兵释放了五个试图攻击他们的中国人，而不是像以往那样全部处死。因为这些中国人说自己是犯了轻罪的囚犯，是被清朝官员胁迫来攻击英军以换取自由的。事后，英军还派人去县狱释放了那里所有的囚犯。[2]

英国军队也改变了他们在镇江对待普通居民的方式。一名当地居民在市场上试图用铜币代替银元欺骗英国士兵时，没有像以前一样受到

---

1 《道光壬寅兵事官书汇钞》，收入《里乘》，第 2 卷，页 76；《壬寅兵事续钞》，收入《里乘》，第 2 卷，页 98。

2 Arthur A. T. Cunynghame, *An Aide-De-Camp's Recollections of Service in China, a Residence in Hong-Kong, and Visits to Other Islands in the Chinese Seas*, 110-111；《道光壬寅兵事官书汇钞》，收入《里乘》，第 2 卷，页 89。

严厉处罚，只被打了几下就放走。当一名印度士兵误以为一位当地居民是小偷而将其打伤时，受到英国士兵制止。随后，英国士兵不仅将钱退还给这位居民，而且还给了他额外的补偿。这位印度士兵也受到英国军官的严厉训斥。一位当地居民偷窃英国军官的儿子，该名军官要求当地知县处理此事。知县立即逮捕小偷的叔叔，并向他施压，要求交出肇事者。尽管英国军官曾以轰炸北门作为威胁，但知县最后在未抓到小偷的情况下还是放走了小偷的叔叔。[1]

当然，英军的友好姿态旨在缓解镇江老百姓的恐惧。例如，英军给那些送来食物的人更高的补偿。他们还在顺从的居民家门上张贴标签，上面写着"大英护照"。凡是有此标签的都能受到英军保护，以避免被人抢劫。[2]也有居民要求英军指定他们为邻里长。英军不仅答应了，而且还在通常举行嘉奖仪式的鼓楼前举行了就职仪式。大约有二十人得到这个令人羡慕的任命，并把英军所给的任命文件当作清朝皇帝签发的任命诏书一样保存起来。[3]此外，英军指挥官还从居民中招募了大约三百名帮手。这些人接受了简单的武器训练后被分配到不同队伍中。他们都按照英军的要求剪了辫子。[4]

经过一番努力，英军逐渐缓解了居民对他们的敌对情绪。比如有一次，一群居民在南门外发现一个醉酒的英国士兵，他们没有像往常一

---

1 Arthur Waley, *The Opium War through Chinese Eyes*, 219-220.

2 Arthur Waley, *The Opium War through Chinese Eyes*, 216.

3 法芝瑞，《京口偾城录》，页 58—61。

4 陈庆年，《道光英舰破镇江记》，页 18；朱士云，《草间日记》，页 141。

磨合：
近代镇江的全球化之旅

样把他杀死，而是通知了英国人。在这些居民用担架将醉酒的士兵抬回营地后，英军指挥官支付了几个银元作为奖励。在另一个场合，一群居民遇到一个受伤的英国士兵，并将他交还给英军。根据一个英国军官的观察，这些居民在运送英国伤兵的过程中曾对路边八旗兵的尸体置之不理。有人甚至将其中一具尸体踢入沟里。[1]

通过接触中国士兵，英国军人也对他们的勇气有了更深入的了解。比如，当越来越多受伤的中国士兵被带到英军营地接受治疗时，几乎所有中国士兵都在没有麻醉的情况下忍受住痛苦，甚至包括那些需要截肢的人。这一切赢得了英国军人的赞扬和敬佩。与此同时，英国士兵也有更多机会目睹普通中国老百姓的智慧和技能。有一次，一些英国士兵试图把一门大炮拉上山坡。在花了相当长的时间计算重量、测量距离和讨论方案后，他们决定放弃，因为在他们看来上山的路太过狭窄。这时一群围观的老百姓对英国人的无能表示惊讶。在获得许可后，这些人使用绳索和杆子轻松地将大炮挪到坡顶。英国士兵为此惊叹不已。[2]

在与英军接触的过程中，镇江居民有了更多机会观察外国人。他们开始意识到有两种外国人：黑人和白人。白人的地位比黑人优越，而且

1 Arthur Waley, *The Opium War through Chinese Eyes*, 218; Duncan MacPherson, *The War in China: Narrative of the Chinese Expedition, from Its Formation in April, 1840, to the Treaty of Peace in August, 1842*, 269.

2 Arthur A. T. Cunynghame, *An Aide-De-Camp's Recollections of Service in China, a Residence in Hong-Kong, and Visits to Other Islands in the Chinese Seas*, 109-110, 112-113.

二者有各自的躯体特点。他们吃饭时不使用筷子，而是用手直接抓着烤熟的牛肉或羊肉吃。还有，他们生吃鸡肉。[1]英军进入城市后，重新开放了镇江的几个大市场。当人们再次出现在街道上，一些当地人愤怒地评论："无羞畏心，无怨恶心，至于此极，吾不知所终矣。"[2]更令人惊讶的是，一些当地人，包括妇女，对英国军人表现出的好奇心。当一位英国军人去拜访清朝官员时，人们层层围观。根据一位当地的目击者称："就像英国军队攻城时一样，这些人挤满了主要街道。但这次不同的是，有些妇女穿戴整齐地出现在街上。她们有的直视外国人的眼睛，有的从房屋的高处往下看这些外国人，似乎没有任何羞耻感或对这些外国人的愤怒。"[3]

面对这种变化，一些英国军人甚至猜测，如果他们再次入侵镇江，当地居民的反应会大相径庭。其中一人甚至推测，居民们会向英国军队敞开大门，就好像英军是来拯救当地居民的生命和财产，而不是来摧毁这些一切的。这种猜测似乎在入侵宁波后的英军中也出现过。在入侵宁波后，一些英国官兵认为，如果中国人有机会观察到"英军的正义和克制"，会更容易与其合作。[4]

---

1 杨棨，《出围城记》，页 96、99。

2 法芝瑞，《京口偾城录》，页 58—61。

3 法芝瑞，《京口偾城录》，页 58—61。

4 Arthur A. T. Cunynghame, *An Aide-De-Camp's Recollections of Service in China, a Residence in Hong-Kong, and Visits to Other Islands in the Chinese Seas*, 109-110. 引文来自 Mathew T. Brundage, "In Opposition to a Dark and Ignorant People: British Domestic Representations of He Chinese, 1834-1850" (M.A. Thesis, Kent State University, 2007), 41-42.

尽管如此，无可否认的事实是，在镇江老百姓心灵深处依然深藏着对外国侵略者的恐惧。下面的例子就是一个最好的佐证：当一位英国军官对一座寺庙感兴趣时，他去向一旁的僧人询问有关的历史。在与这位外国人交谈之前，僧人已惊恐得扭曲了面容，泪水从脸颊上滑落。这位军官后来在他的日记中写道："中国人面对恐惧的反应与其他人不同，因为他们越是害怕，就越是表现得笑容满面。"[1]

尾声

　　为期八天的镇江之役终于结束了。英方清点人数后发现，官兵伤亡一百六十九名，其中不包括在战役结束后因霍乱而死的六十人。为了防止疾病扩散，休·高夫决定于 7 月 29 日将大部分部队撤离镇江，前往江宁（今南京），但他在北固山上留下了一部分人马。[2]在离开之前，英军要求镇江居民赔偿一大笔银元。更荒谬的是，他们在四个城门上张贴告示，声称他们留下了一部分钱给伊里布用于恢复城市，并敦促居民们到山上向英国士兵购买鸦片，且承诺价格优惠。[3]

1　Granville G. Loch, *The Closing Events of the Campaign in China the Operations in the Yang- Tze-Kiang and Treaty of Nanking*, 119-120.

2　Alexander Murray, *Doings in China: Being the Personal Narrative of an Officer Engaged in the Late Chinese Expedition, from the Recapture of Chusan in 1841, to the Peace of Nankin in 1842*, 86, 180; 陈庆年，《道光英舰破镇江记》，页 13。

3　陈庆年，《道光英舰破镇江记》，页 26。

英军刚离开，道光皇帝就命令齐慎加强防御，防止英国人向江宁进攻。齐慎后来向皇帝报告，他率领清军在镇江城内袭击驻守的英国士兵，杀死了一名军官和八百名士兵。但是，镇江地方官员却告诉朝廷他们对此一无所知。齐慎命令他的下属向朝廷提交报告，以说服皇帝相信他的说法。[1]

与此同时，镇江城外也有清朝官员开始计划从留守的英国士兵手中夺回城池。他们首先向盐商寻求支持，要求他们说服运输贡粮的船夫来出力。紧接着，又有一些八旗兵密谋潜回城中寻回他们丢失的武器，但最终他们所做的只是和一些城外人一起潜回城内，抢夺居民的财产。清朝官员控制了镇江后，在一些汉族士兵的努力下，迅速组建了一支民兵以阻止抢劫。甚至山上的英军也为此提供协助，派了约一百名士兵协助维持秩序。最终，在镇江民兵和英国士兵的努力之下，城外来的抢劫者被赶出城门。几天后，英国军队完全撤离了镇江。不久后，道光皇帝下令调查海龄的死因。起初，皇帝指示新任命的代理杭州将军耆英主管此事。经过询问，耆英向皇帝报告称海龄先将官印交给属下，回到家中杀了妻子而后自尽。皇帝看到报告后，只说了一句："真可惜。"[2]

几个月后，镇江城内传出一则谣言，称海龄因过度使用武力铲除敌方间谍而被暴民杀害。听闻此事，周琐向皇帝作了报告。周琐在报告中

---

1 陈庆年，《道光英舰破镇江记》，页26；《道光壬寅兵事官书汇钞》，收入《里乘》，第2卷，页77。

2 赵尔巽编，《耆英列传》，收入《清史稿》（重印本，香港：香港文学研究社，1960）；杨棨，《出围城记》，页96、99。

磨合：
近代镇江的全球化之旅

指责海龄在英军入侵前就在城内制造混乱，他还列举了海龄的其他错误行为，包括关闭城门、向无辜的人开枪，以及处死任何被怀疑为英军奸细的人。此外，海龄还滥用职权控制官府的钱财，使其他官员无法提取公款。[1]收到报告后，道光皇帝要求耆英重新调查海龄的死因。耆英后来向皇帝报告，海龄确实是自杀的，并列举了一些事实为证：英军占领镇江后，一群清朝士兵潜回镇江城内，发现了海龄的遗体和他的长袍，以及夫人给他的手镯。耆英还表示，他询问了一百零九个证人，他们对此的看法一致。[2]在为海龄进行辩护时，耆英强调海龄只处决了十三个人，是为了平息居民的骚动情绪，使他们不要急着逃离城市。海龄当时对那些急着逃离城市的人的意图表示怀疑，所以处决了其中一部分人来压制煽动者。耆英建议皇帝对海龄的家人进行补偿，理由是海龄在结束生命时表现得很勇敢。皇帝最终决定站在耆英这一边，认定周琐犯有谎报之罪。[3]

　　最终，皇帝惩罚了除德珠布和齐慎以外所有负责镇江防务的官员。知府祥麟和相当数量的低等军官被降级和重新分配职位。一名在作战时试图逃跑的军官被戴上脚镣并公开示众一个月。不久后一座为勇敢的青

1　赵尔巽编，《耆英列传》；赵尔巽编，《陈化成海龄列传》，收入《清史稿》（重印本，香港：香港文学研究社，1960）。

2　赵尔巽编，《耆英列传》；赵尔巽编，《陈化成海龄列传》。

3　赵尔巽编，《陈化成海龄列传》；中国第一历史档案馆，《鸦片战争档案史料》（上海：上海人民出版社，1987），第5册，页31、721；第6册，页56、77、90、99、250。

州八旗兵修建的忠烈祠出现在镇江，它标志着镇江之役的终结。[1]

*   *   *

综上所述，鸦片战争使中国地方社会进入了与近代帝国主义之间的"磨合"过程。尽管此过程让敌对双方有机会进行负面接触，但其结果是中国的普通老百姓遭遇了极大的不幸，一如我们在镇江所见的悲惨结局。这一悲剧的起源无疑来自于多种包括全球性和地方社会性的因素，但其中最主要的是出于这场战争的本质。尽管英国试图为发动这场战争的原因提供各种辩解，但这场战争作为近代帝国主义的一种表现方式，其唯一目的是为了毁灭。

当然，除此之外，还有其他因素促成了这场悲剧，包括当地居民对外来文化传统和历史背景下的外国人持有根深蒂固的怀疑，这种怀疑因自己的家乡受到入侵而加剧；同时还包括清朝官员在处理紧张局势时采取的极端方式，以及中国民众普遍存在的、类似于认为英国人非人类的迷信。当这些因素与人们对历史上战争暴行的记忆叠加，就会在他们中间产生一种强烈的恐惧感。一旦这种恐惧得到证实，例如当他们得知英国士兵在乍浦施虐的消息后，就会成为人们绝望的根源，从而导致大量平民和中国士兵的自杀以及仁慈杀戮的结果。

在镇江之战中，大部分的受害者是妇女。她们要么自杀，要么死于

---

1 陈庆年，《道光英舰破镇江记》，页 26—28。

男性家庭成员的仁慈杀戮之下。这种现象与中国文化传统有着必然的联系，因为中国传统社会往往将妇女的生命与社会规范对立起来。一旦两者发生冲突，便要求她们做出牺牲，甚至以生命为代价来维护家庭，乃至整个家族的尊严。

虽然在世界各地，类似的妇女面对外国侵略者时的大规模自杀现象都发生过，但是一连串独特的因素导致了镇江妇女的自杀和她们的男性家庭成员实施仁慈杀戮。在这场战争中，中国老百姓对英国人的成见并没有改变，而英国人对中国文化的误解也没有减少。

第二部分

跨区域贸易和亚洲贸易网络

在 19 世纪下半叶，英国入侵后不久，镇江就迅速恢复过来，并经历了经济成长。到了世纪末，镇江的商业活动几乎与苏州并驾齐驱，这其中一个主要原因是镇江作为长江上下游商人跨区域贸易的衔接点，扮演了重要的角色。随着中国贸易体系从主要基于国内的跨区域贸易，扩展为延伸至邻国如日本、朝鲜和越南的亚洲区域贸易网络，再逐渐转变为透过新兴的上海直接连接全球，镇江在这一转型过程中扮演了重要角色。[1]

这一中国贸易体系的转型发生在全球经济变化的背景下，特别是 1800 年至 1850 年间亚洲经济的快速增长。这种增长一直持续到 19 世纪下半叶。但是，在 1850 年至 1880 年期间，由于亚洲大多数国家采用银本位制，而世界其他地区则已经采用金本位制，因此亚洲的出口活动受到限制。尽管如此，中国、日本和印度等国家还是竞相争夺棉花和丝绸等商品，导致亚洲内部贸易激增。这一点在当时这些国家间的货物买卖数据中表现得十分明显。[2]

随着 1880 年左右亚洲国家开始采用金本位制，亚洲和全球其他地

---

1 要对镇江的经济活动进行估算，请参见《苏属财政说明书》（大连：大连大庙图书馆，未出版）。

2 Kris James Mitchener and Hans-Joachim Voth, "Trading Silver for Gold: Nineteenth-Century Asian Exports and the Political Economy of Currency Unions," in *Costs and Benefits of Economic Integration in Asia*, ed. Robert J. Barro and Chong-hwa Yi (Oxford: Oxford University Press, 2010), 126-131; A. J. H. Latham and Heita Kawakatsu, *Intra-Asian Trade and the World Market* (London: Routledge, 2006), 1-3.

区之间的贸易不仅迅速扩大，中国商人也利用亚洲的变化，特别是日本和朝鲜在条约口岸的"开放"，进入以前未曾涉足的亚洲地区。正是亚洲经济的日益增长与中国商人利用亚洲和全球变化的特殊能力相结合，为上海在 20 世纪初成为世界主要贸易中心之一奠定了基础。与芝加哥、布宜诺斯艾利斯和加尔各答相似，上海的发展速度可以和英国的曼彻斯特媲美。[1]

在本书的这一部分中，我着重于镇江如何在 19 世纪下半叶与全球经济变化磨合。我会展示镇江在这磨合过程中如何作为中介城镇（brokerage town）存在，以及本地商业社群如何与上海的金融体系接轨。我会指出，镇江的普通人通过积极参与这场深刻的经济变革，不仅能够生存下来，而且将它转变成机遇。

---

1 Sanjay Subramanyam, "Introduction," in *The Cambridge World History: The Construction of a Global World, 1400-1800 CE*, vol. 6, part I, *Foundations*, ed. Jerry H. Bentley, Sanjay Subramanyam, and Merry E. Wiesner-Hanks(Cambridge: Cambridge University Press, 2015), 1-26.

第五章 19世纪的贸易体系转型

　　镇江迅速成为 19 世纪全球经济变化一部分的成因之一，是欧美工业化大国对中国的经济渗透。这一重要因素，使镇江成为中国跨区域贸易的中介城镇。为了更好地理解镇江所扮演的这一角色，我们首先要看看中国如何成为欧美工业化国家进行全球经济扩张的目标。

长江和不平等条约

　　中国在第一次鸦片战争（1839—1842）中失败的结果之一，是让因工业化而在世界上占有优势的西方国家有机会争夺进入中国跨区域贸易的主要通道之一——长江——的权利。他们在各自政府的支持下，迫使清朝签署了一连串条约，以便能够进入像镇江这样的沿海区域之外的城市。

　　第一份是《南京条约》。1842 年，清朝和英国签署了该条约，将上海列为五个条约口岸之一，其余包括广州（沙面岛）、厦门、福州和宁波。一年后，双方又增加了《虎门条约》（或《善后事宜清册附粘和约》）和《中英五口通商章程》，赋予英国最惠国待遇，其公民有权在条约口岸居住和置产。1844 年，美国和法国紧随其后，向清朝要求签订类似的条约，结果便产生了《望厦条约》和《黄埔条约》，这两个国家也获得了与英国相同的特权。

1856 年，英国和法国连手发动了第二次鸦片战争，试图从清朝获取更多特权。凭借其优越的军事力量，他们成功地迫使朝廷针对条约重新谈判，其中一个问题是在长江沿岸开放新的口岸。中国和法国、英国、俄罗斯及美国于 1858 年 6 月签署了《天津条约》。各自的条约中都有着类似的条款。凭借最惠国待遇的规定，和中国签署条约的所有国家都可以享受彼此的特权。[1] 根据《天津条约》，镇江、南京、九江和汉口等城市被纳入新的十个通商口岸城市。除了南京，其他所有城市都很快对这些国家开放。禁止外国人在条约口岸以外停留超过一天的规定被废除；外国人可以持有效护照在长江沿岸的 100 里（约 53 公里）范围内自由旅行，进行贸易和传教活动。[2]

然而，在签订这些条约时，欧美国家依然受到太平天国活动的限制，无法完全进入长江。根据这些条约，只要清朝军队和太平天国之间存在军事冲突，外国人就不能自由地沿长江行走。为了获得通行权，英国在 1860 年 11 月与清朝进行了另一轮谈判，并签订了《长江各口通商

---

1 Immanuel C. Y. Hsü, *The Rise of Modern China*, 6th ed. (New York: Oxford University Press, 2000), 210-211.

2 Rhoads Murphey, *Shanghai, Key to Modern China* (Cambridge: Harvard University Press, 1953), 70.

暂订章程》作为《天津条约》的附录。该章程允许英国人在太平天国期间沿长江展开贸易，但需要得到清朝官员的许可。作为回报，英国承诺不援助太平天国。清朝的谈判代表恭亲王考虑到英国恢复与中国的贸易，可能会让清王朝收取更多关税，于是签署了这份暂订章程，使得九江、镇江和汉口对所有欧洲和美国国家开放。惟南京直到 1898 年才对外国开放。[1]

清政府很快发现了这份临时章程的漏洞。由于措辞不明，英国人解释为可以在镇江和汉口之间任何地方自由贸易。为了堵塞这个漏洞，清朝决定修改章程，于是出现了《长江各口通商暂行章程》。修改版包含十二条，其中一条限制英国在九江和镇江等城市的贸易活动。作为交换，清朝不再要求英国商人在返回上海之前在不同口岸获取海关许可证。与英国签署章程的第二天，清朝签署了一个简化版，即《通商各口通共章程》，赋予没有最惠国待遇的国家与拥有最惠国待遇国家同样的特权，可以进入长江沿岸城市。此章程也成为清朝与所有外国进入中国任何河流系统的后续协议模板。当时，英国在九江、镇江和汉口开设了领事馆，而清朝在这些城市设置了海关。[2]

1862 年，中国和英国都希望改变外国商人必须通过上海海关才能在

---

1 江天凤编，《长江航运史（近代部分）》（北京：人民交通出版社，1992），页 60—61。

2 王铁崖，《中外旧约章汇编》，第 3 卷（北京：生活·读书·新知三联书店，1957），微缩版；东亚同文会，《支那省别全志》，第 15 卷（东京：东亚同文会，1917—1920），页 22。

九江、镇江和汉口进行贸易的规定。当时，这些城市所属的省府对由上海获取海关收入感到不满。在中英双方的谈判下，一个新的法规应运而生：《长江通商统共章程》。新的章程允许外国人在九江、镇江、汉口和上海自由进行贸易，并赋予他们特权，使得他们在长江沿岸的贸易活动更加方便。

清政府决定在镇江建立一个海关办事处。然而，由于太平天国在该地区的活动，这个计划被推迟了四年，这也迫使英国人将他们的领事馆暂时迁至焦山。[1]1865 年，镇江海关大楼的建设终于开始，这是太平军失去他们在南京的首都，并结束了为期十四年的历史后约一年。这座海关大楼位于英国租界内，用了九个月的时间建成。[2]

与此同时，清朝试图限制外国船只的贸易活动，例如禁止它们携带鸦片和某些本地产品。中英《烟台条约》（或称《芝罘条约》）于 1876 年签订，取消了这些国家在条约口岸进行贸易之任何形式的内部关税（厘金）。因此，在 1858 年至 1876 年之间，西方工业化国家通过一连串条约和协议获得了进入长江沿岸地区的机会。[3]

---

1 东亚同文会，《支那省别全志》，页 15—22；中国人民政治协商会议江苏省镇江市委员会文史资料研究委员会编，《镇江文史资料》第 17 辑"文化教育专辑"（镇江：镇江文史数据编辑委员会，1990），页 242—246。
2 范然、张立编，《江河要津》，页 102—104。
3 江天凤编，《长江航运史（近代部分）》，页 61—63；戴惠珍、王鹤鸣、杨雨润，《安徽现代史》（合肥：安徽人民出版社，1997），页 16—17。

上海作为新贸易中心

长江对欧美列强的开放，使得上海在 19 世纪下半叶成为亚洲主要贸易中心之一。上海的崛起源于一连串内外部因素，其中包括全球经济和技术转型、机械化技术在全球范围内的运输和通讯的使用，以及亚洲内部经济的拓展。在这个亚洲经济突飞猛进的时期，上海与中国境内各地区和境外世界各国建立了广泛的联系。在东亚地区，它成为连接中国和日本条约口岸之间的一个重要亚洲贸易网络的中心，而镇江恰好也是这个贸易网络中的一部分。[1]

上海的发展得益于其地理位置位于中国对内对外主要贸易路线之上。上海坐落于中国人口最为密集的地区——长江三角洲，而长江下游本身就是中国长途贸易的中心。相较于南京、杭州和苏州等城市，上海拥有一个能容纳大型船只的港口。此外，上海距离北美西海岸至日本和东南亚的主要贸易路线不到 160 公里，是西太平洋上所有主要贸易路线的交汇点。这个地理优势成为太平洋沿岸国家如美国选择上海作为在中国商品转运中心的重要原因之一。在大约十五年的时间内（1846—1861），外国透过上海从中国出口和进口的贸易值从全国的 16% 增长到

---

1 John W. Maclellan, *The Story of Shanghai from the Opening of the Port to Foreign Trade* (Shanghai: North-China Herald Office, 1889), 5-6; Rhoads Murphey, *The Treaty Ports and China's Modernization: What Went Wrong?* (Ann Arbor: University of Michigan Center for Chinese Studies, 1970), 40.

50%，并快速超过广东。[1]1868 年 11 月，苏伊士运河的开通使上海在欧洲和亚洲之间的贸易处于更有利的地位。该运河将红海和苏伊士湾与地中海连接起来，缩短了欧洲和亚洲之间的距离，从而大幅降低了欧洲向中国运输货物的成本。因此，当英国等欧洲国家增加对中国出口时，他们将上海指定为运输货物的首要目的地。[2]

　　巧合的是，上海迅速崛起为中国贸易中心的时期，正好是跨区域贸易路线面临巨大变化的时期。由于鸦片战争后不久，黄河改道，山东一段的运河已无法通航，导致商人们更常采用早已存在的江苏和直隶海湾之间的贸易路线。清朝在 1684 年结束海禁后，越来越多的商人开始依赖从上海到天津的新路线，直接绕过山东半岛到达辽宁的营口。[3]

　　这些变化为 19 世纪中叶蒸汽船在中国的使用提供了机会。蒸汽船使得沿长江以及东海岸的货物运输比通过大运河更有效率。因此，一个新的贸易路线结构出现了。在这个结构中，上海成为长江和东海岸两条路线的结合处。利用蒸汽船的便利，商人们透过海岸线而不是运河或陆路将货物从中国中部运往其他地方。[4]长江上的上海、重庆和汉口很快成

1　Rhoads Murphey, *Shanghai, Key to Modern China*, 64-65.

2　茅家琦编，《横看成岭侧成峰：长江下游城市近代化的轨迹》（南京：江苏人民出版社，1993），页 22—23。

3　1684 年后，像满洲大豆之类的商品已经沿着这条海上航线运输。可是，自从上海成为东海岸的主要商业中心后，越来越多的商人开始使用这条航线。隗瀛涛，《中国近代不同类型城市综合研究》（成都：四川大学出版社，1998），页 5。

4　隗瀛涛，《中国近代不同类型城市综合研究》，页 5；Rhoads Murphey, *Shanghai, Key to Modern China*, 100.

为新的经济中心，随后扬州、镇江和南通等中小型城市也相应发展。越来越多长江两岸的商人透过上海将产品运往全国各地，而不再像以前那样透过长江南部的镇江或北部的扬州。[1]

同时，上海的崛起也象征着广东贸易体系的衰落。19 世纪末，随着上海的崛起，整个中国的城市网络及其与外部世界的联系都被两个贸易中心所主导，即上海和香港。香港成为中国南部与外界的主要联系管道，而上海则是中国北部和中部地区与外部的主要联络点。虽然几乎所有中国内部地区和港口都与这两个城市有贸易联系，但它们主要的贸易往来是相互间的。上海的崛起导致了跨区域贸易体系的重新调整。[2]

跨区域贸易体系的转型

高家龙（Sherman Cochran）指出，三位学者在研究 19 世纪中期以前的跨区域贸易体系及其变化方面做出了重大贡献。施坚雅提出了一个宏观区域模式，让我们更好地了解这个体系。罗威廉则利用这个模式，

---

1 隗瀛涛、谢放，《上海开埠与长江流域城市近代化》（上海：上海社会科学院，未出版）页 1、9—11。

2 Hajime Kose, "Inter-Regional Trade in China: An Analysis of Chinese Maritime Customs Statistics," in *Intra-Asian Trade and Industrialization: Essays in Memory of Yasukichi Yasuba*, ed. A. J. H. Latham and Heita Kawakatsu (London: Routledge, 2009), 197-198.

向我们展示跨区域贸易中的联系。他特别强调，在19世纪中叶先进的交通和通讯技术到来之前，全国统一市场已经存在。长途贩运商之间的社会关系网络建立，使得这种贸易成为可能。而滨下武志则让我们认识到亚洲存在一个超越中国领土并纵贯亚洲多国的贸易体系。该体系依靠从16世纪开始使用白银的中国朝贡体系来运作。[1]

由于关注点不同，这些学者呈现了不同的跨区域贸易图景。这些差异反映在他们对中国长途贩运商之间贸易活动主要特征的理解上。施坚雅和罗威廉注意到核心和边缘地区的贸易活动之间存在巨大的频繁程度差异，同时指出九大贸易区域边界两边之间的贸易缺乏往来。而滨下武志则发现，开放港口和沿海地区之间，以及这些地区的商人群体和其内陆地区商人群体之间，联系十分频繁。

关于19世纪末跨区域贸易的转变，这几位学者都提出自己独到的见解。施坚雅认为，在19世纪末之前，尽管长江流域存在大量贸易活动，中国仍然只有有限的跨区域贸易。直到1895年签订《马关条约》，并随着现代技术的出现，才有了频繁的跨区域贸易，从而使得全国统一市场成为可能。罗威廉认为，与各大贸易区域之间的贸易联系相比，中心城市和区域性城市与其所在的腹地地区之间的联系尚处于低迷状态。

---

1 参见Sherman Cochran, *Chinese Medicine Men: Consumer Culture in China and Southeast Asia* (Cambridge: Harvard University Press, 2006), 4-8. 另见Sherman Cochran, "Chinese and Overseas Chinese Business History: Three Challenges to the State of the Field," in *Chinese and Indian Business: Historical Antecedents*, ed. Medha M. Kudaisya and C. K. Ng (Leiden: Brill, 2009), 11-16.

尽管蒸汽船早就被引入，但直到 1889 年，中国"基层社会的工业化时代"的到来，这种情形才得以改变。[1]

和罗威廉类似的是，不少学者也强调中国贸易体系内部的脱节。例如，罗兹·墨菲（Rhoads Murphy）认为，19 世纪条约口岸和中国内陆之间的贸易存在很大的断层。吴承明则观察到，由长途贩运商人所建立的贸易网络已经使得大贸易区域层面的谷物贸易得到充分发展，但这种发展与营销结构中的底层村庄几乎没有任何关系。吴承明认为，在 19 世纪之前，这种情况仍未得到改善。[2]

但是，滨下武志并不认同这些观点，因为他认为不该将中国长途贸易系统研究局限于中国朝代内部的疆土。他指出，把研究范围限定在特定朝代、帝国或民族区域的研究者仍然是透过国家的视角看待问题。相反，他要求我们密切关注跨越国界的"区域"和"地区"的历史形成。基于这种方法，滨下武志发现中国长途贸易是一个横跨亚洲各大区域的贸易网络系统，从东亚到东南亚，甚至囊括整个亚洲。[3]

---

1 G. William Skinner and Hugh D. R. Baker, *The City in Late Imperial China*, 211-218; William T. Rowe, *Hankow: Commerce and Society in a Chinese City, 1796-1889*, 12, 68, 76.

2 参见Lillian M. Li, *Fighting Famine in North China: State, Market, and Environmental Decline, 1690s-1990s* (Stanford: Stanford University Press, 2007), 197; Rhoads Murphey, "The Treaty Ports and China's Modernization," 18; 吴承明编，《中国资本主义与国内市场》（新北：谷风出版社，1987），页 265。

3 Takeshi Hamashita, *China, East Asia and the Global Economy: Regional and Historical Perspectives*, ed. Linda Grove, and Mark Selden, (London: Routledge, 2008), 12.

滨下武志指出，这个亚洲贸易网络是通过东亚的海上贡品贸易网络系统发展起来的。该系统在中国唐朝已经开始形成。几个世纪以来，该网络内的城市和开放港口之间的贸易联系不断增长，以至于在越南、朝鲜和德川时期的日本出现了卫星贸易网络和小型贸易网络中心。越来越多的亚洲港口城市在18和19世纪成为了这个贸易网络的一部分。这个贸易网络因此与以下区域各自的贸易网络连接成一片：例如，福州与基隆之间连接中国大陆东南地区和台湾地区的贸易，以及荷属东印度群岛、马来亚和印度尼西亚的亚齐、马六甲之间的贸易。随着19世纪那霸、广州、澳门和香港等港口城市的蓬勃发展，这些区域间的贸易联系也不断增加。在福州和那霸之间贸易联系增加的同时，广州、长崎和东南亚之间的贸易联系也有大幅增长。[1]

如同滨下武志所述，整个亚洲贸易体系的存在依赖于海上贸易的三大组成部分。第一部分是指位于亚洲各国沿海地区的海陆交汇区；第二部分是由这些沿海地区所组成的环海区域，其中的城市和贸易港口是这个地区的核心；第三部分是连接以上所有环海区域的港口城市。正是长途贸易为所有港口城市之间的联系提供了基础，也是长途贸易将所有地区联结在一起，使之成为一个整体。[2]

1　Takeshi Hamashita, "Tribute and Treaties: Maritime Asia and Treaty Port Networks in the Era of Negotiation, 1800-1900," 19-20; 滨下武志，《近代中国の国际的契机：朝贡贸易システムと近代アジア》（东京：东京大学出版会，1990），页25—47。

2　Takeshi Hamashita, "Tribute and Treaties: Maritime Asia and Treaty Port Networks in the Era of Negotiation, 1800-1900," 19-20.

滨下武志认为，中国商人的"特殊"能力是长途贸易得以拓展的关键因素。正是凭借这些能力，他们将原本仅限于中国境内的贸易体系扩大到东亚和其他地区。滨下武志以宁波商人在长崎贸易中的作用为例，指出他们的积极作用致使沿海和中国以外的海上贸易比中国历代疆域内的跨区域贸易更加有利可图。[1]

滨下武志对中国商人的高度评价得到了众多学者的支持，例如韩格理（Gary Hamilton）等学者认为，自明朝中期到晚清，中国商人的贸易网络不断发展，并扩展到东南亚，19 世纪末，他们甚至在那里成为经济发展的主导力量。石川良太也发现，自 1876 年日本强迫朝鲜"开放"一连串条约口岸后，中国商人大量涌入汉城等地展开业务。除了韩格理和石川良太之外，一些日本学者也证明中国商人有能力透过他们强大的贸易网络，将贸易活动扩展到亚洲其他地区。[2]例如，古田和子指出，中国商人凭借其强大的贸易网络，在日本神户的

---

1 滨下武志，《朝貢システムと近代アジア》（东京：岩波书店，1997），页 23—24、31；Takeshi Hamashita, "Tribute and Treaties: Maritime Asia and Treaty Port Networks in the Era of Negotiations, 1800-1900," 19-20.

2 Gary G. Hamilton, *Commerce and Capitalism in Chinese Societies* (London: Routledge, 2006), 116. 有关石川良太与相关日本学者研究的讨论，请参见 Yu-ju Lin and Madeleine Zelin, *Merchant Communities in Asia, 1600-1980*, in *Perspectives in Economic and Social History* (London: Pickering & Chatto, 2015), 95-108; Kazuko Furuta, "Kobe Seen as Part of the Shanghai Trading Network: The Role of Chinese Merchants in the Re-Export of Cotton Manufactures to Japan," in *Japan, China, and the Growth of the Asian International Economy,1850-1949*, ed. Kaoru Sugihara (Oxford: Oxford University Press, 2005), （转下页）

进口棉布业务中获得了对日本商人的优势。根据他的发现，19世纪中期前后条约口岸的开放"促进了"中国商人在整个亚洲贸易中的地位上升。[1]

滨下武志对19世纪中国贸易体系转型的看法与他对该体系的理解直接相关。首先，滨下武志认为1830年代到1890年代是东亚"进行多方位和多方面磨合"的时期，因为在这个时期，亚洲经济面临来自全球变化的各种挑战。这些挑战主要来自西方工业化经济的快速扩张和全球交通与通讯机械化技术的采用。在这个"磨合"过程中，中国的长途贸易不仅直接延伸到欧洲和北美，而且也延伸到开放的港口之间、港口和腹地之间，以及全世界不同的沿海地区之间。这一现象在19世纪下半叶尤其明显。由于这些变化，从事贸易活动的中国商人能够在整个东亚地区的开放港口与其腹地和沿海地区之间，以及与欧洲和美国之间频繁活动。非常巧合的是，这些贸易活动的扩展恰好与中国、印度和东南亚之间鸦片三角贸易的结束，以及中国经济从太平天国战争中恢复相吻合。而后两者的变化正好给中国商人很多机会进入以前由外国商人控制

（接上页）40; 内田直作，《日本華僑社会の研究》（东京：同文馆，1949）；宫田道昭，《清末における外国貿易品流通機構の一考察——ギルドの流通支配を中心として》，《骏台史学》，第52号（1981年），页73—102；笼谷直人，《アジア國際通商秩序と近代日本》（名古屋：名古屋大学出版会，2000）。

1 Kazuko Furuta, "Kobe Seen as Part of the Shanghai Trading Network: The Role of Chinese Merchants in the Re-Export of Cotton Manufactures to Japan," 40-41.

的中国疆域内外的地区。[1]

为了了解滨下武志的理念如何适用于镇江，我将进行下一个研究。但是，在开始研究之前，我们需要了解 19 世纪中叶前后镇江作为一个贸易城市所经历的变化。

从河港到中介城镇

镇江的起源可以追溯到一个名为"鲇鱼套"的地方。这个地方原本是镇江、扬州和瓜洲三个地区的交界处，拥有四个小港，除了鲇鱼套之外，还有瓜洲的"六濠口"和"七濠口"，以及扬州的"仙女庙"。

鲇鱼套之所以成为一个港口，主要是因为大量的木材在这里聚集。大约在 19 世纪初，随着江南地区对木材的需求急遽增长，有些商贩开

---

1 Takeshi Hamashita, "Tribute and Treaties: Maritime Asia and Treaty Port Networks in the Era of Negotiation, 1800-1900," 23; Takeshi Hamashita, "Overseas Chinese Financial Networks: Korea, China, and Japan in the Late Nineteenth Century," in *China, East Asia and the Global Economy: Regional and Historical Perspectives*, ed. Linda Grove and Mark Selden (London: Routledge, 2008), 167; 滨下武志，《朝貢と条約——東アジア開港場をめぐる交渉の時代 1834 — 94》，收入沟口雄三等编，《アジアから考える 3：周縁からの歴史》（东京：东京大学出版会，1994），页 273—302；Takeshi Hamashita, "Overseas ChineseFinancial Networks: Korea, China, and Japan in the Late Nineteenth Century," 167.引言摘自 Kazuko Furuta, "Kobe Seen as Part of the Shanghai Trading Network: The Role of Chinese Merchants in the Re-Export of Cotton Manufactures to Japan," 42-43。

始将木材带到鲶鱼套，卖给来镇江采购货物的外地商人。这些木材商贩通常以小规模的方式经营，自称"自徕自客"。他们从湖南、湖北、江西和安徽等地采购木材，然后将木材捆绑成一百至二百一扎，漂流至鲶鱼套。他们通常会在镇江市的西角上岸。随着原来的旧港口因地形变化而消失，他们将此地命名为鲶鱼套。由于大量木材商贩集结于鲶鱼套，所以人们常常称其为"牌湾"（牌指木牌）。[1]随着大量商人涌入，这个小港边很快出现了一个市场。各种货物被卖给来自全国各地的商人。例如，在湖南、湖北、江西和安徽之间贩盐的商人在这里停留，交易产品。来自中国南方的商人购买豆子和稻米等谷物，以便运往东南亚销售。商人的聚集导致鲶鱼套出现饭店、餐馆和妓院。[2]

随着鲶鱼套的发展，附近的三个小港也发生了变化：仙女庙成为来自江苏北方谷物的转运港口，而六濠口和七濠口则成为来自安徽盐的交易场所。来自中国南方和北方甚至边缘地区的商人，也开始在这些港口进行交易（图四）。例如，来自山东、浙江和福建的商人前来出售谷物，而来自宁波的商人则带来木材。福建商人在这里出售从浙江和福建采购来的海鲜。与鲶鱼套类似，在仙女庙、六濠口和七濠口，商人们建造了寺庙、宅楼、饭馆和妓院等建筑，其中最著名的是"天妃宫"。宁波商

---

1 《镇江商业史料》，页 6；House of Commons, "Reports of Journeys in China and Japan by Members of Her Majesty's Consular Service and Others, 1869-1892," in *Irish University Press Area Studies Series, British Parliamentary Papers: China* (Shannon: Irish University Press, 1971), 65.

2 《镇江商业史料》，页 4—5。

图四　镇江的帆船，1906-1907 年

来源：Photograph by G. Warren Swire. Archives and Special Collections, SOAS Library, University of London.

人甚至购买土地，为宁波人专门建造一条街道，以便他们进行贸易。[1]
四个小港就这么逐渐成为交易大量货物，尤其是粮食的场所。它们的
发展得到了一首流行顺口溜的印证："镇江鲶鱼套，瓜洲六七濠，扬州
仙女庙。"[2]

---

1 《镇江商业史料》，页 4—5。

2 这些名称包括镇江的"鲶鱼套"、"瓜洲六七濠"和扬州的"仙女庙"。参见《镇
　江商业史料》，页 6。

　　虽然在镇江交易的货物很大一部分是粮食，但是镇江并非生产米的地方。实际上，即使在大丰收之后，当地产的米也只够满足镇江三个月的需求。大部分镇江米来自其他地方，它们到镇江后转手出售给其他地方的商人，因此镇江聚集了大量的米商。[1]

　　镇江另一方面的贸易与所谓的"北货"有关。这里所说的北货是指长江以北的各种土特产。由于这些产品不像糖那样在 19 世纪末都依赖从外国进口，只能由长江以北的当地生产者提供，因此这一贸易长

1《镇江商业史料》，页 66。

期以来一直处于稳定状态。许多北货由南方商人从北方的卖家那里购买，然后销售到上海、苏州、福建、潮州和广东，甚至有些被带到台湾、香港地区，以及日本和东南亚国家。19 世纪末，来自北方的商人出售的北货，如柿子、栗子、荷花和胡椒等产品的数量达到巅峰。由于这些商品只产于北方某些地方，南方的商人只能到镇江来采购，这使得镇江不断吸引来自南北双方的商人，也由此逐渐成为一个中介城镇。[1]

镇江的经纪业务始于所谓的"糖—北货业"。这项业务由两个不同但密切相关的贸易组成。早在 19 世纪初，糖业作为这项贸易的一个主要组成部分，被来自四川、广东、广西、福建和台湾等地的糖商所垄断。当时，广东和台湾产的红糖在当地市场上特别受到欢迎。[2]不久"吕宋红糖"进入镇江，随后印度尼西亚和古巴的糖也进入市场。但这只是暂时的现象，因为机器加工的白糖和冰糖很快地开始充斥市场。这些机器加工的糖主要是由香港的英资公司——怡和洋行（Jardine Matheson & Co.）和太古洋行（John Swire & Sons Co.）带来并在中国销售。当时，当地居民并不特别喜欢机器加工的糖，但因为敌不过它的价格，仍然会选择购买。因此，国内生产的糖的销售在 19 世纪末之前便

---

1 以下是每种北方商品出口到日本和东南亚的具体数量：黄豆饼 208 万担（每担等于 49.9 公斤）；芝麻 59 万 5 千担；花生和芝麻油各 5 万担；还有黄花菜 8 万担。参见《镇江商业史料》，页 24—26、48。
2 红糖也被称为"青糖"。

遭受沉重打击。[1]

虽然糖业以销售一种商品为主，但是"北货"业涉及到大约二十种农产品，例如在广东、福建和台湾市场上受到青睐的豆饼、金针、芝麻、花生和当地特有的各种水果，以及被卖到英国、德国、美国和法国等国家的芝麻、花生、槐花、核桃、瓜子、兽皮和蚕茧。此外，也包括在东南亚和日本广受欢迎的花生、芝麻油、豆饼（用作肥料）、金针和干菜等商品。[2]

除了"糖—北货业"，镇江还有一些店专门为来自南北各地的商人兜售货物。许多商人通过淮河、京杭大运河和长江等水道来到镇江。这些商人很多来自北方，如江苏北部、山东西南部和安徽北部等。此外，还有许多来自芜湖、湖南、湖北和江西。尽管这些商人也经营谷物和豆类一类商品，但是以经营粮食为主的商人则多来自烟台、潮州、广州、宁波，甚至于福建。烟台的商人（包括来自青岛和威海卫）购买绿豆后会运到北方制成粉丝，然后再运回南方出售。而广州、潮州和福建的商

---

1 吕宋岛是菲律宾的一部分，直到 1898 年之前是西班牙的殖民地，从 1898 年起直到 1946 年成为美国的殖民地；印度尼西亚在二战前是荷兰控制的领土。参见郭孝义编，《江苏航运史（近代部分）》（北京：人民交通出版社，1990），页 49—50；中国人民政治协商会议江苏省委员会文史资料研究委员会编，《江苏工商经济史料》，江苏文史资料第 31 辑（南京：江苏文史资料编辑部，1989），页 149；镇江市工商联，《镇江糖，北货业的百年兴衰》，《镇江文史资料》（镇江：镇江市政协，1989），页 97—98。

2 郭孝义编，《江苏航运史（近代部分）》，页 47。

人则专门购买稻米、小麦、粗粮和豆饼，并将它们运至东南沿海以及远至日本和东南亚地区售卖。据说，镇江的粗粮和豆饼在日本和东南亚的客户中非常受欢迎。[1]

镇江在19世纪中叶经历了第一个商业性变化。这个变化的标志是苏州、广东、福建、潮州和宁波等地的商人不再出现在镇江市场上。这些商人曾经在镇江购买来自北方的商品，包括江苏北部、安徽北部、山西、陕西、河南、河北和山东等地的货物。从那时起，这些北方货物的采购商开始依靠上海贸易网络，采购在山西、陕西、河北、河南西部和山东北部生产的货物。他们经常往返于汉口、天津和芝罘（或登州港），这三个地方属于上海贸易网络（这将在下一章讨论）。因此，来镇江交易北方货物的商人仅限于来自江苏部分地区，如扬州、淮安、徐州和海州；安徽北部和山东西南部地区，如济宁；以及河南东北部地区，如开封。[2]

尽管如此，镇江的贸易总额并未受到影响，反而大幅增长。这是由于蒸汽船的使用让更多的货物被运入镇江，因此增加了进入该市的货物总量。一些商人开始依赖适用于河流上航行的小蒸汽船来运载货物，而其他人则采用东海岸常见的船只，包括沙船、拖船、普通渔船和木船。[3]

---

1 郭孝义编，《江苏航运史（近代部分）》，页66—68。

2 郭孝义编，《江苏航运史（近代部分）》，页50—51。

3 郭孝义编，《江苏航运史（近代部分）》，页68；中国人民政治协商会议江苏省委员会文史资料研究委员会编，《江苏工商经济史料》，页31、153。

不久，随着上海商品涌入镇江，镇江开启了与整个跨区域贸易体系一起转变的过程。这个过程始于一些在上海开展业务的各地商人将各种商品带到镇江。其中一个例子是 1853 年左右在美国（同时也被一个波兰发明家）发明的煤油灯。这种新型灯比人们过去使用的动物油、植物油或桐油的灯更加方便，因此，城市及周围地区有不少人逐渐放弃旧灯而采用煤油灯。店铺、餐馆和街头小贩也纷纷开始使用煤油灯，使得市场在夜间能有良好的照明。于是，外国商人建造的大型煤油储罐很快在长江河岸出现。这不仅让人们开始接触到欧美的产品，还让他们第一次意识到上海——而非广东——是外国商品的主要销售中心。而这一变化的结果是镇江成为来自上海煤油灯的次级分销中心。[1]

最终，约有六成的镇江贸易都涉及主要来自欧美的外国商品。这种现象在 20 世纪初越加明显。因此，透过那些仍在镇江交易的商人，镇江很快成为外国商品在长江以北的销售中心。比如，在某一时期，从镇江运往江苏、河南东北部、山东西南部和安徽北部等地的外国商品总价值增加到 1,525 万两，而相比之下，经过该市出口到其他国家的农产品只有 425 万两的价值。[2]

尽管如此，从镇江运往上海再运往日本的稻米在 1866 年至 1897 年间不断增加，使得镇江成为长江下游地区的主要稻米市场。上海的商人到镇江购买稻米，然后将其运往上海的吴淞口，最后再运往日本。据估

---

1 镇江市地方志办公室编，《镇江要览》（南京：江苏古籍出版社，1989），页 70—71。
2 郭孝义编，《江苏航运史（近代部分）》，页 24—26。

计，在这二十年中，透过镇江运输的稻米（包括一些豆类），每年约有三百万袋，每袋重约二百斤（一斤等于0.5公斤）。[1]

就此，随着整个跨区域贸易体系开始转型，镇江演变成一个中介城镇和上海贸易网络的次级分销城市。来自长江南北的商人可以利用现有的水路运输系统在那里继续交易。镇江也成了南北商人的理想交汇点。

---

1 郭孝义编，《江苏航运史（近代部分）》，页68；中国人民政治协商会议江苏省委员会文史资料研究委员会编，《江苏工商经济史料》，页31、153。

第六章　连接南北贸易

　　在我们深入调查镇江作为中介城镇在跨区域贸易体系中的重要性之前，我们需要先回答以下问题：哪些商人会前往镇江进行交易？他们的贸易活动如何在跨区域贸易体系内运作？为了更好了解这些商人的特征和活动，我们可以参考美国社会学家马克·格兰诺维特（Mark Granovetter）关于社会网络的理论。格兰诺维特认为，贸易活动中的商业经济行为既不是由个人来进行，也不是出于纯个人的意愿。[1] 如果我们仔细分析那些来到镇江的南北商人，会发现他们大多数并非孤立的个体，而是来自各省或省以下级别的商帮的牙人。正是这些商帮构成了中国和包括在亚洲其他地区的主要贸易网络。因此，为了更好理解镇江作为连接南北角色的重要性，我们首先需要了解这些商帮。

1　Mark Granovetter, "Economic Action and Social Structure: The Problem of Embeddedness," in *The New Economic Sociology: A Reader,* ed. Frank Dobbin (Princeton, NJ: Princeton Universit Press, 2004), 245-274.

商帮

中国商人以籍贯为基础建立了贸易关系网，其主要组成部分就是所谓的商帮。在"商帮"这个词汇中，"商"一字最早出现在周朝早期，当时商周两族已经开始积极从事贸易活动，因此"商"一字最初被赋予"商人"的意义。"帮"一字最早出现在唐代，用于指在一条街道上进行特定贸易的组织。帮的涵义非常广泛，可以用于任何性质的团体和组织。[1]

在晚清时期，中国商人可以被分为不同的类别。Peng Chang将其分为三种类型：农村、城市和长途贩运商人（通过长途贩运将不同货物带到各地来盈利的商人）。陈威利则根据持有官方执照、地理位置、特定贸易或特殊角色对他们进行分类。由于贸易团体非常多样化，因此笔者决定根据他们的籍贯进行分类和概述。[2]

在此必须提醒读者，按籍贯来分类贸易团体是一种不得已的做法，

---

1 有关"商"的意思，请参见John Lust, *Chinese Popular Prints* (Leiden: E. J. Brill, 1996),309。关于采用"帮"的词汇，请参见Peter J. Golas, "Early Ch'ing Guilds," in *The City in Late Imperial China*, ed. G. William Skinner (Stanford, CA: Stanford University Press, 1977), 555-580。有关"帮"的意义范围，请参见Bryna Goodman, *Native Place, City, and Nation: Regional Networks and Identities in Shanghai, 1853-1937*, 39。

2 关于Peng Chang的观点，可参见Carolyn Cartier, *Globalizing South China*, 128; Wellington K. K. Chan, "Chinese Entrepreneurship since Its Late Imperial Period," in *The Invention of Enterprise: Entrepreneurship from Ancient Mesopotamia to Modern Times*, ed. D. S. Landes, Joel Mokyr, and William J. Baumol (Princeton: Princeton University Press, 2010), 484.

仅适用于方便讨论和分析。贸易团体并不总是以籍贯形成或组织起来，而且他们对"籍贯"的归属也有不同的理解。在某些情况下，大的商帮内部存在多个小帮。正如施坚雅所指出的，贸易团体中存在的这种灵活性，表明在他们的形成过程中"对某一地方的忠诚度"并非是至关重要的。[1]

19世纪后半叶，中国各地有十大特别显赫的商帮，它们分别是：晋商（山西商人）、陕帮（陕西商人）、徽商（徽州商人）、龙游商帮（浙江商人）、洞庭帮（苏州洞庭西山和东山的商人）、宁波商帮（宁波商人）、江右商帮（江西商人）、鲁商（山东商人）、粤商（广东商人）和闽商（福建商人）。[2]

晋商以从事盐业著称，在累积了巨额财富之后，他们在各地建立以票号为中心的强大金融网络。他们的崛起与唐朝到清朝之间一连串的政策密切相关。他们利用自己的财富经营全国最大的钱庄业务。[3]

陕帮以积极参与四川和贵州的盐业交易而著称。此外，他们还参与各种贸易活动，例如从苏州贩运布匹和丝绸，向江苏和浙江销售烟草，

---

1 Wellington K. K. Chan, "Chinese Entrepreneurship since Its Late Imperial Period," 484. 关于施坚雅的观点的讨论，请参见Gary G. Hamilton, *Commerce and Capitalism in Chinese Societies*, 59-63。

2 杨涌泉编，《中国十大商帮探秘》（北京：企业管理出版社，2005）。

3 19世纪下半叶，山西商人向当地企业家提供了金融贷款。参见Madeleine Zelin, *The Merchants of Zigong: Industrial Entrepreneurship in Early Modern China* (New York: Columbia University Press, 2005), 77-80. 关于陕西商人的讨论，参见Antonia Finnane, *Speaking of Yangzhou: A Chinese City, 1550-1850*, 52；山西财经大学晋商研究院，《晋商与中国商业文明》（北京：经济管理出版社，2008）。

并在西部、西北部和北部边境地区向军队销售粮食，或以茶叶、盐、纺织品等物交换铁器。[1]

虽然徽商以其文化追求而闻名，被称为"儒商"，但他们主要从事的是盐业和当铺业务。除此之外，他们还注重买卖各种商品，如粮食、丝绸、茶叶、木材、纸张和砚台等。[2]

继徽商之后，龙游商帮和洞庭帮成为明朝中期最活跃的贸易团体。龙游商帮擅长珠宝和古董交易，而洞庭帮则专注于稻米和丝绸的买卖。然而，在19世纪下半叶上海崛起之后，洞庭帮迅速扩展到钱庄和经纪业务领域，尽管他们仍然在丝绸和棉布交易中占据一席之地。[3]

江右商帮在明朝时期曾经非常活跃。他们通过运输粮食、陶瓷和瓷器、布匹、烟草、靛草、药品和木材在南北之间从事贸易。利用大运河、长江和珠江（通过赣江）的便利交通，他们向全国各地兜售大量商品。但是，到了清末，他们被广泛认为缺乏雄心。最近罗威廉的研究提供了一些证据来反驳这种看法。[4]

在东海岸有宁波商帮，他们主要从事药品和衣服的贸易，并专门与

---

1 李刚、赵沛，《大话陕商》（西安：陕西人民出版社，2007）。

2 郑佳节、高岭，《魅力徽商》（北京：北京工业大学出版社，2007）。

3 陈学文，《龙游商帮研究：近世中国著名商帮之一》（杭州：杭州出版社，2004）；范金民、夏爱军，《洞庭商帮》（合肥：黄山书社，2005）。

4 方志远，《江右商帮》中国十大商帮丛书（香港：中华书局，1995）。在湖北省门川县，该商帮掌控了大部分该县商品的运输和市场营销，参见William T. Rowe, *Crimson Rain: Seven Centuries of Violence in a Chinese County*, 62.

日本、朝鲜和东南亚国家进行交易。他们业务的成功很大程度上依赖于本土商人之间的紧密合作，这使得他们能够整体高效地运作。随着条约口岸的开放，宁波商帮专门从事来自西方工业化国家的外国公司和中国商人之间的中介业务。他们之中许多人也成为中国了第一代近代工业企业家。[1]

和宁波商帮相似，鲁商也热衷于与亚洲其他国家进行贸易。因此，"闯关东"一词常常与鲁商联系在一起。闯关东始于19世纪初，当时清朝允许来自长城东段内陆地区的农民到东北三省谋生。此外，许多山东商人前往东南亚国家，如印度尼西亚，并在那里定居，成为成功的企业家。和宁波商人一样，他们在北京也有很大的影响力，控制着纺织、食品和餐饮等行业。他们的业务范围还包括中国北部和沿海地区。到了19世纪下半叶，鲁商开始经营油厂和粮仓，专门经营丝绸、药品、兽皮和炊具等商品，并进入放贷业。[2]

闽商是一个在中国历史上非常著名的商人群体，他们以与台湾的贸

1　Linsun Cheng, *Banking in Modern China: Entrepreneurs, Professional Managers and the Development of Chinese Banks, 1897-1937*, Cambridge Modern China Series (New York: Cambridge University Press, 2003), 227-228; Susan Mann Jones, "The Ningpo Pang and Financial Power at Shanghai," in *The Chinese City between Two Worlds,* ed. Mark Elvin and G. William Skinner (Stanford: Stanford University Press, 1974), 73-96; Kathy Le Mons Walker, *Chinese Modernity and the Peasant Path: Semi-Colonialism in the Northern Yangzi Delta* (Stanford: Stanford University Press, 1999), 92.

2　李鑫生，《鲁商文化与中国商帮文化》（济南：山东人民出版社，2010）。

易关系著称，但是他们的成功同样取决于在国内其他地区的贸易能力。闽商是一个多元化的群体，由许多小商帮组成，这些小商帮通常沿着现今福建省的某个区域边界线形成，往往只涵盖几个区或几个县。这些小商帮的形成取决于该地区的商人如何界定和认同自己的地方归属。例如，在来自福建南部、福州和兴化等地的小商帮中，不仅每个小商帮都认为自己与省内其他地区的商帮不同，而且各自都只和一个特定的行业有关。其中，闽南商帮主要与台湾贸易，而兴化商帮则是镇江市场的积极参与者，他们在那里大量交易糖和北货。[1]

在全国的商人群体中，粤商是最多元的群体，甚于闽商。他们所涉及的贸易商品范围也最广。粤商可分为两大类，一部分来自广州和佛山，另一部分来自潮州（位于广东东部）。与福建商人一样，他们的组织结构非常灵活，由许多小商帮组成，这些子帮通常只涉及该省内的几个地区。由于这个原因，广东商帮比其他商帮更加分散。总的来说，相比于山东和福建商人，粤商更以在东南亚地区进行贸易而闻名，特别是在马来西亚和印度尼西亚。[2]

虽然以上所述的商帮在明朝中期之前就已经存在，但几乎都要到明朝下半叶才开始崭露头角。各大商帮在明末商业化进程中不断扩大，并透过累积财富来发展贸易。但明末高度商业化并不是他们崛起的唯一原

---

1 苏文菁，《闽商文化论》（北京：中华书局，2010）；莆田市政协文教卫体文史资料委员会编，《莆田市文史资料》，第 2 卷（福州：福建人民出版社，2003）。

2 参见 Gary Hamilton, *Commerce and Capitalism in Chinese Societies*, 59-63。

因，其中一大因素是他们能够从唐朝到清朝不同朝代采取的政策中找到商机。尽管这些政策大多是为了促进各朝代的利益而制定，但它们却导致许多出乎意料的结果，并为商人提供机会。

举例来说，明朝的海禁政策原本旨在防止海盗，但实施后导致主要贸易路线发生变化，使得京杭大运河、长江、赣江和珠江成为整个跨区域贸易体系的主要动脉。类似的政策还有"茶马互市"、"布马交易"或"绢马交易"、"开中法"、"随军贸易"和"棉布征实"。和海禁政策一样，它们也造成许多意想不到的结果，让商人们从中受益。

"茶马互市"是指朝廷在西部、西北部和北部边境（包括贵州、四川、西藏和蒙古）设立交换点，允许商人将内地茶叶在边境地区交换马匹。该政策起源于唐朝，在元朝期间被取消，明朝时重新开启，一直持续到清朝中期。一些贸易团体，尤其是陕西商人，利用此政策，积极在湖南种植茶叶并将其带到西北边境交换马匹。

同样的，"布马交易"是指在北部边境，主要是新疆和蒙古地区，通过丝绸和布匹与当地马贩交换马匹的贸易。这项政策对各种贸易团体产生了相同的影响，但与其他政策不同的是，该贸易受到明清两朝的直接控制。然而，由于俄罗斯逐渐介入这些贸易区域，该政策在1840年被迫终止。

关于"开中法"，尽管在宋、元两朝已经有了类似的政策，但直到1370年后的明朝才正式采纳此措施，并且这个政策在清朝也继续执行。该措施允许商人以粮食供应边境地区的军队，以换取盐引。这项特定的政策使得陕西、安徽、山西和浙江的贸易团体受益。例如，山西的商人透过在该政策下获得的盐引向其他地区销售盐。由于山西盐类资源非常丰富，他们因此迅速致富。

同样在清朝时期，随军贸易政策允许商人在清王朝打击准噶尔汗国期间向西北地区的军队运输粮食和其他物资，与蒙古人进行贸易。虽然该政策只在康熙皇帝统治期间的 1690 年至 1757 年实施，但商人们一旦熟悉路线并得到军队的例行护卫，便得以继续进行贸易。由于该政策的实施，从 1757 年开始的九十年间，一些贸易团体成功地在江南地区市场与北部边境城镇之间建立联系。

经由这些措施，各王朝为许多大商帮提供了在边境活动的机会，但不只是他们能够从中受益。有时，即使是税收政策也可能为其他商人带来贸易机会。例如从明朝开始、到清朝结束的"棉布征实"政策要求以原棉形式征税，这也为将棉花运往王朝首都的商人提供了商机。关键在于商人们是否能够发现并利用这些机会。

此外，几乎所有的贸易团体都是所谓的"旅居者"。用罗威廉的话来说，他们是"批发商人，将商品运销各地，或从主要中心城市往农村市场批发货物"。换句话说，他们是"流动商人"，主要在各种规模的城市和市场进行贸易活动，交易各种商品。[1] 每个贸易团体都有自己的特长和贸易专注点。长途贸易系统就像一个生态系统，每个团体主宰着当地贸易的一个或多个方面业务，并且同时连接着全国其他地区的贸易。作为各个城市中从事贸易业务的"外来者"，他们不得不依靠当地官府来

1　William T. Rowe, *Hankow: Commerce and Society in a Chinese City, 1796-1889*, 71.

生存。作为回报，他们必须不断向当地官府或官员"贡献"资金。[1]

为了获取更多的利润，这些商人经常旅行数百里，因此他们的足迹遍布广阔的领土。这种流动性和高度贸易能力在各地的商人中广泛存在。我们以烟草贸易为例，看看他们是如何运作的。在明末清初，山西、陕西、徽州、福建和江西的商人成为烟草贸易的主力，而福建的商人则控制福建西部和南部赣州高地的烟草。徽州、福建南部和江西的旅居商人专门负责运输一种烟草——莆田烟草（福建省莆田市的名牌烟草之一）。他们还同时控制长江上游种植的烟草，并在江南地区销售安庆加工的烟草。山西和陕西的商人则专门负责处理湘赣地区种植的烟草，他们的业务覆盖了从长江下游地区到珠江三角洲，从北京和天津这样的北方城市到广东这样的南方地区。他们还试图进入新疆、内蒙古乃至西伯利亚南部的市场。[2]

似乎大部分商帮都集中在两个地区。通常来自沿海省份的商帮更有可能专注于沿海地区的贸易，而来自内陆的商帮则广泛分布在中国中西部从事贸易。还有一个常见的现象，就是许多商帮虽然在其本省之外特别活跃，但在本省内反而不怎么活跃。例如，龙游商帮主导了上海、汉口和西安的贸易，但在其本省却很少有大规模的贸易活动，其中的原因

---

1 Michael Tsang-Woon Tsin, *Nation, Governance, and Modernity in China: Canton, 1900-1927* (Stanford: Stanford University Press, 1999), 20. 请参见Joseph Esherick and Mary B. Rankin. *Chinese Local Elites and Patterns of Dominance* (Berkeley: University of California Press, 1990), 333。

2 Carol Benedict, *Golden-Silk Smoke: A History of Tobacco in China, 1550-2010*, 54.

是他们的海外贸易必须通过宁波进行，而在那里鲁商和闽商的势力也很大。江苏的商帮主要集中在长江流域活动，但在本省的贸易方面却让其他省份的商帮主导。同样，江右商帮也让鲁商占据了其本省的贸易。[1]

相反，广东和福建的商帮不仅能够在本省牢牢控制本地市场，还能将业务扩展到附近的台湾地区和东南亚地区。由于缺乏耕地和人口众多，福建省开始依赖来自越南的稻米来满足当地的粮食需求，并在16世纪起逐渐从广东进口稻米。然而，16世纪下半叶，广东也面临稻米供应的问题，自己也不得不从广西进口稻米。因此，福建被迫寻找其他稻米来源，主要是台湾地区和泰国。16世纪稻米采购方式的变化使得广东和福建的商人成为东南亚最活跃的贸易商，远比当地的葡萄牙稻米贸易商更为活跃。[2]

贸易团体间的差异不仅限于上述情况。吴振强最近的研究表明，19世纪初福建的许多商人在帆船贸易衰落后转向广州港，成为该港口的活跃贸易者，另一部分福建商人则移民东南亚。另外，麦哲维的研究揭示，大量广东商人透过他们在珠江流域的同乡关系网络在广西和云南展开贸易业务。这表明贸易团体的活动比我们之前想象的更加丰富多彩。[3]

---

1 Carolyn Cartier, *Globalizing South China*, 128-132.

2 Carolyn Cartier, *Globalizing South China*, 77; Sucheta Mazumdar, *Sugar and Society in China: Peasants, Technology, and the World Market* (Cambridge: Harvard University Asia Center, 1998), 70-75.

3 Chin-Keong Ng, *Boundaries and Beyond: China's Maritime Southeast in Late Imperial Times* (Singapore: NUS Press, 2017); Steven B. Miles, *Upriver Journeys: Diaspora and Empire in Southern China, 1570-1850*.

在了解中国主要贸易团体的大致情况之后，我们现在可以继续研究商人们是如何通过牙人在镇江从事贸易的。我们会把注意力放在镇江从事糖和北货行业的牙人上，并从中发现他们如何成为整个城市贸易的枢纽。我们将从 19 世纪中期出现的新一代牙人开始调查。

牙行

随着跨区域贸易体系逐渐从局限于清朝疆域内转变为以上海为中心，并进一步连通东海岸和整个亚洲条约口岸时，镇江的地方贸易也随之发生改变。在这个变化中，镇江的糖和北货贸易发挥了主要作用。与此同时，镇江市场也出现了新一代的经纪人（brokers）。在当时，他们被称为牙人或牙商。[1]牙人经营的商行称为牙行或大行栈，前者是当时所有经纪公司的通称，依照规模可分为大牙行与小牙行；后者则是指多人经营、以商帮与外国公司为贸易对象的经纪公司。现在，让我们看看这一切是如何发生的。

最初，糖业和北货业各自拥有独立的行会，但二者之间没有明显的区别。缺乏显著性差异的原因在于它们从事的贸易品项多元混杂。例如，买卖北货的人也从事糖业贸易，而糖业行会的成员也销售桐油和苎麻等北货。此外，这两个行会中还有被称为"南北杂货商"的流动商贩，他们大多来自全国南北不同地区。与此同时，这两个行会都不得不

---

1 唐绍祖等纂修，《大清律例》（清咸丰二年刊本），卷十三，页 2 之 1。

面对各地的大量商人前来镇江进行糖和北货的交易。这些南北商人中，从广东来的商人带着糖来向北方商人销售，而来自北方（特别是江苏北部）的商人则带来北货向南方商人销售。根据当地的一个不成文规定，任何从长江南北来的商人都不能在彼此之间直接交易，他们必须依赖糖业和北货业行会作为中介者。然而，由于这两个行会交易货物的相似性和成员身分的混淆，这两个不同的行业逐渐合并成一个被称为"糖—北货业"的行业。[1]

由于糖和北货贸易的增长，19世纪下半叶，镇江出现了一批新兴的牙行。牙行的经营者大多从当地杂货店中（尤其是最大的两家杂货店）作伙计起家。在19世纪中期，这些杂货店经营各种贸易活动，例如向当地居民销售从上海运来的海鲜；从上江（今金华）和衢州采购各种商品，运往汉口贩卖；为来镇江购买食用油（植物油、大豆油和芝麻油）的小商贩充当牙人。但是，19世纪中期之后，这些杂货店面对越来越多的北货交易商涌入这座城市，开始感到难以应付。

随着南方商人对北货的需求增加，这些杂货店老板开始专注于北货交易。他们在长江边上为从各地来的商人建造了几个简易的装货码头。看到这些杂货店带来的快速利润，当地有不少人也开始加入同样的行业，尽管他们之中大部分人都没有足够的资金来从事贸易。其中一位是吴泽民。[2]

1《镇江商业史料》，页50—51。
2《镇江商业史料》，页57。

吴泽民曾是一家最大的杂货店的伙计。离开那家店后他开设了自己的店，但很快倒闭。不久，他意识到经营北方商品的经纪业务会更有利可图，而且更容易营运。于是，他向前雇主借了一笔贷款，开设自己的牙行。在短时间内，他不仅能够偿还债务，还成为镇上最活跃的牙人之一。[1]尽管许多人认为吴泽民的成功归功于他的诚实和可靠，但真正的原因是他与当地官员有着很好的关系。透过这些关系，他得到协助当地官府收取整个商界捐贡的差使。正是凭借这一点，他获得一官半职。不久后凭借他的能力，被选为镇江商会的会长，商界对他的认可也随之而来。[2]

　　与吴泽民不同，另一位朱姓的牙人曾经在一家商铺担任掌柜。这段经历，使他得以从这家商铺带走大量客户。为了避免失去大部分客户，店主向朱提出了分给他店铺50%的股份和年销售额10%的股息的条件。朱接受了这个提议，因此突然间变得富有。后来，他接替吴泽民成为镇江商会的会长。[3]在这两个当地的成功案例之后，镇江涌现出许多牙行，其中大部分只有一人经营。由于这些牙行既经营北方货物又交易水果，他们有时也被称为"鲜北货行"。[4]

　　为了更好地了解牙人这一中国最古老的贸易角色，有必要对其历史进行简单阐述。早在汉代，牙人就已经存在，当时他们被称为"驹侩"

---

1 《镇江商业史料》，页58；镇江市工商联，《镇江糖，北货业的百年兴衰》，页121—122。

2 《镇江商业史料》，页58。

3 《镇江商业史料》，页58—59。

4 《镇江商业史料》，页54—55。

（大经纪商）或"侩"（小经纪人）。从宋代开始，牙人分为私人和政府授权两类。虽然名称有所差异，但所有牙人都必须支付牙契税——当然，他们只需将此税额转嫁到向客户收取的牙钱（即佣金）中即可。[1]

牙人的主要功能是作为买卖方之间的中介人进行交易协商，并从中收取牙钱。除此之外，他们还常常负责监督销售，确定商品的质量和价格，以及维持市场秩序。随着明清时期跨区域贸易的发展，牙人的角色也逐渐扩大。[2]明朝皇帝朱元璋认为牙人的存在对朝廷是一种威胁，因此试图控制他们。随后，清朝康熙皇帝于 1709 年禁止所有私牙的存在，并规定未经政府许可的牙人是非法的，将被判入狱。尽管如此，牙人的数量和他们对市场的影响力在各市场上仍然未减。[3]

---

1 在隋唐时期，经纪人的活动得到了各朝代的认可，之后"牙"这个词开始与他们联系在一起。此后，各种含义为"经纪人"的词语出现在纪录中，比如：牙人、牙纪、牙子、牙郎和牙侩。尽管在随后的宋、元、明朝代中，这些词语的名称发生了变化，但是这些中间人在远距离贸易中继续扮演着重要的角色。例如，在明朝之前，他们被称为"引领百姓"、"经纪"和"行老"，最终采用了"牙行"这个名称。引自 Rajeswary Ampalavanar Brown, *Chinese Business Enterprise*, 4 vols. (London: Routledge, 1996), 445; Susan Mann, *Local Merchants and the Chinese Bureaucracy, 1750-1950* (Stanford: Stanford University Press, 1987), 29-51; William T. Rowe, *Hankow: Commerce and Society in a Chinese City, 1796-1889*, 70, 187-188。

2 Susan Mann, *Local Merchants and the Chinese Bureaucracy, 1750-1950*, 29-51; William T. Rowe, *Hankow: Commerce and Society in a Chinese City, 1796-1889*, 70, 187-188.

3 《清圣祖实录选辑》（重印本，台北：大通书局，1987）；彭泽益、王仁远编，《中国盐业史国际学术讨论会论文集》（成都：四川人民出版社，1991），页 346。

19 世纪下半叶，镇江的牙行在市场上的角色和作用似乎与过去几乎没有改变。除了作为南北商人间的中介，他们还负责为商人获得贷款、催收债务和运输商品。尽管一些大型贸易团体也有自己的商行和行会，但他们仍然按照传统，不直接与其他地方的贸易团体交易，而是透过镇江的牙行进行贸易运作。这种传统使得镇江的经纪行业成为该城镇最主要的贸易业务之一。[1]

当时，镇江有大、小两种牙行。大部分牙行都属于后一种，因为他们缺乏资金。他们需缴纳牙税并从丹徒县（镇江府治所）获得短期的牙帖（即营业执照）。由于缺乏资金，他们无法为商人或大型贸易团体提前囤积所需的货物。因此，他们通常被视为销售代理人，也就是说，他们只能协助直接买卖货物。[2]

对于牙行来说，吸引经由运河进城的商人是他们主要的生意手段。每当运送漕粮的船经过镇江时，都会有很多商人来到这里。这些商人往往会在从北方返回南方的途中携带北方产的货物。因此，那些牙行会派人在河边等候他们，并提供烟草、酒、妓女或者赌场娱乐，以赢得他们的业务。特别是这些船的船长常常是小经纪人争夺的目标。因此，当地居民有一句顺口溜："二雀杆点头，一日三楼。"[3]意为"漕船一到，船主

---

1 《镇江商业史料》，页 7—8、68；中国人民政治协商会议江苏省委员会文史资料研究委员会编，《江苏工商经济史料》，页 153。

2 中国人民政治协商会议江苏省委员会文史资料研究委员会编，《江苏工商经济史料》，页 153。

3 《镇江商业史料》，页 56；镇江市工商联，《镇江糖、北货业的百年兴衰》，页 99。

就被请去酒楼、烟楼和青楼吃喝玩乐"。

尽管许多牙行有稳定的客户群，但他们仍会雇用伙计、学徒或帮工。这些人通常被称为掮客，人们经常可以看到他们划着小船在河的两岸争取米商的生意。他们也被称为拉子，因为他们的主要任务是拉沿河而来的商人去他们的牙行。由于这些掮客的收入是佣金，他们经常从竞争对手的手中夺走顾客，并因此引发纠纷。[1]

这些牙行经常对来自北方的商人采用欺诈手段，如提高商品价格、要求高额佣金或要"吃盘子"的把戏。在这种把戏中，牙行会在客户了解当地市场情况之前，以比市场普通价高得多的价格出售商品。在收到付款后，牙行又会试图提供比原定数量少得多的货物给客户。这种欺诈方式被称为"欠分量"。为了达到这个目的，这些牙行通常使用用于秤量重物的秤来秤轻货物。然后，在过秤过程中，他们只会向客户提供重量的大致估计。当这些方法失败时，他们会用提供妓女或鸦片的手段来对待客户，并以此尝试重新谈判付款数目，如再不成，则干脆拒绝交货，直到对方屈从于他们的要求为止（图五）。[2]

我们可以从米市贸易的市场结构中看出牙人所处的位置和作用。在镇江，有四种专门从事米生意的店铺，分别称店、号、厂、行。一般来说，店是指零售稻米和其他谷物的商店（尽管许多店也持有批发许可证），它们主要集中在城市南侧。与店相似，号往往拥有更多的资本，

---

1 《镇江商业史料》，页 70。

2 《镇江商业史料》，页 54—55。

图五　英国领事馆大楼后面交易货物，1906—1907 年

来源：Photograph by G. Warren Swire. Archives and Special Collections, SOAS Library, University of London.

但不同的是，它们提供将稻米运输到全国各地的服务。与店和号不同，厂的主要业务是加工从农民那里购买的稻米。在磨粉机出现之前，所有的厂都使用人力和畜力拉磨，并使用类似磨坊石的工具去除稻米的外壳，因此这些厂也被称为"去壳厂"。最后一种是专门从事稻米交易的经纪人，称为行。在 19 世纪下半叶的镇江经济巅峰时期，镇江共有约一百家这样的经纪行，主要集中在长江和运河沿岸。他们在那里设有茶摊以便进行业务洽谈。[1]

1《镇江商业史料》，页 69—70。

在米市场中，有一种牙人负责为谷物转销商秤货的重量，他们经营的店被称为"斛行"，必须获得官府许可才能经营，因此当地人通常称之为"官府斛行"。所有从各地运来的稻米都必须在转交给批发商之前秤重。斛行的斛工通常会夸大他们秤的稻米实际重量，这样他们就可以与米行的牙人秘密串通，以高于稻米实际价格出售稻米。作为回报，米行的牙人会给他们一部分回扣。一旦米商知道这件事后，他们就会提前支付这些斛行的牙人一些钱，以换取准确的秤重。由于与米行的牙人有着密切的人际关系，这些斛行的牙人更倾向于和米行合作。无论大小，几乎所有的斛行都会对客户使用相同的欺骗手法。[1]

每当镇江市场出现粮食短缺时，官府都会试图控制粮价。为了对抗这一措施，交易商通常会将粮食运往其他地方，比如崇明（位于上海附近）、海门（位于江苏东南部）和江苏北部，或者远至东海沿岸的海港。等到官府取消粮价限制后，他们再将粮食运回镇江市场销售。[2]

牙人常使用欺骗手法，因此他们经常与商人之间发生纠纷。尽管这些牙人通常有当地官员撑腰，但纠纷的结果并不总是有利于他们。例如，有一次陕西商人指责一位棉花的牙人压低价格、收取过高的包装费，并从商人那里偷棉花。这些商人成功地贿赂了当地官员，从江苏省府（江苏布政使司）获得对牙人不利的判决，并推翻知县之前的判决。为了庆祝胜利并进一步羞辱牙人，商人们将判词刻在一块石碑上，并在

---

1 《镇江商业史料》，页 70—71。

2 《镇江商业史料》，页 71—72。

知县官府前成功地竖立了几天。[1]

此外，还有一部分牙人从事的是为牙行拉拢业务，因此被称为"经手"。这些牙人是个体经营的，由于缺乏资本，他们通过引荐买家和卖家赚取佣金。为了全面了解经纪人在镇江市场的作用，我们需要观察大经纪人在镇江市场所扮演的角色。[2]

在镇江有一类经纪人经营的公司被称为"大行栈"或"代办庄"。虽然他们被称为"大"，但这并不一定意味着他们拥有大量营运资金。相反，他们通常依靠当地望族的支持、与富人的个人关系或在当地社区的影响力来维持业务。由于具备这些条件，他们往往能够帮助客户从富有的投资者那里获得贷款，并从中提取佣金。[3]在这些牙行中，有一个来自镇江最大家族之一的严家。虽然他只有约一千二百两的资本，但是由于得到当地有势力的家族、两个家族朋友和镇上其他富人的支持，所以能够经营大生意。

另一个例子是吴泽民，他主要依靠在商界中的声望来说服苏州一家大钱庄为他的大行栈客户提供大额贷款。后来吴泽民又说服这家钱庄向他亲戚所拥有的两家牙行的客户提供贷款。有趣的是，吴泽民从城外的钱庄获得贷款的事情似乎没有让当地的钱庄感到不安，因为那些从外地

---

1 《镇江商业史料》，页 7—8。

2 这与汉口所发生的情况类似，参见 William T. Rowe, *Hankow: Commerce and Society in a Chinese City, 1796-1889*, 70-71.

3 《镇江商业史料》，页 54—56、60；镇江市工商联，《镇江糖，北货业的百年兴衰》，页 101—102。

获得贷款的客户不得不透过当地钱庄开的钱店所发行的信用汇票来提取款项，所以这些地方钱庄仍然可以从中获利。[1]

在镇江有很多这样的钱店，它们非常受欢迎，因为它们的客户大多是来自北方和南方的商人。这些商人也认为这些钱店很可靠，以至于它们所发行的汇票在当地市场上被视为现金，并且在一段时间后可以随意兑换。[2]

在某些情况下，大行栈自己也需要贷款，因为他们直接参与购买、储存和销售大量商品。一些牙行会派遣雇员前往北方货源地以最低价购买产品，然后将其运回镇江以高价出售。这就是当地人经常称这些大行栈为"买行"的原因。然而，在购买和销售过程中，几乎所有的大行栈都会利用北方货源地生产者缺乏对镇江货币汇率的了解而得利。具体来说，镇江市场上的商品价格由白银价决定，但北方货源地传统上是以铜币付款。由于白银的流通变得罕见，白银升值的速度与铜币贬值的速度一样快。大行栈知道北方货源地生产者不太了解汇率波动，因此一直用铜币支付他们收购的产品，但总是要求在镇江的买方用白银支付这些商品。这种行为导致一些商人最终设立商行来绕过这些牙行。[3]

这些商行由外地商人自行设立，通常分为两大类——一类属于北方商人，另一类属于南方商人。北方商人的商行设有自己的商标，并由北

---

1 《镇江商业史料》，页 60。
2 《镇江商业史料》，页 60—61。
3 《镇江商业史料》，页 59。

方钱庄作保，用以表明他们有权专门经营北方货物。此外，北方商人还组成自己的行会。但由于某些特殊原因，当地人在辨认这些商行时往往对它们的所属籍贯十分不清楚。例如，当地人认为由晋商创立的商行归河南人所拥有，因为这些晋商还拥有东北和河南的几家票号和钱庄。尽管南京商人被称为"京帮"，很多人却误以为南京人经营的商行是由北京人拥有。这种误解源于"京帮"的"京"字与北京的"京"字相同。除此之外，商行之间常常因琐事发生纠纷。尤其是由山东和山西商人拥有的商行，经常发生冲突，在当地市场上引起骚动。[1]

南方商人也有自己的商行和行会，他们在镇江所遇到的情形与北方商人相似。为了避免被牙行欺骗，仅粤商就创建了约二十个商行。粤商内的小商帮还组成了两个独立的行会，以确保自己的商业利益。[2]南方商人开设的商行不仅在当地采购北方货物运往南方销售，还担任海外公司的代理，其中很多海外公司由海外华人拥有。例如，在糖业方面，这些商行为来自吕宋（菲律宾）、印度尼西亚、古巴和香港的海外公司提供代理服务，尤其是为香港的怡和洋行和太古洋行代理采购业务。他们不仅为香港和东南亚的华人社区提供代理服务，还为来自日本、朝鲜和欧洲的商人采购北方货物。一般来说，大商行更可能参与此类贸易，而由于整个糖业产业已经出现下降趋势，小商行则更积极地销售从东南亚进

---

1 《镇江商业史料》，页 54—55。

2 《镇江商业史料》，页 52—53；镇江市工商联，《镇江糖、北货业的百年兴衰》，页 99—100。

口的糖。[1]

由于当地传统的原因，海外公司和他们的代理商并不直接与来自北方的商人进行交易。相反地，他们会透过大行栈（而不是小牙行）进行交易，因为只有这些大行栈才被认为有资格与外国公司打交道。这个传统似乎已经持续了很长时间，但并不清楚为什么，也没有人质疑它。[2]

在大行栈和粤商之间，有一个不成文的规定，即所谓的"心照不宣"，作为一种默契和理解：粤商不会直接从当地的杂货店购买北方货物，而大行栈则会派人去广东或香港为北方商人预定糖。[3]但是，这种默契对大行栈来说实际上是一把双面刃。虽然他们可以通过此举主宰镇江的糖业，但他们也因此无法在广东和香港之外寻找新的糖源，也无法防止广潮帮（来自广东潮州的商人团体）通过提供低价的劣质糖夺走北方商人的生意。大行栈依赖的是每笔交易的经纪费，这些费用按交易的百分比计算，因此他们更愿意北方商人出高价从他们的粤商和香港商人手里买糖。尽管如此，他们容忍这一切，因为他们认为好处大于坏处。[4]

在看到大行栈与外国人交易中的优势后，大多数当地钱庄为他们提供如延迟付款等优惠条件。而大行栈则往往故意拖延付款，并利用这段时间将手中的现款迅速购买货物并销售以获得利润。[5]

1《镇江商业史料》，页 52—53。

2《镇江商业史料》，页 59—62。

3《镇江商业史料》，页 59—62。

4《镇江商业史料》，页 62。

5《镇江商业史料》，页 61。

同时，当外国公司在镇江购买北货时，他们会得到一张空白的过境申报表，中国人称之为"洋单"。这些公司要在单子上向镇江的清朝海关申报所购货物的价值。海关站的清朝官员会礼遇持有申报表的商人，并让他们的船只优先通过。这不仅缩短了货主通过海关的时间，而且还可以避免在为中国商人设的关税站支付他们本应支付的商业税（厘金）。[1] 许多来自广东的商人就此想出很多方法来利用这些情况为自己谋求利益。例如，每当香港对北方种植的金针需求增加时，广东商人会在镇江大量采购并雇船往南方运送。每当船只被镇江海关拦下时，他们会出示过境申报表，让海关官员误以为他们是外国公司雇员。即使这些船只在海关上班时间结束后到达，船工们也会敲锣提醒海关官员立即放行。[2] 不久，这种申报表成了外国公司雇员和广东商人出售给其他地方商人的商品。对于那些载有大量北货和糖并需要马上通过大运河将货物运往全国各地的人来说，这些申报表尤其有用。[3]

尽管这种做法在当时引起了所有牙行的不满和嫉妒，但在 1902 年，一个姓魏的人组织了一个由二十多名牙人组成的行栈。他们向当地官府请求获得一种通关证，使他们即使在 1901 年厘金税关被废除后，也能够享有与外国人同等的待遇。地方官府批准了他们的请求，并颁发了一份只给参加魏氏所组织的商行的人使用的通关证。此后，每个获得通关

---

[1]《镇江商业史料》，页 63—64。

[2]《镇江商业史料》，页 63—64。

[3]《镇江商业史料》，页 64。

证的牙人都被授予一个新注册的商标，使他们享有与外国公司进行业务的特权。这些牙人因此开始称自己的商行为外商代理公司。[1]随后，魏氏又创建了另一个组织，旨在为他所组织的大行栈之外的牙人获得类似于在镇江的厘金税站的运输许可证。在担任该组织的负责人期间，魏氏成立了一个办事处，专门协助获得运输许可证的人通过厘金税关。[2]

　　到现在为止，我们已经了解了不同种类的牙人以及他们的各种活动。正由于他们的那些活动使得他们在中国跨区域贸易体系的转型中，起到连接南北商人的重要作用。但是在19世纪末，随着镇江逐渐成为上海商品的次级分销中心，它所面临的是如何能融入以上海为中心的亚洲贸易网络——上海贸易网络——的挑战。

1《镇江商业史料》，页65。
2《镇江商业史料》，页65。

第七章　上海贸易网络

19 世纪末，镇江面临的挑战是如何与上海贸易网络建立直接联系。该网络在条约口岸开放后崛起，从上海延伸到日本（始于 1854 年）和朝鲜（始于 1876 年）。由于上海成为亚洲最主要的贸易中心之一，镇江的贸易市场需要与该网络连接，并透过该网络与整个东亚和全球市场相连。所有这一切的关键在于镇江是否能够解决它所面临的看似简单实则颇为棘手的问题：如何克服镇江与上海贸易界之间的汇率交换和商业信用的障碍，以获得上海金融业的认可？正如滨下武志所指出的，多边金融安排（multilateral financial arrangement）是亚洲贸易网络的重要方面之一，因为它提供了不同网络之间贸易互动的关键机制。[1] 为了了解镇江整个贸易群体如何克服这些困难，我将重点关注镇江商人与上海同行建立金融关系的努力，并透过对一些金融安排的细节来了解他们所面临的困难以及克服困难的方法。在此之前，让我们先了解一下上海贸易网络的兴起及其特点。

---

1 Takeshi Hamashita, "Overseas Chinese Financial Networks: Korea, China, and Japan in the Late Nineteenth Century," 167.

上海贸易网络的出现

上海是随着中国和日本、朝鲜对条约口岸的开放而兴起的一座城市。它带来的最显著结果之一是形成上海贸易网络。欧洲历史专家玛丽亚·福萨罗（Maria Fusaro）将贸易网络定义为："一群因共同贸易利益和活动而持续长期联系的人。"[1] 为了深刻理解这个网络，我们需要探讨它的特点以及它与中国国内区域性贸易网络的联系。

首先，上海贸易网络的形成是由中国商人的贸易活动增加所引起。这些商人利用 19 世纪全球的变化，包括中国、日本和朝鲜的新条约口岸的开放，以及新的运输和通讯技术的应用。这些变化使得这些商人在 19 世纪下半叶能够将他们的贸易活动范围扩展到东亚的一连串新城市。

这些商人大多属于中国国内现有的贸易网络，即各大商帮的一部分。与近代欧洲西南部的贸易网络不同的是，这些商人群体的组织结构多以籍贯分类。但与欧洲的贸易团体相似，他们不仅在这些城市中保持着紧密的联系，而且每个享有共同籍贯的团体都在东亚的主要城市中创建了一个属于自己的贸易空间，并利用那些城市中的市场作为与其他籍贯的贸易团体进行贸易来往的"接口"。[2]

---

1 Maria Fusaro, "Cooperating Mercantile Networks in the Early Modern Mediterranean," *Economic History Review* 65 (2012): 702.

2 "界面"一词来自 David Carvajal de la Vega, "Merchant Networks in the Cities of the Crown of Castile," in *Commercial Networks and European Cities: 1400-1800*, ed. Andrea Caracausi and Christof Jeggle (London: Pickering & Chatto, 2014), 2。

通过成为上海贸易网络的一部分，这些中国商人得以在跨国环境中展开贸易。这个环境通过亚洲的开放港口、沿海地区以及和这些港口与地区相接的各国腹地，将中国内陆与亚洲其他地区乃至全球连到了一起。虽然上海贸易网络并不是中国商人在亚洲唯一的贸易网络，但它是19世纪下半叶中国商人中发展最快、规模最大、与全球联系最紧密的贸易网络之一。

日本经济学家古田和子的研究结果表明，东亚各国设立通商口岸给了中国及亚洲其他地区与日本多条贸易路线相连的机会，从而为上海提供了与中国国内和日本之间贸易联系的机遇。这些贸易路线以上海为中心，分为两条，一条通向华北和长江三角洲地区，另一条则通向日本神户。这些贸易路线形成了一个以上海为中心的贸易网络，而镇江和芜湖则属于这一网络的一部分。古田和子将这个贸易网络称为"上海贸易网络"，其地域范围包括中国和日本的主要通商口岸。在中国，这些地方包括东海岸的福州、温州、宁波、芝罘、天津和牛庄，以及长江沿岸的镇江、芜湖、九江和汉口；在日本则包括长崎和神户。[1]

根据古田和子提供的数据，上海在贸易网络中成为汉口、天津和日本神户的主要货物进口中心，而不是镇江和宁波的主要进口点，尽管它与两者的距离很近。例如，在1875年至1877年期间，汉口和天津从上海进口的货物占比很高，其中汉口的份额约为总量的25%，而天津的

---

1 Kazuko Furuta, "Kobe Seen as Part of the Shanghai Trading Network: The Role of Chinese Merchants in the Re-Export of Cotton Manufactures to Japan," 29-32.

份额约为总量的 20%。这些数据表明，汉口和天津在长江流域和华北地区扮演了上海货物重要分销中心的角色。相比之下，尽管镇江和宁波是靠近上海的通商口岸，但它们的进口量显著下降。同时，日本神户在 1875 年通过上海进口世界其他地区的货物份额为 7.16%，在 1876 年为 5.09%，在 1877 年为 5.33%，同时日本神户属于从欧洲经过上海进口灰坯布等商品的城市。[1]

古田和子认为，上海贸易网络的出现在很大程度上归功于中国商人在日本拥有出色的构建人际网络的能力。自从神户成为条约口岸以来，这些商人一直非常成功地在与来自欧洲国家的商人的竞争中获胜，并透过创建轮船航线，以安全和便宜的方式将大量货物从上海运往其他港口。古田和子引用另一位日本学者杉山信也的研究结果来证明，如果中国商人没有从 19 世纪中叶之前的跨区域贸易中表现出色的"客帮"中继承廉价服务的方法和丰富的贸易知识，他们不可能如此有效地利用西方轮船技术。古田和子形象地描述了商人在上海贸易网络中如何营运棉纺织业务："在那个时期，棉布不断进口到神户，几乎所有的棉布都是通过中国商人从上海再出口到达神户的，因为大部分棉纺织品的原产地是英国。因此，可以看出上海是英国（生产地）和日本（消费地）之间的桥梁。"[2]

---

1 Kazuko Furuta, "Kobe Seen as Part of the Shanghai Trading Network: The Role of Chinese Merchants in the Re-Export of Cotton Manufactures to Japan," 29-31.

2 Shinya Sugiyama and Linda Grove, *Commercial Networks in Modern Asia* (New York: Routledge, 2013), 55. 引自宫田道昭，《清末における外国貿易品流通機構の一考察—ギルドの流通支配を中心として》，页 75。

同样地，滨下武志强调，东亚条约口岸的开放形成了一个由仁川、上海和大阪组成的三角贸易区，它将亚洲北边的天津、营口和俄罗斯远东的海港城市，如海参崴，与亚洲南边的长崎、香港和新加坡连接起来。滨下武志指出："这个三边群体再加上长崎，是更大贸易网络中贸易和货币结算的重要组成部分。"[1]

正如滨下武志所指出的，到 19 世纪末，上海已成为连接整个东亚和欧洲的关键纽带。他的研究表明，在 1895 年中国正式允许稻米出口后，三个国家之间形成了一种贸易模式，其中日本人集中于稻米和大豆的买卖，而中国人则垄断了英国棉布和其他需要大量资本的产品的转口贸易。几乎所有在英国曼彻斯特制造并在东亚销售的布匹都首先运往上海，然后再运往其他地方销售。对于朝鲜也是如此，日本商人必须在上海购买纺织品和其他产品，然后将它们运往朝鲜销售。[2]

在简要了解上海贸易网络的情况之后，我们现在可以看看镇江的贸易社群是如何与上海贸易网络接轨的。让我们从 19 世纪初镇江和上海之间的贸易关系开始调查。

---

1 关于古田和子的观点，请参见Kazuko Furuta, "Kobe Seen as Part of the Shanghai Trading Network: The Role of Chinese Merchants in the Re-Export of Cotton Manufactures to Japan," 29-32; 滨下武志，《中国近代經濟研究：清末海関財政と開港場市場圈》（东京：汲古书院，1989），页 99。

2 Takeshi Hamashita, "Overseas Chinese Financial Networks and Korea," in *The Chinese Overseas*, ed. Hong Liu (London; New York: Routledge, 2006), 218-223.

鸦片店

镇江商界与上海贸易界的联系可以追溯到鸦片贸易时期。19世纪中叶,上海取代广东成为全国最大的贸易中心,许多原本在南方地区从事鸦片生意的富商开始迁居至上海,并在那里从事鸦片分销业务。与此同时,镇江也出现了一批鸦片商。不同于以往的鸦片商,这些镇江商人主要依靠上海鸦片销售商提供的货品和资金来维持生计。因此,这为镇江逐渐融入上海贸易界,成为新兴的上海贸易网络的一部分提供了机遇。

这一切始于鸦片战争前不久。当时,镇江最主要的贸易店之一是销售鸦片的"土栈"。鸦片是一种外国产品,随着第一批外国商品流入镇江,大多数老百姓都把鸦片视为外国药品。它主要由广东商人运往镇江,其中一些商人是由广东十三行直接派遣而来。

其实早在英国人将鸦片带入中国之前,中国人就已经接触过鸦片,并认为鸦片可以入药。唐朝时,中国人已经开始使用鸦片来治疗某些疾病。在明朝,中国的草药专家们已经知道如何从罂粟植物中提取头部的汁液来生产一种后来被称为鸦片的药物。到了清朝,随着英国东印度公司在印度生产鸦片并将其带入中国,清政府于18世纪末开始允许进口鸦片,并对其征收税款,将其视为一种进口商品。[1]

1《镇江商业史料》,页9、19;Alan Baumler, *The Chinese and Opium under the Republic: Worse Than Floods and Wild Beasts* (Albany: State University of New York Press, 2007), 14.

顺带一提，19世纪初，所有出现在镇江的外国商品都是由其他地区的商人运达，而当地购买和使用这些商品的人并不知道这些商品来自外国。例如，一些由北京商人开设的杂货店会将外国商品与妇女的化妆品和绣品一起销售，因此当地人称所有这些商品为"京广杂货"，并将这些杂货店销售的外国与广东生产的糖和松香称为"闽广糖香"。有些商人从苏州获得各种外国商品，然后将其作为苏州产品在名为"苏州本地"的杂货店中出售。同样，来自广东和福建的商人也让人们相信他们所售的外国鸦片是在广东和福建种植的。[1]

　　那时候，镇江曾经有二十至三十家鸦片店，其中大多数由广东和潮州商人拥有。尽管几乎所有土栈的店主是所谓的"外来人"，但他们对当地的习俗非常熟悉。一些店主与当地官员的关系很密切，他们因此得到了朝廷所规定必须拥有的当地官府许可证。[2]

　　当地老百姓认为政府认可和未经认可的土栈之间没有太大区别。所有从英国进口的鸦片都必须向清王朝缴纳税款，因此当地人通常将售卖这些鸦片的杂货店称为"官土栈"，售卖的鸦片称为"官土"，或者将出售的鸦片烟膏称为"官膏"。这些店也出售在中国种植的鸦片，被称为"私土"，因为它们无需缴纳外来进口商品的销售税。为了确保市场上所有售卖的鸦片都纳税，清朝发行了印花税票，要求每个已征税的鸦片包裹都要贴上印花税票以便检验。为了方便起见，清廷还发行小包装的特

1《镇江商业史料》，页9—10。

2《镇江商业史料》，页9—10、32—33。

殊税票。[1]

为更好地管理来自英国的鸦片进口，镇江海关在镇江成为条约口岸后设立了一个下属机构，当地人称之为"英栈"，因为它位于英国租界内。每一批到达镇江的鸦片货物都必须缴纳印花税并盖章，然后才能分销给销售商。许多鸦片店店主意识到一次大量卖出的鸦片，会影响他们的利润，于是决定以少量出售来吸引更多买家。他们因此开设了很多专门销售少量鸦片的店，称之为"钱土店"，以维持利润。因此，19 世纪中期，镇江城中随处可见这种鸦片店。[2]

随着 19 世纪下半叶上海崛起为亚洲的经济中心，镇江市场发生了明显的变化，涌现了一批新的土栈店主。与原来来自广东、潮州或湖州的店主不同，这些新的店主大多是本地人，他们的鸦片来源和生意都依赖与上海供货商的私人关系。这些供货商不仅提供鸦片货源给镇江店主，而且常常直接投资。而这些供货商本人往往是最近才从广东、潮州和湖州搬到上海的商人。

其中一个新的土栈老板是余百川。余百川是早年在瓜洲挑着捆好的货物挨家挨户推销起家的。在那期间，他常常在一家来自潮州的小鸦片烟店休息。但店主让他在那里休息的条件是要他无偿地做一些活。时间

---

1 Timothy Brook and Bob Tadashi Wakabayashi, ed., *Opium Regimes: China, Britain, and Japan, 1839-1952*, 272;《镇江商业史料》，页 32—33；中国人民政治协商会议江苏省委员会文史资料研究委员会编，《江苏工商经济史料》，页 148。

2 《镇江商业史料》，页 33。

久了，他们便成为朋友。当这位店主决定返回故乡养老时，就把店让给了余百川。临走之前，店主还帮助余百川与在上海的鸦片供货商建立了联系。当时的上海已成为镇江大部分鸦片的来源地。这种联系对于在上海商业圈中毫不知名的余百川来说非常重要，因为像他这样的小店主是透过信贷方式与上海做生意的。这种私人关系使得余百川获得了第一批赊账来的鸦片。[1]

余百川的鸦片生意一日千里，他很快在镇江最繁华的街道上开了一家商铺。随后，他与上海一家由郭姓潮州人经营的土栈建立了同样的关系，并因此在镇江开设一家大型土栈。通过这家大型土栈，余百川开始在长江北岸销售鸦片。不久，他又用赚来的钱购买了郭在上海的土栈公司的股份。当郭氏在上海开了一家商业银行后，余百川的这些股份使他一夜之间成为当地富豪。余百川的事业蒸蒸日上，许多小土栈都开始声称自己隶属于余百川。[2]

但是，余百川并不是镇江唯一从与上海富商私人关系中获得收益的人。和余百川一样，还有许多人在类似情况下获利。这些人与余百川一样，在19世纪末清朝努力限制鸦片消费进而导致各地鸦片贸易急速衰退时，开始从鸦片生意转入其他业务。[3]

像余百川这类在镇江贸易社群中崛起的人，显示出当地人与上海商

---

1 《镇江商业史料》，页 32—33。

2 《镇江商业史料》，页 34。

3 《镇江商业史料》，页 35—36。

业界人士建立私人关系的重要性。但我们需要了解的不仅是售卖鸦片的本地商人如何与上海商人建立联系，更需要了解整个镇江的贸易社群如何与上海金融体系挂钩，并成为上海贸易网络的一部分。为了实现这一目的，我们需要研究 19 世纪末本地钱业公所的出现和他们所做的努力。在此之前，让我们简单了解一下当时镇江存在哪些类型的金融机构，以及上海在本地金融业务增长中扮演什么角色，导致钱业公所得以崛起。

镇江的钱庄

当镇江成为条约口岸时，已经有十几家从事汇兑、借贷和储蓄业务的商家。它们主要以钱庄、票号（汇兑）、银楼（珠宝商）和当铺等名义经营，但后两者只偶尔从事一些放款业务。当时，在镇江从事汇兑业务的最大钱庄之一是山西日升昌票号的分行，而这家票号在全国同类行业中占据最主要的地位。然而，在 1849 年该票号老板去世后，它的业务逐渐衰落。这为镇江当地的钱庄和票号提供机会，使它们在欧式银行于 1910 年左右在当地出现之前（虽然欧式银行已于 1897 年后在中国其他地方出现），成为镇江主要的金融机构。[1]

---

1 Yongming Zhou, *Anti-Drug Crusades in Twentieth-Century China: Nationalism, History, and State Building* (Lanham, MD: Rowman & Littlefield, 1999), 27；《镇江商业史料》，页 36。欧式银行业大约于 1897 年在中国出现，但在镇江出现则大约在 1910 年，参见 Xinwei Peng, *A Monetary History of China*, vol. 2 (Bellingham: Western Washington University Press, 1994), 831。

这些机构最初都始于"钱店",店主通常经营一些大型商铺,主要销售服装和谷物。因此,当地人一般称它们为"钱布店"或"钱米店"。由于这些店还经常兼顾售卖鸦片业务,因此它们也被称为"钱土店"。[1]这些小"店",起初主要靠提供货币兑换和小额贷款服务为生。但随着上海逐渐成为当地商品的主要来源,它们的情况开始发生改变。由于镇江和上海之间的贸易活动不断增加,需要更多的汇款和贸易信贷类服务,一些钱店开始扩大服务范围,除了接受存款、发放贸易贷款和发行私人票据外,还开始摆脱钱店的称呼,自称为钱庄。[2]

镇江很快涌现出许多钱庄。例如,在1860年代和1870年代,大约有十家钱庄,但到1890年代末,就有三十二家类似的店面,尽管其中不少是大钱庄的分支机构。比如,当地最大的两家钱庄都设有专门为海关服务的分支机构。[3]

由于业务增长,在19世纪下半叶,钱庄的资金流动整体增长了三倍。在1860年代和1870年代,年交易额约为十万两银,到了1890年代,这个数字增加到每年约三十万两银,这给整个钱庄业带来了可观的利润。[4]因此,钱庄的业务增长吸引了不少来自镇江以外的投资者。这些

---

1 《镇江商业史料》,页36。更多讨论参见Linsun Cheng, *Banking in Modern China: Entrepreneurs, Professional Managers and the Development of Chinese Banks, 1897-1937*。

2 《镇江商业史料》,页36。关于汉口钱庄的描述参见William T. Rowe, *Hankow: Commerce and Society in a Chinese City, 1796-1889*, 161.

3 王树槐,《中国现代化的区域研究:江苏省(1860–1916)》,第48卷(台北:"中研院"近代史研究所,1984),页326。

4 《镇江商业史料》,页36—37。

投资者中，大部分人在其他地方拥有房产或其他生意，有些人刚开始就在其他城市设有钱庄。这些投资者包括一个周姓的盐商，原籍安徽，在扬州拥有各种商店；王姓和刘姓的苏州商人，都是浙江的大地主；还有一位刘氏，拥有在杭州、上海和青岛的土地和其他房地产，其中一些房产是以英国贸易公司的虚假身份营运。[1]

这些投资者中，有些人在其他城市拥有不同类型的杂货店，还有人同时在几个城市拥有钱庄。比如，王姓的投资者不仅在其他城市拥有一家大的丝绸布料店，而且在镇江拥有一家较大的钱庄。这家钱庄只是他在数个城市中的一个。这些投资者之所以有这样的财富，是因为他们与直隶总督李鸿章有亲戚关系。与罗威廉在研究汉口时发现的情况相似，这些投资者不仅与原籍所在地的贸易网络有紧密联系，而且他们在镇江会避免与同乡商人竞争。这些投资者很快融入镇江的贸易社群，并接受这些社群通用的纸币。[2]

由于许多镇江钱庄业主从这些投资者引入了大量资本，当地人形容他们的做法是"挹彼注兹"，即利用外部资本为镇江内部的贸易服务。当然，不仅当地人能够从这些投资中受益，在镇江进行日常交易的任何人都可以从这些钱庄中获得贷款，这些受益者包括来自安徽北部、河南东北部、山东西南部、芜湖和九江的商人。[3]

1《镇江商业史料》，页36—37。

2《镇江商业史料》，页37；William T. Rowe, *Hankow: Commerce and Society in a Chinese City, 1796-1889*, 160.

3《镇江商业史料》，页37。

磨合：
近代镇江的全球化之旅

大量钱庄的出现，导致银行家协会以"钱业公所"的名字在镇江出现，这是一个自然结果。1891年，钱业公所建立了一个会议场所，会员们聚集在那里为市场定价、相互交易，并讨论与他们的共同经济利益相关的事项。在我们研究该协会的活动之前，让我们先来看看此类组织的性质，以及它们与其他行会之间的异同。[1]

在中国，此类组织大约在16世纪左右以"公所"和"会馆"的名义出现，虽然会馆的形成略早。他们的出现与整个社会中商务工作的增加，以及大批中小商人开始在一些大型贸易市场附近定居并组建自己的贸易组织直接相关。直到大约1860年，这些组织数量一直保持稳定。在第二次鸦片战争和第二批条约口岸出现后，这些组织开始增长，直到1900年到1909年间出现高峰，然后随着清朝的消亡而大幅度减少。[2]

"公所"一词通常带有"公共场所"的意思，经常指由同一行业的人组织的协会；而"会馆"则意为"聚集之地"，是同乡人形成的组织。尽管这些名称有时会互换使用，但在大多数情况下，会馆更关注于维持同乡情感，而公所则更关注同行间贸易上的问题。[3]

根据对北京的几项研究，这两个组织之间存在着不少差异，而它们

---

1 《镇江商业史料》，页38。

2 《镇江商业史料》，页38；Peter J. Golas, "Early Ch'ing Guilds," 555-557；张研，《清代社会经济史研究》（北京：北京师范大学出版社，2010），页997—1048。

3 Christine Moll-Murata, "Chinese Guilds from the Seventeenth to the Twentieth Centuries: An Overview," *International Review of Social History*, 53, no. S16 (2008): 245-247.

的差异往往可以从它们在城内所处的地理位置看出端倪。在北京城内，这些组织大多由参加过科举考试的人和退休官员组成。根据粗略估计，北京内约80%的会馆是为了接待这样的士人和官员，只有10%到20%属于商业和手工业者拥有。但在城外，几乎所有的会馆，包括一些公所，都是大小商贩和工匠的聚集地，而他们主要关注与商业利益有关的问题。[1]

这些会馆和公所通常具有类似的组织结构。它们都采用了单一结构，属于较大规模的贸易组织。由于它们的存在很大程度上是为了服务贸易，所以有时很难将两者区分开来，尽管有些人认为公所"是按照同类贸易组织的，而非以籍贯为主"，而会馆则"不是以贸易为主"。[2]

在中国，人们经常把会馆和公所混淆的主要原因是，会馆的主要使命和公所一样都是为了促进贸易。一方面，会馆基本上是由"前往各城市寻找新市场的商人所建立的组织，而这些组织的存在是为了更好地为他们的家乡利益服务"。而另一方面，会馆又有别于公所，因为后者的会员构成是以贸易团体为单位而不是以个人为单位。与许多人所认为的

---

1 有关这些研究的讨论，参见 Xu, Dixin and Chengming Wu, *Chinese Capitalism, 1522-1840* [in Translated from the Chinese] (Basingstoke: Macmillan, 2000), 181-183。另请参见《大清圣祖仁皇帝实录》（重印本，台北：华文书局，1964），页 59—60。关于 L. Eve Armentrout Ma 的研究，请参见 Marjolein 't Hart and Dennis Bos, eds., *Humour and Social Protest* (Cambridge; New York: Press Syndicate of the University of Cambridge, 2007), 20。

2 William T. Rowe, *Hankow: Commerce and Society in a Chinese City, 1796-1889*, 264.

恰恰相反，同乡关系在形成这类组织中只起了很小的作用。[1]

然而在上海，会馆和公所都是由从事同类行业，以及以同乡为分界线的商人组成。它们不仅在性质上相似，而且在功能上也雷同，都可以被归类为"以贸易为主，以同乡关系为纽带的组织"。换句话说，它们是"共同寻求贸易利益的同乡组织"。[2]

可是，这种组织框架显然不适用于成都出现的一些会馆。以在那里组织的浙江人会馆为例，尽管所有成员都属于来自浙江的商人，但章程只提到对其成员经济利益的关注，没有涉及任何其他问题。同样，其规定中也没有涉及任何与推广同乡情感、慈善活动或与籍贯认同有关的礼仪等，而这些方面的规定往往被认为与会馆的基本职能和活动密切相关。[3]

无论如何，我们应该认识到会馆和公所这两个组织在很大程度上的重叠性。它们都在贸易活动和同乡关系中扮演错综复杂的角色。换句话说，有些会馆只注重其成员之间的同乡关系，而其他一些会馆则仅作为

---

1 William T. Rowe, *Hankow: Commerce and Society in a Chinese City, 1796-1889*, 59, 61, 255.

2 第一条引语摘自 Xiaoqun Xu, *Chinese Professionals and the Republican State: The Rise of Professional Associations in Shanghai, 1912-1937* (Cambridge: Cambridge University Press, 2001), 83-86。第二条引语摘自 Bryna Goodman, *Native Place, City, and Nation: Regional Networks and Identities in Shanghai, 1853-1937*, 39。

3 Di Wang, *The Teahouse: Small Business, Everyday Culture, and Public Politics in Chengdu, 1900-1950*, 59.

贸易协会存在；同时，有些公所只从事贸易活动，而其他一些则是为同乡服务的团体。[1]

透过对钱业公所本质的了解，我们现在会仔细研究这个特定组织在镇江与上海的贸易联系中所起的关键作用。我们将重点关注该组织所采取的一连串措施，正是由于这些措施，使本地贸易团体获得上海私人金融机构的认可，并以此使它们在上海市场从事贸易成为可能。所有这一切对于镇江成为上海贸易网络的一部分至关重要。

融入上海贸易网络

钱业公所在镇江成立后就制定了一套贸易规则，并要求会员遵守。随后，一家中等规模的钱庄为该组织引入一种新的会计管理方法。该方法在 1897 年的上海得到了近代银行的采用，并且获得清朝官员盛宣怀的极力推崇。仅这两项措施就足以提高镇江贸易社群的钱庄业务标准和效率，为镇江与上海的贸易接轨迈出了第一步。[2]

随后，镇江的钱业公所开始在上海设立第一个办事处。这是 19 世纪末长江下游地区最早在上海设立的类似机构之一。与其他同类办事处一样，该办事处向从镇江到上海的一般商人提供储物和住宿服务。然

---

1 Di Wang, *The Teahouse: Small Business, Everyday Culture, and Public Politics in Chengdu, 1900-1950*, 59.

2 Di Wang, *The Teahouse: Small Business, Everyday Culture, and Public Politics in Chengdu, 1900-1950*, 59;《镇江商业史料》，页 38—40。

而，该机构不仅为镇江的贸易社群积极争取业务，还安排现金支付并搜集上海的贸易信息。更重要的是，该机构为镇江钱庄在上海分行发行的信用状提供了真实性保证。[1]

自 1822 年以来，靠信用状交易的方法在中国开始流行，尤其是在像上海这样的大城市。但是，即使到了 19 世纪下半叶，上海的钱庄仍然不愿意接受由像镇江这样不熟悉的地方的钱庄所出的信用状。不过镇江钱业公所依靠自身的声誉采取了措施来解决这个难题。[2]在镇江，人们称钱业公所采取的这种做法为"见票批期"，意思是在确认信用状的真实性后，才发放付款日期。当镇江的一家钱庄在上海发放了这样的信用状后，上海的钱庄会将其拿到钱业公所的上海办事处进行认证，并确定实际款项的交付日期。通过提供这项服务，钱业公所不仅保证了镇江在上海的交易能够进行，同时也逐渐获得其他地方在上海设立的钱庄的认可。[3]与此同时，钱业公所还制定了一项规则，要求每个钱庄认可协会中任何其他成员发放的信用状，并迅速提供预付款。这一规定使得所有钱庄和来自镇江的商人都能缩短从上海获取商品的时间，从而为在上海开展业务的镇江商人带来显著的利润增长。[4]

---

1 Zhaojin Ji, *A History of Modern Shanghai Banking: The Rise and Decline of China's Finance Capitalism* (Armonk, NY: M. E. Sharpe, 2003), xxv;《镇江商业史料》，页 42—43。

2 《镇江商业史料》，页 42—46。

3 《镇江商业史料》，页 42—43。

4 《镇江商业史料》，页 38—40、42—43。

可是，这些只是钱业公所取得的一部分成就。更为重要的成就是评估本地货币与上海货币的价值差别。由于当时中国使用的货币种类繁多，且每种货币都不同，全国货币体系陷入混乱和动荡，理清各类货币之间的价值差异绝非易事。只有当这些货币差异被理清后，镇江的商人才能与其他地方的商人在上海进行交易，因此这项工作的重要性不言而喻。

19 世纪上半叶，中国通用的货币是银锭和银元。铜钱则被用作零钱，常见的面额有文（相当于一分）、贯或串（都相当于一千分）。此外，很多较大的钱庄还印刷自己的纸币。虽然大多数钱庄使用银作为主要交易货币，而且清朝只接受银作为税收支付，但当地人在日常交易中仍然广泛使用铜钱。[1]在 19 世纪，镇江最通用的银锭有两种。其中一种被称为"二四宝银"的银锭在城内普遍使用，另一种被称为"镇江二七宝"的银锭则用于镇江与其他地方的贸易。这里的"二四"和"二七"是指银的纯度。[2]

19 世纪下半叶，银元成为上海的首选货币，因为它们方便携带和计

---

1 魏建猷，《中国近代货币史》（上海：群联出版社，1955），页 29；杨端六主编，《清代货币金融史稿》（北京：生活·读书·新知三联书店，1962），页 74。

2 每个重 52 两（每两等于 50 克）的二四宝银有足够的纯度可以获得 2.5 两的附加价值（每两等于 1000 文钱），因此在钦定标准银（纹银）的价值下，每个二四宝银总价值为 52.5 两。每个重量相同的镇江二七宝因其足够的纯度可以获得额外2.7 两的价值。参见《镇江商业史料》，页 42—44；魏建猷，《中国近代货币史》，页 29；程小苏，《安庆旧影》（安庆：安庆市档案馆，未出版），页 143—144。

算。在农村地区，铜币仍然很受欢迎。同时，在西班牙统治下的墨西哥所铸造的银元也在长江下游地区被广泛使用。自从墨西哥于 1821 年独立以来，开始铸造被称为"鹰洋"的银元，不再为西班牙生产银元。[1]到了 19 世纪末，当镇江的大多数大型钱庄在上海设立分行时，西班牙银元在市面上已经变得稀缺，大多被两种新的银元所取代。一种是 1889 年在广东生产的"龙洋"，另一种则是英国的"站人洋"，该银元是在孟买和印度的加尔各答铸造后，由英国银行于 1895 年开始发行。[2]

　　虽然镇江的二七宝银锭是来自长江下游地区中最早被上海贸易市场接受的货币之一，但是它仍然需要被兑换成西班牙银元才能使用。当时西班牙银元在上海贸易市场已经成为通用货币。可是，由于西班牙银元的流通不足，导致镇江的二七宝银锭只能按照西班牙银元的"虚银"价格来兑换，而不是按照西班牙银元的实际价值。[3]这种兑换方法被称为"上海九八规元"，它的起源可以追溯到上海成为条约口岸之前的老城区豆沙饼市场。"九八"指的是镇江二七宝银锭的价值相当于西班牙银元价值的98%。[4]

---

1 中国人民银行总行参事室编，《中华民国货币史资料·第一辑·1912—1927》，第 1 卷（上海：上海人民出版社，1986），页 689。

2 魏建猷，《中国近代货币史》，页 29；杨端六编，《清代货币金融史稿》，页 74。

3《镇江商业史料》，页 42—43。

4 西班牙银元的绰号是"规元"。按比例换算方法是，将每枚价值 52 两的镇江二七宝加上 2.7 两的附加价值，得到 54.7 两的总价值。然后将总价值的 98% 视为其实际价值。《镇江商业史料》，页 43—44。

除了计算价值差异之外，在兑换过程中还存在其他困难。例如，在铸造银锭时，不同地方使用的秤也不同，这导致南京和扬州等地所用的银锭重量略小于镇江铸造的银锭。而芜湖所用的银锭纯度更高：五十两银锭包含价值五十三两纹银，符合清朝标准。在安庆，有两种银锭，一种重五十四两，价值为五十两精银，另一种则价值较低。在兑换过程中还必须考虑"汉估"，即汉口的兑换率。此外还需要反映银行之间的汇率或"拆息"。[1]

清朝中期曾成立"公估局"来解决货币混乱问题。他们的主要工作之一是评估不同地区所使用的货币与纯银的价值比。最早的公估局之一是北京公估局，由朝廷管理，而其他地方的公估局，包括汉口和天津的公估局，则由私人拥有，通常由商人拥有，但必须得到当地官府和类似于钱业公所一类组织的认可。上海第一家公估局成立于 1850 年，由一位安徽籍人士创立。在此之前，当上海市刚崛起时，货币评估的职责由各家钱庄自己承担。[2]

在镇江，曾经有一家私营的公估局。为了让镇江的银锭被上海贸易市场接受，镇江的公估局首先要对这些银锭进行价值评估，然后将其转交给上海同行进行确认。后来，当镇江的钱业公所被上海的金融机构认可后，他们便接管了这项任务。此外，钱业公所还每天公布上海和汉口主要货币的市场价值。这些努力说明镇江克服了在上海进行货币交易

---

1 魏建猷，《中国近代货币史》，页 29；程小苏，《安庆旧影》，页 143—144。
2 《镇江商业史料》，页 44。

的主要障碍，对于镇江贸易社群成功地融入上海贸易网络起到了关键作用。[1]

镇江成功接轨上海金融市场产生了两个结果。一方面，它使得镇江的金融机构成为上海贸易网络的一部分，并开始担任上海金融市场与长江下游和镇江有紧密贸易联系的地区，以及长江北岸钱庄之间的中介。这是因为钱业公所在上海私人金融机构中的信誉和地位不断提高，引起长江下游和北方地区钱庄的关注，这些地方的钱庄也都在寻找进入上海的机会。因此，镇江的钱业公所接到了很多这些钱庄的业务咨询。透过钱业公所的安排，镇江的钱庄与来自全国其他地区的同行建立合作关系，这使得来自淮河和大运河沿岸等地区的商人能够进入上海市场。

另一方面，来自扬州、汉口、南京和九江等地的钱庄也开始利用镇江钱庄与上海进行资金转移。因此，镇江钱业公所制定的每日银元价格也成为这些地区汇率的重要参考之一，这使得镇江赢得了"银码头"的绰号，也意味着镇江成为那些地区商人资金转移的中心。[2]

中介时代的结束

19 世纪末，镇江的贸易活动达到巅峰，但在 20 世纪初却急遽下滑。

---

1 上海金融志编纂委员会，《上海金融志》（上海：上海社会科学院出版社，2003），
 页 112—113。
2 《镇江商业史料》，页 42—44。

尽管表面原因是 1906 年江苏北部发生洪灾,导致镇江的牙人无法从该地区收取货款,从而失去了与南方客户进行交易的机会,但实际原因是一连串变化导致原有的贸易路线发生改变,旧的跨区域贸易结构因此瓦解。[1]

这些变化中最主要的一项是铁路在长江两岸的兴起。铁路的出现使得长江南北的商人可以直接通过铁路进入上海、天津和北京等城市。其中,京汉铁路(最初名为卢汉铁路或平汉铁路)于 1906 年建成,使得长江以北的货物可以在重庆和北京之间直接运输。随后,沪宁铁路于 1908 年建成,直接连接上海和南京,并涵盖长江以南的镇江。最后,津浦铁路于 1911 年投入使用,连接河北、山东、安徽北部、江苏与天津和南京。铁路的出现使得火车成为旅客和货运的主要选择。津浦铁路使得徐州(在江苏省)取代镇江,成为南北运输货物的中转枢纽。此外,来自扬州东部霍家桥的船只将天津浦口线火车带来的货物直接运往扬州和上海,进一步减弱了镇江在跨区域贸易中的地位。[2]

当然,在铁路运输成本高昂的情况下,许多来自北方的中小商人仍然依靠船只运输货物。可是,在 20 世纪初,穿过镇江的长江河段被淤沙堵塞的严重程度,已经让连航运公司青睐的较小的蒸汽船也无法停

---

1 中国人民政治协商会议江苏省委员会文史资料研究委员会编,《江苏工商经济史料》,页 156—157。

2 中国人民政治协商会议江苏省委员会文史资料研究委员会编,《江苏工商经济史料》,页 155;《镇江战前战后交通情况》,《实业新报》,1939 年 1 月 10 日。

靠，从而使得利用河港在镇江做生意变得非常困难和昂贵。[1]

同时，大运河的状况也已经恶化到无法再作为替代选择。实际上，自从黄河在 1855 年改道之后，利用大运河进行贸易的商人数量已开始稳步下降。虽然一些来自南山东和北江苏的商人仍然利用可航行的运河段来到镇江，但由于缺乏河道维护，情况变得更加糟糕，他们最终也停止走这条路线。当来自北方的商人不再出现在镇江时，镇江作为南北之间联系枢纽的角色完全终结了。[2]

与糖和北货的贸易一样，镇江的谷物和豆类的贸易也在 1897 年开始下降，主要原因是当时直隶总督和北洋大臣李鸿章建议将粮食市场从镇江迁往芜湖。自此，来自长江上游和安徽省的大部分粮食——两个主要的粮食来源——都绕过了镇江。因此，来自广东、潮州、宁波和福建的商人都前往芜湖采购粮食，进一步导致镇江粮食业的衰落。[3]

1908 年，镇江每家使用江河运输的外国公司都关闭了在该市的办事处。唯一剩下的是镇江本地人所拥有的公司，尽管他们仍以外国公司的名义营运，以避免被清政府官员要求的高额贿赂所欺凌。这夺走了牙人

---

1 中国人民政治协商会议江苏省委员会文史资料研究委员会编，《江苏工商经济史料》，页 155—157。

2 中国人民政治协商会议江苏省委员会文史资料研究委员会编，《江苏工商经济史料》，页 5；《镇江海关贸易论略》，《镇江地方志资料选辑》（镇江：镇江地方志办公室，1987），页 35。

3 隗瀛涛，《中国近代不同类型城市综合研究》，页 5；杨端六编，《清代货币金融史稿》，页 73。

可能仍然与外国公司保持的所有残留业务。镇江作为跨区域贸易的中介城镇的角色也在20世纪初结束了。[1]

＊　＊　＊

正如我所展示的，19世纪下半叶中国地方社会积极与全球经济转型磨合，而这一经济转型的重要表象之一是上海成为亚洲经济中心。这些转变不仅让镇江等城市承受了来自西方工业化国家机器制造产品的涌入，更重要的是使原本大多通过中国主要河流系统在中国九大贸易区域之间进行的跨区域贸易，发生了整体的转型。这一转型使中国通过开放的口岸和沿海地区，以及与这些地区相接的腹地，进一步扩大了中国地方社会与整个亚洲和世界其他地区的联系。

这一转型显然改变了镇江普通老百姓的生活。代表全国主要商帮的商人不再大量涌入镇江后，这个城市出现了一批新的牙人。这些人利用各种方法并依靠当地传统，重新将这个城市定位为一个中介城镇。为了利用世界经济变化所带来的商机，当地贸易社群努力与上海贸易网络建立联系，而这是一个跨国的中国商人网络。经由绕过因通用货币的混乱和缺乏信贷认可而产生的障碍，镇江的贸易社群成功地将自己融入上海的贸易网络。

---

1 杨端六编，《清代货币金融史稿》，页28。

第三部分

中国社会与西方技术

克劳德·费希尔（Claude Fischer）使用撞球的比喻批评了技术决定论的主要观点，即仅将技术视为社会外部的事物，而忽略了人类的能动性。相反，他建议我们专注于研究使用技术的人，而不仅仅是技术对整个社会的影响。遵循费希尔的建议，在本书的这一部分，我会展示在19世纪至20世纪初期当中国地方社会成为全球技术转型的一部分时，小蒸汽船业主以及镇江的普通人如何与"新颖且陌生的技术"磨合。[1]

我会以镇江为案例，展示这种磨合是如何进行、它的性质，以及其结果。我会阐述中国的普通老百姓是如何在中国这一非技术发源地应对西方机械化技术时所带来的各种磨难，并利用它来创造机会。我的研究基于以下假设：与新技术的磨合是一个全球现象，不仅存在于那些生活在技术发源地的人们之中，也存在其他地方。[2]

为了更好地理解中国地方社会如何体验从西方来的轮船技术，我会把研究重点放在我所认为的"小蒸汽船时代"。我的定义是指，在中国，特别是在长江等主要河流及其支流河流和湖泊等"内河"中广泛采用

---

1 Ritika Prasad, *Tracks of Change: Railways and Everyday Life in Colonial India*, 3. 关于费希尔对技术决定论的批评，请参见Claude S. Fischer, *America Calling: A Social History of the Telephone to 1940* (Berkeley: University of California Press, 1992). 8。我在这里使用"新颖且陌生的技术"来指"具体的对象"，例如汽船和铁路，请参见Wiebe E. Bijker, et al. *The Social Construction of Technological Systems: New Directions in the Sociology and History of Technology* (Cambridge: MIT Press, 2012), xli-xlii。

2 普拉萨德暗示这样的磨合是全球性的现象，参见Ritika Prasad, *Tracks of Change: Railways and Everyday Life in Colonial India*, 20。

一种小蒸汽船的时代。小蒸汽船时代大约始于19世纪末，正值日本于1895年进入中国内河之际。虽然在京汉铁路出现（1906年）之后，以蒸汽船为基础的长途航运开始衰落，但是小蒸汽船反而得到广泛运用，并一直持续到1930年代初，直到国民政府开始推进公路扩建，并将小蒸汽船纳入铁路—水路运输系统的计划中，这一时代才走向消亡。

尽管我们通常将蒸汽船与"大型技术"划上等号，但小蒸汽船却受到普通老百姓广泛青睐，并成为他们替代自古以来一直依赖的木船的经济实惠之选。正如在镇江的经验所示，普通老百姓广泛接受了这项技术，因为它使他们能够乘坐小蒸汽船通过小溪进入他们的居住地。

第八章　蒸汽航行与西方经济扩张

一旦19世纪蒸汽航行技术作为欧美军事和经济扩张的副产品进入中国后，中国就成为以西方机械化为特征的全球技术转型的一部分。在我研究中国地方社会如何参与这一转型前，我首先需要阐述蒸汽船是如何成为欧美和日本经济扩张的手段，以及清朝官员对这种外来技术的最初反应。

蒸汽船和欧美国家

自19世纪中叶开始，一些来自欧洲和北美工业化国家的贸易公司瞄准了中国广阔的市场。他们计划利用不久前在自己国家发明并投入生产的蒸汽船，接管中国的水上货运业务，并向中国出口各种机器制造的商品。同时，他们也希望将中国的产品（其中大部分是原物料）运回他们的国家。为此，他们迫不及待地进入了长江。

有几个原因使长江成为这些贸易公司的主要目标：首先，长江可以通航蒸汽船，这让他们能够进入中国广阔的内陆地区。在当时，从上海到汉口之间的1555公里河段可以容纳总共五千吨的船只。而在夏季的高水位时，这一航道可以容纳总共一万吨的船只。此外，顺着长江的主要河道，蒸汽船还可以进入河流的许多支流，抵达更多地区。[1]

最早到达长江的轮船公司是旗昌洋行（Russell & Co.）和琼记洋行（Augustine Heard & Co.），这是两个积极参与亚洲贸易的美国贸易公司。美国公司最早涉足长江并非偶然，因为美国制造的低吃水桨轮（或螺旋桨）蒸汽船比英国等其他国家制造的船更适合在长江这样的河流中航行。[2]

1824年，塞缪尔·罗素（Samuel Russell）在广东创立了旗昌洋行。该公司在取得了可观利润后，于1862年在上海成立上海轮船公司，作为总部设在上海的公共股份公司。该公司的股东包括一些中国本地商人和英国商人。琼记洋行由奥古斯汀·赫德（Augustine Heard）创立于1840年，并曾在香港设有分部。在上海成为条约口岸后，该公司在那里开设了一个办事处，主要业务是在中国东海岸沿海的条约口岸之间运输货物。[3]

美国公司并不是唯一想在中国使用蒸汽船的公司，英国公司也如此。最初，英国公司不太愿意全面参与中国的航运业务，因为他们认为蒸汽船不安全，而且用于航运是不赚钱的。但随着时间的推移，他们放弃了这个想法，并积极追求这个机会。与此同时，在1861年，英国商

---

1 蒸汽船可以通过主要支流进入长江、汉江、湘江、嘉陵江和岷江。参见Rhoads Murphey,*Shanghai, Key to Modern China*, 93-94。

2 江天凤编，《长江航运史（近代部分）》，页82—83；Kwang-Ching Liu, *Anglo-American Steamship Rivalry in China, 1862-1874*, 9-10, 15.

3 江天凤编，《长江航运史（近代部分）》，页24、29、82—85。

人托马斯·颠地（Thomas Dent）创立的宝顺洋行（Dent & Co.）旗下的蒸汽船"总督"号开始在汉口和上海之间航行，并且在双向航运载运量达到了五百至六百吨货物。[1]

当时太平天国仍处于兴盛时期，长江下游的大部分地区仍由太平天国掌控，包括南京。1853 年至 1854 年期间，美国、英国和法国派代表与太平天国头目会晤，商讨进入该地区的问题。由于太平天国把所有种族和民族视为兄弟，他们允许外国船只进入其领土，但要求它们不援助清朝政府。[2]

1860 年代初，越来越多的外国蒸汽航运公司开始进入长江沿岸。其中一些公司已经与中国有长期合作的历史。例如，怡和洋行是由苏格兰人威廉·渣甸（William Jardine）和詹姆士·马地臣（James Matheson）于 1832 年在广东创立，从事鸦片贸易。有些公司是欧洲同行来到中国展开业务的，例如海洋航运公司（Ocean Steamship Company），它是英国最知名的航运公司之一——蓝烟囱轮船公司（Alfred Holt & Co.）的子公司。还有一些公司，如美最时洋行（C. Melchers & Co. KG），主要业务是为那些没有在中国设立办事处的其他欧洲航运公司管理船队。美最时洋行成立于 1806 年，是德国最古老的航运公司之一，其客户主要是欧洲航运巨头，包括德国的北德意志劳埃德公司（Norddeutsen Lloyd）。这些公司的业务是将长江下游和北大西洋主要海港之间的航运连接起

---

1 Kwang-Ching Liu, *Anglo-American Steamship Rivalry in China, 1862-1874*, 10, 112-113; 江天凤编，《长江航运史（近代部分）》，页 85—86。
2 江天凤编，《长江航运史（近代部分）》，页 37—51。

来。1865 年，蓝烟囱轮船公司雇了三艘大型蒸汽船来往于利物浦和汉口之间，从而将上海和汉口与利物浦连接起来。[1]

于是，1862 年至 1867 年期间，外国蒸汽船公司在中国展开了一场非常激烈的竞争。到了 1867 年，上海轮船公司透过收购宝顺洋行的船队以及怡和洋行的所有财产成为巨头。在伦敦金融危机影响下，上海金融市场发生危机，进而影响整个航运业。上海轮船公司抓住时机，迫使怡和洋行、宝顺洋行和琼记洋行签署协议，以阻止他们在未来十年内重新进入轮船货运市场。[2]

正当上海轮船公司在长江上的霸主地位日益增强时，外国公司在中国的航运业务未减反增。这是因为 1869 年 11 月 17 日苏伊士运河开通后，将美国和欧洲到亚洲的距离缩短了一半，从而引发欧美国家在中国从事贸易的进一步兴趣。因此，1870 年代初，蒸汽船公司之间的竞争重新开始。在此期间，上海轮船公司面临一个新的竞争对手：太古轮船公司（China Navigation Company Ltd.）。该公司由英国太古洋行和马立师洋行（Morris Lewis & Co.）共同拥有。就在这时，一些清朝官员也对蒸汽船产生了兴趣。[3]

---

1 江天凤编，《长江航运史（近代部分）》，页 86—90。

2 Kwang-Ching Liu, *Anglo-American Steamship Rivalry in China, 1862-1874*, 15; Albert Feuerwerker, *China's Early Industrialization: Sheng Hsuan-Huai (1844-1916) and Mandarin Enterprise* (Cambridge: Harvard University Press, 1958), 281.

3 江天凤编，《长江航运史（近代部分）》，页 62—63、87、163—165；Kwang-Ching Liu, *Anglo-American Steamship Rivalry in China, 1862-1874,* 29-35, 113.

清朝官员与蒸汽船

大约在蒸汽船进入中国的二十年后，清王朝才开始对蒸汽船技术产生足够的兴趣。这一兴趣始于 1860 年代初，随着外国蒸汽船公司在长江上的数量增加，一些清朝官员和富商开始考虑建造或购买蒸汽船。其中一个官员是两江总督曾国藩。1861 年，曾国藩在与太平天国的战争中，于安庆建立了一座兵工厂，称"安庆内军械所"，最初的目的是生产枪支和大炮。为此，他派遣助手前往美国购买必要的机器。在兵工厂，曾国藩召集六位人才，其中包括两名自学成才的化学家和数学家，并发布建造蒸汽船的命令。[1]

由于对蒸汽机的了解几乎为零，这些人翻阅了一篇从英国科学杂志翻译而来的文章。三个月后，他们制造出一个蒸汽机的原型，并开始建造一艘长达三丈（每丈约等于 333 厘米）的木质船身。两年后，当他们完成这艘船时，才意识到，由于发动机的蒸汽压力不足，这艘船每小时只能行驶约一里（约 0.5 公里）。[2]

一年后，曾国藩指挥的军队打败了太平军，随后将兵工厂迁往南京。在新设施中，他让同一批人根据第一艘船的经验和设计，建造了一

1　那位化学家是徐寿，数学家是华蘅芳。David Wright, *Translating Science: The Transmission of Western Chemistry into Late Imperial China, 1840-1900* (Leiden; Boston: Brill, 2000), 31-34.

2　中国人民政治协商会议安徽省委员会文史资料研究委员会编，《江淮工商》（合肥：安徽人民出版社，1987），页 95—97。

艘新的蒸汽船。曾国藩看到新船后非常高兴，于是将这艘汽船命名为"黄鹄"，寓意其犹如神话中日行千里的仙鹤。但是，具有讽刺意味的是，这艘船除了供曾国藩家人娱乐之外，从未被用来载运货物或乘客。三年后，由于缺乏维护，这艘船解体了。[1]

1872 年，清朝政府开始创建第一个蒸汽船航运公司。当时，同治皇帝接受了时任直隶总督李鸿章提出的建立王朝赞助的蒸汽船公司的详细计划，并指派李鸿章全权负责实施。李鸿章为此制定了九项规划，其中包括鼓励商人使用蒸汽船运输漕粮。但他很快意识到清朝并没有足够的资金来经营整个航运业务，于是接受幕僚的建议，与商人建立合作关系，被称为"官商合办"。李鸿章的主要目的是不让商人掌控整个业务，以加强王朝的控制。因此，后来他将这种合作模式定为"官督商办"，并建议在所有与商人的合作关系中都采用这种模式。[2]

1872 年 3 月 12 日曾国藩逝世后，李鸿章成为与航运公司相关事务的唯一权威，并向各大商帮（特别是广东和福建的商帮）分发了一份有关建立航运公司的建议。1872 年 10 月，他下令在上海设立公司总部，

---

1 中国人民政治协商会议安徽省委员会文史资料研究委员会编，《江淮工商》，页95—97；安庆文史资料编辑部，《安庆文史资料》（安庆：安庆文史资料编辑部，未出版），页38—40。

2 Yi Li, *Chinese Bureaucratic Culture and Its Influence on the 19th-Century Steamship Operation, 1864-1885: The Bureau for Recruiting Merchants* (Lewiston, NY: E. Mellen Press, 2001), 15-16, 105;《招商局》，《中华年鉴》，政府档案号 860004853（重印本，镇江：镇江市政府，1948）。

并将其命名为轮船招商局（简称招商局）。李鸿章还任命海运专家唐廷枢为公司总办，并推举自强运动的知名人士盛宣怀为会办。

按原计划，该公司将从江南制造局和福州船政局这两个清王朝建造蒸汽船的企业租用船只。然而，由于这样做没有让管理船厂的清朝官员获得个人利益，所以他们拒绝提供租用船只，并通知招商局，声称由于缺乏资金，在可预见的未来没有船可供租用，船厂也不会生产任何船只。因此，招商局只能从外国购买四艘蒸汽船，并将另一艘已有的蒸汽船从浙江转移到长江上。[1]

表面上看，招商局的成立反映了清朝愿意接受蒸汽航行的意愿。实际上，这主要是由于清朝考虑到运输漕粮的需求。随着大运河不断恶化，清朝认为修复大运河的成本太高，不值得，因此基本上只依靠海路来运输漕粮。此外，由于木材短缺，可用的大船越来越少。因此，清朝认为蒸汽船是一个很好的选择。[2]

日本公司与内河航运

《马关条约》的签署在很多方面都是中国蒸汽航运史上的一个转折点。它不仅使日本成为中国蒸汽航运业的主要参与者，而且使其能够利用自己生产的小蒸汽船在中国内河航运中占据主导地位。

---

1 江天凤编，《长江航运史（近代部分）》，页 146—149。
2 清朝于 1886 年停止使用大运河进行这一目的；参见《招商局》；郭孝义编，《江苏航运史（近代部分）》，页 20。

日本在 19 世纪末已经在机器技术上有了相当的发展。作为在中国进行经济扩张的后来者，日本不得不与其他已在中国多年的欧美工业化国家竞争。为了占得先机，日本人寻找新的机会，不久便发现中国内陆的大部分地区都可以通过内河水路与主要河流系统相连。于是，他们决定通过控制这些水路上的运输来让日本的货物进入中国内陆地区。

可是当条约刚签署时，中国的内河和湖泊包括它们的港口是禁止外国人进入的。尽管多年来清朝逐渐允许一些外国船只停靠在特别指定的"非通商口岸"，但这些口岸都不在内河航道上。因此，日本公司敦促他们的政府向清朝施压，逼着清朝开放一些内河航道，特别是长江的支流。结果，清朝在 1898 年颁布了《内港行船章程》，列出外国船只可以使用的地点。由于这些地点都在内河和湖泊上，新条例将外国人的经济活动范围扩大到内河。[1]

第一个利用这一机会的日本公司是大阪商船株式会社。该公司于 1897 年刚到中国，就在上海和汉口之间以及汉口和宜昌（湖北）之间安排两艘蒸汽船，与怡和洋行、太古轮船公司和招商局竞争。一年后，它进入内河港口，如江阴（江苏）和黄石港（湖北）的港口。在日本政府的补贴下，该公司成为中国蒸汽航运业务的一个强大的竞争者。[2]

《马关条约》同时还为日本提供了进入新增加的沙市、重庆、苏州

---

1 郭孝义编，《江苏航运史（近代部分）》，页 45—46。

2 《日清轮船公司情况》（镇江：镇江市档案馆，未出版），页 2；江天凤编，《长江航运史（近代部分）》，页 227—228。

和杭州等条约口岸的机会。由于大多数内河航道远离海关，一些日本公司于是专注于上海、苏州和杭州三角区的客运而不是货运。[1]

第一个涉足上海、苏州和杭州三角区域客运业务的日本公司是大东汽船株式会社，其前身为大东新利洋行。1901年，该公司建立了苏州和上海之间的内河运输航线，随后在苏州和杭州之间也开辟了航线。一年后，它的业务范围扩大到镇江等地。[2]看到大东汽船株式会社的举动后，另一家较小的日本公司湖南汽船株式会社也加入中国内河航运。该公司成立于1901年，由一群日本商人组成。他们在阅读了一份关于湖南省经济潜力的调查报告后，对该地区产生了共同的兴趣。因此，该公司主要从事汉口和湘潭之间的内河航运。

随后，清政府在1902年和1903年分别与英国和日本签署了两个条约，分别是《中英续议通商行船条约》和《中日通商行船续约》。这两个条约允许英国和日本的公司全面进入中国的所有内河航道。前者为英国公司提供了与中国公司在内河中相同的权益，后者则允许日本公司在取得中国当局许可后，使用内河航道展开业务。[3]

在这些条约签署的两年后，日本驻镇江总领事馆给镇江官府发出一份信函，通知镇江的最高当局，日本公司大东汽船株式会社将于1905

---

1 郭孝义编，《江苏航运史（近代部分）》，页45—46；《日清轮船公司情况》，页1；《无标题》，《东方杂志》（上海：商务印书馆），1904年7月8日，页54。

2 外务省通商局，《苏杭事情》（东京：外务省通商局，1921），页35；张立，《镇江交通史》（北京：人民交通出版社，1989），页142。

3 江天凤编，《长江航运史（近代部分）》，页228—229。

年 5 月 4 日在镇江和清江浦（位于江苏）之间的内河水路开设小蒸汽船货运和客运业务。该公司还计划在镇江—清江浦航线上设立办事处，并在其他地方设立分支机构。信中表示，这一安排符合最近签署的《中日通商行船续约》。在获得地方官府的许可后，大东汽船株式会社立即将十艘小蒸汽船带到镇江。[1]

实际上，大东汽船株式会社的努力是日本更广泛的对中国经济延伸战略的一部分，旨在透过将长江和内河的港口与日本的主要贸易港口连接起来，在东亚建立一个航运路线网络。例如，一旦大东汽船株式会社进入上海、苏州和杭州三角区，就会与日本最大贸易港口之一的大阪联系起来。到 1900 年代中期，像日本邮船株式会社这样的公司，除了在上海和芜湖之间的内部航线上，还有十三艘蒸汽船在汉口和几个日本主要港口之间定期营运。[2]

1907 年，几家日本公司——大东汽船株式会社、大阪商船株式会社、日本邮船株式会社和湖南汽船株式会社——合并成立了一家大型蒸汽船航运公司，并起名为日清汽船株式会社。合并后，日清汽船株式会社立即开始在长江布局，并在每个主要的内河港口和支流展开业务。更重要的是，新公司得到了日本政府的补贴。在这些补贴和合并后的资本支持下，这个

---

1 浅居诚一，《日清汽船株式会社三十年史及追补》（东京：日清汽船株式会社，1941）。接收信函的中国官员，参见高觐昌，《续丹徒县志》（镇江：无出版者，1930）。

2 日本邮船株式会社只是透过从麦边洋行（McBain & Co.）购买船只于 1896 年开始在长江上营运。郭孝义编，《江苏航运史（近代部分）》，页 45—46。

新公司开始与其他所有的蒸汽航运企业竞争，主要的竞争对手是当时的三大蒸汽船航运公司：太古轮船公司、怡和洋行和招商局。[1]

日清汽船株式会社强大的财力使其他公司很难与之竞争。首先受到压力的是一些德国公司，如北德意志劳埃德公司，这些公司刚刚开始对长江航运表现出兴趣，与美最时洋行成立了一家合资企业，并在多年来依靠美最时洋行进行航运后扩展了航线。在世纪之交组建合资企业的汉堡美洲航运公司（Hamburg-Amerika Linie）和瑞记洋行（Arnhold & Karberg & Co.）也陷入类似的境地。不久之后，北德意志劳埃德公司不得不将其船舶从汉口—宜昌航线撤走。汉堡美洲航运公司也卖掉了两艘船，并将它的一艘大动力柴油船从长江中撤出。与德国人一样，一些法国公司也退出这项业务。例如，到 1911 年，东方轮船公司（Compagnie Asiatique de Navigation）在将其业务承包给另一家法国公司后，不得不将其船舶卖给太古轮船公司和怡和洋行。[2]

同样，一些大型的英国、澳洲和美国公司在试图进入中国内河的过程中，也没能赶上日本公司。大多数公司将其业务限制在上海、苏州和杭州的三角区。因此，到了 20 世纪的第一个十年，日本的小蒸汽船航运公司主导了中国长江支流的内河航道，随后中国启动自己的私人小蒸汽船业务。[3]

---

1 张立，《镇江交通史》，页 142。
2 江天凤编，《长江航运史（近代部分）》，页 233—234。
3 郭孝义编，《江苏航运史（近代部分）》，页 47。

关于私人拥有权的问题

私人拥有小蒸汽船在中国始于曾国藩对蒸汽航行技术的试验，但不久也有一些富商从外国购买了几艘小蒸汽船，在长江和内河上开始了航运业务。这些举动使清廷措手不及。随后，在关于如何处理私有小蒸汽船的讨论中，关于是否应该允许私有的小蒸汽船在内河航道进行货运和客运，清朝官员各持己见。

1864 年 12 月，海关总署和上海道台发布了十八条规定，允许私人拥有并由私人使用的小蒸汽船在条约口岸享有与外国船只相同的特权。然而，几个月后，两江总督李鸿章发布命令，拒绝让这些船只进入两江（今江苏、江西和安徽）的河港，特别是内河的港口。为了绕过这一规定，一些小蒸汽船船主雇用了外国船员，而另一些尚未开始经营航运的富人则决定投资外国航运公司。江苏布政使应宝时意识到这种情况，颁布了一套新的规则，以取代李鸿章提出的规定，这些新规则允许私人小蒸汽船使用内河港口。但是，在曾国藩的劝说下，李鸿章很快又恢复了这些限制。[1]

1882 年，江苏省的几位知名人士向时任两江总督左宗棠递交一份请愿书，因为一些城市只能通过内河航道到达，所以请求批准他们拥有

---

1 John King Fairbank, Martha Henderson Coolidge, and Richard J. Smith, *H. B. Morse, Customs Commissioner and Historian of China* (Lexington: University Press of Kentucky, 1995); 江天凤编，《长江航运史（近代部分）》，页 128—129。

小蒸汽船，以用于苏州、杭州、扬州等城市之间的货运。尽管给予了批准，左宗棠还是禁止使用小蒸汽船运送乘客。[1]此后不久，即1884年，清朝颁布了《华商购造轮船章程》，允许地方人士使用私有的小蒸汽船在内河航行，尤其是运送清朝官员。然而，该法令也对一般私有的小蒸汽船施加大量限制。例如，它要求私人船主在官府注册；地方人士只能以官方参与的形式经营或者运送官员，但不能用于商业货运或客运；小蒸汽船的外观必须易于识别。尽管如此，该法令仍然掀起了私营小蒸汽船航运公司的热潮。但是，大多数这些公司只在上海、苏州和杭州三角区营运，主要服务对象是清朝官员。[2]

直到1890年，清廷才意识到让中国私营公司与外国公司竞争的潜在好处。在接下来的五年里，清政府颁布了一连串法令，为私有小蒸汽船进行商务活动扫清障碍。可是许多清朝官员还是抵制此事。例如，在清廷改变主意的两年后，时任两江总督刘坤一在给皇帝的奏折中说，他打算限制私有小蒸汽船的活动，除了在条约口岸和苏州、杭州之间的内河道之外，禁止它们在任何地方载客或载货。[3]很多地方官员也持有类似的态度，他们之中许多人都对私有小蒸汽船航运加以限制，对那些不遵守限制的人毫不留情。例如，一个很有威望的地方人士在创办了一家私

---

1 《轮船试行续闻》，《申报》（上海：申报出版社），1882年7月15日。

2 郭孝义编，《江苏航运史（近代部分）》，页14；《无标题》，《申报》，1890年10月27日；《无标题》，《申报》，1891年1月1日。

3 郭孝义编，《江苏航运史（近代部分）》，页213—214；刘坤一，中国科学院历史研究所第三所主编，《刘坤一遗集》，第2卷（北京：中华书局，1959），页681。

营小蒸汽船航运公司后不久，他的船只就被充公了。在苏州和上海，当地官员还禁止一个富人开公司，尽管他已花了几千两银子建了一艘运载货物和乘客的小蒸汽船，并想以此运行于苏州和上海之间。尽管种种困难，私营小蒸汽船航运公司还是相继出现了。[1]

从上述描述可以看出，蒸汽船技术是随着西方工业化国家的全球经济扩张传入中国的。这一扩张导致日本人控制了中国内河，尤其是长江下游地区通向内陆的水路。当清朝决定采用蒸汽船技术时，许多清朝官员仍然抵制私有蒸汽船从事客运商务工作。这种抵制成为中国地方社会与西方机器技术进行磨合的背景之一。为了了解整个磨合过程，我们需要了解地方社会中的私有蒸汽船船主和普通老百姓的经历。

1《无标题》，《字林西报》（上海），1887 年 1 月 30 日；《无标题》，《申报》，1890 年 4 月 25 日。

第九章　小蒸汽船时代

《日常技术》(*Everyday Technology*) 一书的作者大卫·阿诺德 (David Arnold) 曾说过:"虽然许多最能让我们联想到技术现代性概念的机器——如铁路、汽车、电影院和计算器——起源于西方国家,最初在那里得到了发展,以满足西方国家内部人们的需求和口味,但一旦它们传播到其他社会、文化和地区,就不再是纯粹的西方技术模式的延伸和体现。"遵循这一思路,在本研究的下一部分,我会阐述蒸汽航行技术到达中国后,尽管面临许多障碍,人们是如何对其进行改造以满足他们的需求。我的重点首先放在一群从事航运商务工作的私有小蒸汽船主和一个地方慈善团体的召集人身上。这是因为,正如印度科技史学家斯姆里蒂库马尔·萨卡 (Smritikumar Sarkar) 所描述的那样,任何技术只有在企业家对使用它感兴趣时才会对社会发生作用。正是这些具有创业动力的企业主和志同道合的社区领袖,首先抓住新技术带来的机会,并且在采用新技术方面发挥关键作用。[1]

1　David Arnold, *Everyday Technology: Machines and the Making of India's Modernity* (Chicago: University of Chicago Press, 2013), 7; Smritikumar Sarkar, *Technology and Rural Change in Eastern India, 1830-1980* (New Delhi: Oxford University Press, 2014), 9.

蒸汽船与外国身分

中国进入 20 世纪不久，内河航运出现了不少变化，这是由于有几家小蒸汽船航运公司的出现。这些公司不仅由中国人私人拥有，而且这些航运业主的目的是挑战日本对内河航运的主导地位。为了实现他们的目的，这些人面临着来自外国公司的竞争和中国官员的阻扰。他们的生存是一场艰苦的挣扎过程，在这过程中，他们往往得失去中国人的身份。

在上海、苏州和杭州三角区域，第一家私营航运公司是戴生昌轮船局，它于 1891 年成立于上海，最初自称为一个"局"，主要载运该地区的官员。从 1899 年到 1901 年，戴生昌轮船局将业务扩展到镇江和其他地点，其中有的地方无法透过内河水道到达。当时，该公司已拥有二十艘小蒸汽船，并在这些地方都建造登陆码头和储存设施（图六）。[1]

戴生昌轮船局的拥有者戴嗣源是浙江人，出身于一个积极参与商帮活动的家庭，该家庭的主要贸易活动之一是海上航运。由于他的家庭背景，一些清朝官员要求戴嗣源在中法战争（1883—1885）期间为清朝从大陆将军队物资运送到台湾，并为此给了他一个官方职务。后来，当台湾地区在 1895 年后被日本统治时，戴嗣源决定留在该地，此后成为了日本公民。1897 年，戴嗣源将他的全部业务承包给怡和洋行和英国船厂

---

1 吴比，《革命与生意：辛亥革命中的商业与商人命运》（杭州：浙江大学出版社，2011）；郭孝义编，《江苏航运史（近代部分）》，页 51。

图六　1906—1907 年镇江的小型蒸汽船

来源：Photograph by G. Warren Swire. Archives and Special Collections, SOAS Library, University of London.

和记洋行（Boyd & Co.）。当戴嗣源的儿子在 1905 年成为日本公民时，他宣布他的公司为日本企业。[1]

　　在中国，类似戴嗣源的做法并不少见，许多私营小蒸汽船航运公司都在 1898 年至 1901 年期间以外国公司名义经营业务。一些公司甚至在外国领事馆注册，并得到那些国家的旗帜、营业执照和船牌。为了更好地理解这种现象，我们需要深入研究这些公司获得外国身份的方法和目的。[2]

<hr/>

1 郭孝义编，《江苏航运史（近代部分）》，页 51。
2 镇江港史编审委员会，《镇江港史》（北京：人民交通出版社，1989），页 65—66。

第一个例子来自一位浙江人在 1901 年于上海成立的公司，该公司拥有者同时也是当时一家英国公司的买办。该老板声称他的业务在其英国雇主名下，还因此申请了英国营业执照。自此之后，该公司所有的小蒸汽船和拖船在航行中都悬挂着英国国旗。[1]另一个例子出自一家由上海商人拥有的公司在长江沿岸的几个分支机构，其中一个设于镇江，其主要业务是内河的小蒸汽船货运和客运。为了获得外国身份，该公司向一家英国公司提供了 30% 的股份，而这家英国公司实际上并未参与该公司的商业运作。[2]第三个例子是由镇江的一位地方官员和几位富人创办的公司。该公司专门从事内河小蒸汽船客运和货运业务。为了表现得更具洋气，该公司在一栋由英国公司经营的大楼内设立办公室。[3]这些只是众多案例中的几个。根据当时的人所说，在长江下游地区，同类现象非常普遍，曾经有超过两千艘船挂着外国旗帜。更奇怪的是，这些船大多是普通的木制帆船而不是小蒸汽船。[4]

对于这种现象，有份政府档案提供了可能解释，该档案隐晦地显示

1 公司名为"公茂轮船公司"。江苏省行政公署实业司，《江苏省实业行政报告书：航政》（常熟：常熟市图书馆古籍部，1913），页 8—11；郭孝义编，《江苏航运史（近代部分）》，页 51。

2 江苏省行政公署实业司，《江苏省实业行政报告书：航政》，页 8—11；郭孝义编，《江苏航运史（近代部分）》，页 51。

3 江苏省行政公署实业司，《江苏省实业行政报告书：航政》，页 8—11；郭孝义编，《江苏航运史（近代部分）》，页 20。

4 张立，《镇江交通史》，页 149—150。

政府官员腐败是主要原因。1917 年，江苏省政府发布一项命令，制止地方官员勒索额外费用和捐款。该命令最后指出，由于这些官员的举止，地方上出现了像"中国企业悬挂外国国旗"和"加入西方教会"的情况。[1]

尽管如此，这些私营航运公司的存在对于内河航运的大型公司产生了相当大的压力，包括日清汽船株式会社等外国公司以及清朝所拥有的招商局。虽然这些私营航运公司可能会隐藏其中国身份，但他们与大型公司的竞争仍是十分激烈的。在 19、20 世纪之交，招商局也面临了一连串考验。最初，义和团运动（1899—1900）期间，由于八国联军的入侵，海路交通几乎被阻断，因此清政府将漕粮的运输转移到主要的河道上，这给招商局的航运业务带来暂时的繁荣。然而义和团运动结束后，清王朝将国内的所有税收方式从粮食改为白银，以满足西方工业化国家对白银的需求和用于支付赔偿金。这一决定在许多方面标志着漕粮运输的结束。没几年后，整个漕粮运输终止，这也使招商局失去了主要的业务。[2]

1902 年，招商局意识到这些变化的后果是使其失去了最大的收入来源。于是，它创建了自己最大的子公司——招商局内河轮船公司，并将总部设在上海。此外，招商局内河轮船公司还在长江沿岸的各个城市，包括镇江，设立了几十个分支机构。招商局内河轮船公司最初在上海、

---

1 《瓜州口小轮失事》，《民国日报》（上海），1917 年 3 月 24 日。
2 郭孝义编，《江苏航运史（近代部分）》，页 68。

苏州和杭州三角区营运。[1]可是，一旦进入内河航道，它就面临来自戴生昌和日本公司大东汽船株式会社的竞争。为了抵御竞争，招商局内河轮船公司在1903年与这两家公司达成协议，成立了一家合资企业。这三家公司在一段时期内共同主导了三角区水路的运输。[2]

通过合资企业，招商局内河轮船公司发展成内河水道的一家主要企业。该公司将其航运路线扩展到镇江等地，从而形成了一个覆盖长江下游地区的网络。因此，招商局内河轮船公司并没有受到清朝1904年废除粮食运输决定太大影响。[3]同时，这三家公司的综合实力迫使其他私营公司只能进入长江的小支流。他们的小蒸汽船能够进入大多数大型蒸汽船无法到达的河流，只有这样他们才能继续发展。[4]

正当内河的小蒸汽船航运市场开始蓬勃发展时，张謇在南通创办了大生轮船公司。张謇在1900年之前就开始他的蒸汽航运事业，他当时租了一艘小蒸汽船，将自己企业的产品运到上海，并在南通和上海之间运送乘客。[5]1903年，张謇和其他几位南通人组成了一家公司，专门从事南通周边地区的内河航运，这导致了大达内河轮船公司的成立，该公

1 郭孝义编，《江苏航运史（近代部分）》，页68。

2 《同业竞争，小轮跌价》，《申报》，1912年6月29日（上海：申报出版社）；东亚同文会，《支那经济全书》，第3卷（东京：丸善株式会社，1907—1908），页404—406。

3 郭孝义编，《江苏航运史（近代部分）》，页52。

4 张立，《镇江交通史》，页193—194。

5 严学熙主编，《论张謇——张謇国际学术研讨会论文集》（南京：江苏人民出版社，1993），页598。

司在南通城区和吕四港之间载运货物和乘客。[1]1904 年，张謇与两位富有的浙江籍合伙人合作，创立一家新的小蒸汽船公司，并将其分为三个独立实体。这三家公司都运用内河航运来运输货物和乘客。他们迅速将服务扩展到上海和扬州之间的十六个地点，并增加了南通和长江下游地区的一些城市，其中包括镇江之间的航线。[2]

张謇在每个小蒸汽船停泊处都建造了码头，对于那些不适合建造码头的地方，则使用小木船将乘客接送到小蒸汽船上。到了 1912 年，张謇已经拥有一支庞大的小蒸汽船队，其中大部分船只都是由他自己的船厂建造的，用于长江及其支流上的营运。[3]在这个发展过程中，中国和欧洲出现两个深刻的变化，它们对中国蒸汽航行的发展产生了深远的影响：铁路的出现和第一次世界大战的爆发。下面，我们会探讨这些变化对镇江的意义。

全球变化和地方社会

1906 年后铁路建设和 1914 年第一次世界大战的爆发，对中国蒸汽航

---

1 肖正德、茅春江编，《张謇所创企事业概览》（南通：南通市档案馆，2000），页143—144；江苏省扬州市地方志编纂委员会编，《扬州市志》，第 1 卷（上海：中国大百科全书出版社，1997），页 658—659。

2 大生系统企业史编写组，《大生系统企业史》（南京：江苏古籍出版社，1990），页 64、65、69；江苏省政协文史资料委员会、南通市政协学习文史委员会编，《江海春秋》（南京：江苏文史数据编辑部，1998），页 92—93。

3 大生系统企业史编写组，《大生系统企业史》，页 65、69。

行产生了深刻影响。在这两者的共同作用下，长江上蒸汽船主导的长途航运逐渐衰落，而内河以小蒸汽船为主的货物和客运得以发展。这些变化产生了新的获利者和失利者，并出乎意料地使中国的私人航运公司受益。

在改变跨区域贸易的主要路线方面，铁路发挥了关键作用。例如，在京汉铁路（1906 年）、沪宁铁路（1908 年）和津浦铁路（1911 年）建成之后，安徽和江苏北部的货物被运到徐州（江苏）和蚌埠（安徽），而不是经过镇江，再通过火车运往上海。这大大减少了透过镇江运往国内其他地区或海外的货物数量。

同样的情况也出现在从海外进口方面。像精制糖、纺织品和烟草这样的货物通过铁路从上海运到镇江，而剩下的货物则是为当地或周边地区提供消费，并且这些物品只通过内部水道用小蒸汽船或木船运输。这些变化使得镇江的贸易量大幅下降。[1]

中国的铁路刚刚建成不久，第一次世界大战就爆发了。由于战争的危险性，欧洲商品供应在国际市场上急遽下降，同时西方航运公司也因为海上运输的危险而相继停业，导致运输中国原物料的船只也无法到达欧洲。这直接导致了亚洲和欧洲之间的跨洲蒸汽船运输业的衰退。例如，当战争刚爆发时，长江上的欧洲船只数量下降了 20%，这种趋势一直持续到 1918 年战争结束前的三个月为止。[2]

---

1 郭孝义编，《江苏航运史（近代部分）》，页 86；《日清轮船公司情况》，页 4—5。
2 有关欧洲商品在世界市场上数量下降的讨论，请参见 Gerd Hardach, *The First World War, 1914-1918* (Berkeley: University of California Press, 1977), 263;《战时长江航业谈》，《民国日报》（上海），1919 年 3 月 25 日。

在铁路和第一次世界大战的影响下，除了来自日本的公司，大多数外国公司都开始认识到中国大规模蒸汽船航运时代已经结束，于是开始撤出长江。例如，天津—浦口铁路建成后，大部分外国公司都关闭了在镇江的分支机构，只有日清汽船株式会社是唯一还在镇江设有分支机构的外国公司。[1]

然而，在第一次世界大战期间，透过长江支流运输的货物却不断增加。这是因为无论是铁路还是第一次世界大战，都没有像对长江主干道上的长途蒸汽船运输那样，影响到以小蒸汽船为主的内河短途运输。因为在连接长江沿岸的许多地点时，小蒸汽船比火车更有优势。另一方面，许多人，特别是农民，在运输少量货物或个人旅行时，仍然喜欢使用小蒸汽船而不是火车，因为它更便宜、更灵活、更方便。[2]例如，来自淮河、串场河地区的农民每天都会将大量的农产品，如鸡、鱼和鸡蛋，透过长江下游地区最受欢迎的两条小蒸汽船航线——扬州至上海和启东至上海——运往上海。这也为这些小蒸汽船赢得了"鸡鸭船"的绰号。如果船不能按计划行驶，农民有时可以协商出一个更优惠的价格。此外，大量的人乘坐小蒸汽船从江苏到上海找工作。[3]当火车过于拥挤或无法使用时，小蒸汽船往往成为替代方案。例如，1920年7月，镇江的几

---

1 《日清轮船公司情况》，页4—5。

2 《战时长江航业谈》，《民国日报》（上海），1919年3月25日。

3 朱瑾如、童西苹编，《镇江指南》（镇江：镇江指南编辑社，1931），页32；江天凤编，《长江航运史（近代部分）》，页243—244。

家贸易公司刚刚收到一大批货物，它们是从长江上游运来的滑石粉、小麦和其他杂粮。但由于没有火车运输，无法将它们运出镇江并送往不同的目的地，这些公司不得不使用小蒸汽船运送货物。[1]

在1910年代，随着内河运输需求的上升，专门提供小蒸汽船内河航运服务的私营公司数量也在增加。以镇江为例，城内就有二十多家私营小蒸汽船运输公司，其中包括外国公司。这些公司中有一些是新成立的，有些则是破产后重新恢复业务的。此外，还有一些大型中国公司在其他地方设立的分支机构，它们透过内部水路提供货运和客运服务，特别是在上海、苏州和杭州三角地区。[2]

这一发展直接带来了激烈的商业竞争。1913年，《上海新闻》生动报导了镇江的情况，称长江上最大的三家蒸汽船公司曾分别是招商局内河轮船公司、大东汽船株式会社和戴生昌。在招商局内河轮船公司被北洋军阀没收后，新的公司应运而生。当时，蒸汽运输成本仍相当有竞争力，每家公司的收费都相同，利润很低。那年出现了一家新公司，在镇江和扬州之间的主要路线上收取更低的费用，一场价格战开始了。当另一家公司以更低的价格出现后，竞争变得愈发激烈。这种情况一直持续到1910年代中期，以至于镇江地方政府决定进行干预。1917年，当地官员调解了一项协议，允许各公司有不同的运输时程表。然而，该协议

---

1 《轮船公司流通存货》，《民国日报》（上海），1920年7月20日。
2 《江苏省行政公署训令第887号（交通部令填送江苏省商轮表）》，《江苏省公报》，1914年。

未能解决这种情况。[1]

由于私营公司占据了小蒸汽船运输市场，日本公司日清汽船株式会社结束了其在内河的主要业务。1915 年，该公司退出了上海、苏州和杭州三角区；1920 年，它将所有分支机构降级，包括位于镇江的机构。[2]1915 年 1 月，日本向中国提出"二十一条"要求后，民间反日情绪开始高涨。主要城市和小城镇出现了抵制日货的抗议活动，最终蔓延到农村，导致大多数人回避日本商品和企业。除此之外，来自中国的竞争者，特别是内河水路的私营航运公司的压力也越来越大。这两个变化共同打击了日本的航运业，使其退出了中国。[3]

就在日本公司退出内河航道后，中国的私营小蒸汽船运输公司数量突然增加。1921 年，长江上游地区同时出现了大约十家新公司，它们把业务范围扩展到长江下游。1922 年夏天，全球煤炭价格飙升，导致长江下游的许多公司无法维持其获利率。来自新公司的竞争和不断上涨的煤炭成本迫使一些公司停业，而其他公司则减少了在次要航线上的航行频率。[4]

---

1 《小轮公司竞争》，《申报》，1913 年 7 月 6 日；《日清轮船公司情况》，页 4—5；朱瑾如、童西苹编，《镇江指南》，页 32。

2 郭孝义编，《江苏航运史（近代部分）》，页 110—111；《日清轮船公司情况》，页 4—5。

3 关于上海对日本产品普遍抵制的讨论，可参见 Bryna Goodman and David S. G. Goodman, *Twentieth Century Colonialism and China: Localities, the Everyday, and the World*, 63.

4 《江苏政治年鉴：交通》，《江苏政治年鉴》，1921 年；《小轮营业每况愈下》，《民国日报》（上海），1922 年 6 月 27 日。

不过，内河小蒸汽船运输的持续需求仍然吸引了更多私营公司进入市场。例如，在镇江，大多数公司在 1923 年和 1924 年之间仍在营运。即使一些公司削减了镇江和清江之间的服务，其他公司还是迅速填补了这一空缺。[1]

在此期间，一些私人公司匆忙恢复业务，增加了一些次要航线的班次，成为新兴的内河航运网络的一部分。到了 1920 年代中期，在镇江、苏州、无锡、常州和南京周围，已经形成几个这样的网络。因此，在国民政府控制全国之时，中国的私人小蒸汽船运输公司已经控制了内河航运。但是，值得注意的是，这些公司的成功有一部分要归功于在清朝时期形成的镇江船业公会，这些公会不仅在当时维护了他们的利益，而且在清朝结束后继续为他们提供保护，使他们免受军阀政府的掠夺。[2]

船业公会和地方政权

在这里，我们需要了解的是镇江船业公会对于小蒸汽船航运业者在清朝官员和各军阀政府的压力下生存下来所起的作用。在不同时期，政府官员都曾试图控制小蒸汽船运输业务并征收重税。小蒸汽船运输公司为了应对这种压力，于是成立了船业公会。

---

1 《小轮公会之迁徙》，《民国日报》（上海），1923 年 8 月 14 日；《江苏省长公署训令第 269 号》，《江苏省公报》，1923 年 1 月 12 日。

2 《小轮添开镇清双班》，《民国日报》（上海），1924 年 5 月 29 日；郭孝义编，《江苏航运史（近代部分）》，页 110—111。

1907 年，镇江出现第一个小蒸汽船运输业的公会，由富商胡学思主持。该年，胡学思向县衙提出申请，要求成立这样一个组织，其组织成员包括来自长江上游地区的业主，因为该地区也属于该县的管辖范围。组织内部也包括一些从事盐运业务的附属团体成员。尽管在此之前已经有一个类似的组织存在，但它只包括位于长江下游的业主。收到请愿书后，县衙发布了一项命令，表示知县将担任该组织的会长。命令还表明知县将按照章程行使权力，重组该协会。实际上，这种由地方政府担任地方协会负责人的做法在晚清时期是常见的。[1]

清朝灭亡后，私营小蒸汽船运输公司的组织活动逐渐增加，其中大多数公司都获得自由，不再受政府控制。1912 年 9 月，专门从事商业航运的小蒸汽船业主在镇江召开会议，提出更新船业公会组织结构的建议。这次会议从成员中选出一位名誉会长。据该协会的章程表明，加入该组织的公司认识到外国公司在蒸汽船航运业的主导地位，这因此证明该组织也开始关注如何维护国家利益等问题。[2]

这一协会所面临的最主要任务是如何协助小蒸汽船业主抵制寻求经济利益的各种军阀政权的敲诈勒索。这些政权常采取征收高额税款的策略，而这些业主则采取各种逃税手段。因此，多年来，税务欺诈非常

---

1 《呈请金陵关道详送章禀》，《长江镇江上游商船公会禀定规则》（南京：南京大学图书馆古籍部，未出版）；《农工商部札》，《长江镇江上游商船公会禀定规则》（南京：南京大学图书馆古籍部，未出版）。

2 《镇江航商董事会电》，《申报》，1912 年 9 月 27 日；《呈请金陵关道详送章禀》，《长江镇江上游商船公会禀定规则》。

普遍，特别是在商业竞争变得残酷时更是如此。比如，镇江的一家小蒸汽船运输公司，借助政府提供的船只，将当地产品运往上海、无锡和常州，以此逃避税收。因为此类行为相当普遍，以至于当地政府命令所有公司出示收据和会计账簿以便核查账目。[1]另一位地方官员发现，镇江许多私人小蒸汽船运输公司没有进行官方登记，或者多艘船共享同一个登记号。这些公司明显是为了避税而如此。[2]

同样普遍的是，各地的军阀省政府在处理税务欺诈案件中获利。例如，1912 年 1 月，镇江的地方官员接到了由王瑚省长下发的省政府命令，要求调查招商局内河轮船公司的一个子公司。该公司曾由中国著名的洋务运动代表人物盛宣怀经营，但盛宣怀在投奔美国大使馆后被剥夺了所有官职。省政府怀疑该公司通过制作假收据和伪造股东人数及所持股份数量的会计纪录来逃税。调查结束后，省政府立即没收该公司的资产并将其出售，用所得收入为驻军购买军队物资。[3]在另一个案例中，1914 年，江苏省政府由省民政长韩国钧主持，下令江苏海关监管一艘私人小蒸汽船。在船只沿内河航行时，海关官员检查船只是否为外国人装卸货物并试图逃税。几天后，另一家涉嫌逃税的公司也接到了类似的命令。[4]

---

1 《江苏省公署批第 560 号》，《江苏省公报》，1922 年 3 月。

2 《北兵攻击小轮》，《民国日报》，1916 年 9 月 18 日。

3 Peter J. Carroll, *Between Heaven and Modernity: Reconstructing Suzhou, 1895-1937* (Stanford: Stanford University Press, 2006), 38; 《收管小轮局》，《申报》，1912 年 1 月 19 日。

4 《江苏巡按使公署饬第 3965 号》，《江苏省公报》，1914 年 10 月 26 日。

在所有这些事件中，小蒸汽船船业公会都夹在其成员和政府之间。由于大多数企业主认为当局消除逃税的努力只不过是抢夺财富，他们希望依靠公会来抵御政府。下面这个发生在 1923 年的事件说明这些业主如何对政府官员的意图产生怀疑，同时也展现公会代表其会员对抗政府的重要作用。

1923 年，由韩国钧任省长的江苏省政府决定在镇江设立一个地方办事处，称为航政局，以监督小蒸汽船运输业务，防止逃漏税。消息传到镇江后，遭到强烈反对。几个公会的代表访问了镇江的商会，要求商会向省政府提交一份反对这一计划的请愿书。商会决定代表公会采取行动，并发布公告说："镇江航政分局，阳伪保护航商之名，阴施敛钱之实……稍有血心，何忍坐视！"[1] 迫于压力，省政府最终关闭了航政局。但该局负责人不听指令，继续要求缴纳杂费，引起了更大的骚动，另一次请愿随之而来。总部设在上海的长江下游地区的商会，以及长江沿岸的其他小蒸汽船船业公会也加入了请愿行列。最终，航政局局长决定放弃自身的职务，关闭了该局。

在许多方面，小蒸汽船航运业主在公会的共同努力，以及邻近地区组织的大力支持下，成功抵制了政府的搜刮。随着 1920 年代小蒸汽船运输公司数量的不断增加，类似的私营企业组织也逐渐增多，因此在镇江，更多类似的船业公会应运而生。[2] 然而，小蒸汽船船业公会不仅在保

---

1 《航业反对航政局之通启》，《民国日报》，1923 年 10 月 27 日。

2 《小轮公会之迁徙》，《民国日报》（上海），1921 年 12 月 23 日；《小轮营业每况愈下》，《民国日报》（上海），1922 年 6 月 27 日。

护其成员不受掠夺性地方政府的影响方面做出努力，同时也承担了打压船工和其他工人工运的责任。例如，1921 年 6 月，招商局内河轮船公司的船工和拖船工人决定成立工会，并向江苏省政府发出申请。但在一个公会的运作下，该公司阻止了工会的成立。[1]

小蒸汽船运输公司偶尔也会利用船业公会来解决与其他行业的商业纠纷。例如，1923 年 4 月，一群小蒸汽船公会联合向由陈陶遗主持的江苏省政府提出申诉，指控一家矿业公司扰乱他们的业务。政府将此案移交给湖北省政府（矿业公司所在地），并敦促湖北省政府解决这一争端。透过这种方式，这些船业公会促成了私营小蒸汽船运输公司在 1920 年代中期成功扩展长江内河的小蒸汽船运输业务。[2]

当时，镇江还有一种与小蒸汽船有关的组织，即当地的慈善团体，称为"普济"。与私人小蒸汽船航运公司不同，它必须依靠捐款来运作。许多小蒸汽船运输业主是其赞助人。普济经历了很长一段时间的挣扎，因为它一直缺乏资金，有时领导不力，这使它难以生存。此外，该组织没有得到地方政府的支持，无论是财政还是行政支持，尽管它履行了许多属于地方政府应承担的公共职能。为了更好地了解蒸汽船技术对地方社会所带来的变化，下一节将讨论该慈善机构在运用小蒸汽船方面的经验。

---

1 当时江苏省政府由王瑚担任省长。《江苏省长公署批第 1743 号：呈请饬查禁船伙及拖船人等组织公所》，《江苏省公报》，1921 年 6 月 6 日。

2 《浙闽苏皖赣联军总司令部江苏省长公署批第 1760 号》，《江苏省公报》，1926 年。

蒸汽船和地方慈善机构

自从小蒸汽船在镇江出现以来，当地的一个慈善团体领袖就开始对它产生兴趣，并计划使用它来为镇江和瓜洲提供免费的轮渡服务。早在唐朝，当地官府就经营了这种义渡服务。在小蒸汽船出现之前，人们使用的是帆船或木筏，而这些服务几乎是免费的。到19世纪末，镇江提供了两种义渡服务，均在西津渡（位于镇江）和瓜洲（位于扬州）之间提供客运。一种是由名为"普济"的慈善机构提供，另一种则是由名为"通济"的商业机构提供，而后者收费非常低。[1]

普济是由当地三位富商于1872年创立，他们使用的是大型木船。当地官员支持这项义举，并要求当地企业，特别是钱庄，定期为其提供资助。三位创始人成立了"镇江江船义渡局"（以下简称"镇江义渡局"），并选举备受尊敬的社区领袖（community leader）余百川为会长。1895年，长江完全淹没了整个瓜洲古城。此后，镇江义渡局与另一个由不同社区领袖组织并怀有类似目的的地方慈善组织合作，共同承担救援船难者和提供渡船服务的责任。[2]

瓜洲过去长期与长江的北侧相连，直到唐代为止。但是，由于淤泥不断累积，江流向扬州方向逐渐上移，一点一点地吞噬了瓜洲，同时在镇江一侧形成了一块土地。在相当长一段时间里，海浪不断冲击着瓜洲

---

1 江苏省社科院，《江海学刊》（南京：江海学刊编辑部，1986），页81—82；李小建，《记镇江义渡船》，《镇江文史资料》（镇江：镇江市政协，1987），页143—150。
2 镇江港史编审委员会，《镇江港史》，页67—69。

的河岸，最终导致整个城市于 1895 年被冲毁。与此同时，繁荣的七濠口市场也随之消失了。这对镇江造成了极大的影响，因为当地许多商人都利用瓜洲市场与来自长江以北的经销商联系。尽管瓜洲已经消失，但镇江和瓜洲之间的轮渡服务需求仍然存在。不久之后，在瓜洲建立一个新市场的计划开始进行，这种需求也逐渐增加。[1]

普济的召集人意识到，小蒸汽船是满足这一需求的可行方式，但是他们的决定被一连串内部事件所拖延。首先是会长余百川在 1902 年去世，镇江义渡局选举他的侄子为会长，但后者在 1907 年生病并辞职，之后镇江义渡局又推选了余百川的儿子。因此，由于领导力不足和资金匮乏，自普济成立以来，购置小蒸汽船的计划被推迟了近二十年。[2]

1921 年，普济的情况发生了变化，当时选举出了一位有影响力的社区领袖陆小波担任会长。陆小波是当地的一个富商，拥有（或与人共有）大约二十多家当地企业，包括自来水公司和一家现代医院。大家普遍认为他是一位成功的企业家，类似于南通的张謇。他为普济提供了购买小蒸汽船所需的资金。[3]普济首先将其轮渡服务扩大到邻近的仙女庙岛（扬州江都市）。由于这一举措，周围许多商业领袖开始提供财政支持，最终使得普济得以在 1923 年购买了第一艘小蒸汽船，使得普济比通济更受欢迎。[4]

1《镇江海关贸易论略》，页 36。

2《镇商创设义立商轮局》，《民国日报》（上海），1922 年 8 月 22 日。

3《人物资料长编》（镇江：镇江市政府，未出版）。

4《镇商创设义立商轮局》，《民国日报》（上海），1922 年 8 月 22 日。

通济注意到普济在购买小蒸汽船后的差异，是在一个重要的节日期间，当时许多人在镇江和瓜洲之间往返，由于乘坐小蒸汽船的人太多，普济几乎不能满足所有需求。另一方面，尽管通济的票价很低，但乘客却很少，因此通济最终关闭了业务，将其中一艘木船用于为穷人提供义渡服务。于是，通济的老板计划购买一艘小蒸汽船。他们希望得到地方当局的财政支持，故向江苏省长韩国钧提出请愿，请求他命令地方政府提供资金。省政府起初解释说没有资金提供给通济，但随后下令丹徒县和江都县的县长帮助筹措资金。可是，县长们都没有遵从命令，因为他们不认为这是他们的责任。[1]

两年后，随着全国局势变化以及一些涉及当地小蒸汽船公司的重大土地纷争，普济的知名度也逐渐下降。首先，各个军阀之间的战争在镇江附近越演越烈，这打乱了小蒸汽船的运输，影响了普济。例如，1925年，以孙传芳为首的直系军阀军队和以张作霖为首的奉系军阀军队在丹阳县爆发了战争。当孙传芳的军队进入镇江时，普济不得不暂停服务。当孙传芳的军队表示希望征用普济公司的船只为军用时，普济公司的船主不得不将他们的小蒸汽船藏起来。[2]

1926年，军阀的军队迁出镇江后不久，一群小蒸汽船运输公司的

---

1 《江苏省长公署批第 1784 号：呈为船伙私组团体贻害无穷》，《江苏省公报》，1921 年 6 月 19 日；《江苏省长公署批第 1743 号：呈请饬查禁船伙及拖船人等组织公所》，《江苏省公报》，1921 年 6 月 6 日。
2 《小轮纷纷停班》，《民国日报》（上海），1926 年 8 月 19 日；《小轮大公司各自单方》，《民国日报》（上海），1926 年 2 月 22 日。

业主提出了废除义渡的想法。这些业主想使用普济占用的一块土地，但普济用这块土地来装卸重物。他们争辩说，普济无权拒绝他们使用这块公共土地，因为客户需求日益增长，同时洪水和水土流失对公共安全构成威胁。这场争端演变成一场针对普济的地方性事件，迫使普济关闭。1926年底，镇江红十字会向普济提出一些协助货物运输的需求，这给了普济重振的机会。红十字会支付了服务费用，使普济得以恢复其慈善活动。此外，由于悬挂红十字会旗帜的缘故，普济避免了军阀军队的骚扰。其他小蒸汽船运输也纷纷仿效，导致普济连这一竞争优势也丧失了，便不得不逐渐减少了轮渡服务。[1]

正如我们在上文中所看到的，当地小蒸汽船运输业主和慈善团体普济的会长与西方的蒸汽航行技术进行磨合，以应对全球与地方社会的变化。这些业主成功地依靠公会的帮助获得内河小蒸汽船运输的机会，而普济的会长则透过排除各种障碍来维持当地的慈善服务。通过这些磨合，他们能够像英国科技社会学者拉尔夫·施罗德（Ralph Schroeder）所观察到的技术和使用者之间的关系一样，积极地改造技术以满足自己的需求。[2]

---

1 《小轮大公司各自单方》，《民国日报》（上海），1926年2月22日。

2 Ralph Schroeder, *Rethinking Science, Technology, and Social Change* (Stanford: Stanford University Press, 2007), 99.

第十章　外来技术与地方社会

在本章，我将进入"黑盒子"（借用兰登·温纳〔Langdon Winner〕的说法）的内部，[1]以了解地方社团如何透过应对各种情况与新的、陌生的蒸汽航行技术磨合，以及国民政府作为国家政权如何改变地方社团和人民对这项外来技术的体验。我会特别关注在日常生活中与这项技术接触的普通人。我的研究会表明，这项外来技术给镇江人带来了各种困扰，而这些困扰也因地而异。由于小蒸汽船运输时代与清朝的结束和军阀时期国家权力的失效同步，镇江的地方社团只能依靠自身力量来应对这项技术造成的前所未有的挑战。我们首先会研究在中国出现小蒸汽船后，外国人和外国政府使当地出现的与以往不同的状况。

外国人的频繁出现

自从蒸汽航行使得从北大西洋国家到中国旅行变得更加容易以后，

---

1 "黑盒子"比喻被许多技术史学家使用，但含义不尽相同。参见Langdon Winner, "Social Constructivism: Opening the Black Box and Finding It Empty," in *Philosophy and Technology: The Technological Condition*, ed. R. C. Scharff & V. Dusek (Hoboken, NJ: Wiley-Blackwell, 2003), 233-243。

来自欧美国家的外国人更频繁地出现在当时还属于中国内陆的镇江。他们与当地人在各种情况下接触，由此产生了许多意想不到的状况。正如我们即将看到的，在某些情况下，这些接触甚至会导致外国政府直接干预镇江的地方社团。

第一个例子发生在 1890 年 6 月的一天，当时一场大火吞噬了镇江的一个商业区，损失估计为三十万两白银。这在当时是一个惊人的数字。巧合的是，一艘美国炮艇正停靠在附近，船上的海军陆战队员立即离开船只，协助灭火。他们还阻止了一些当地人趁火打劫。通过他们的努力，火势被成功地控制了，不再蔓延。商店业主们被海军陆战队员的行为所感动，并对他们深表谢意。[1]

虽然这第一个例子中的美国士兵给镇江居民留下了正面的印象，但下一个例子却正好相反。该事件发生在 1911 年 5 月，一名在瑞士石油仓库工作的外国人乘坐小舢板打算登上一艘路过的蒸汽船，与船主（很可能是一位老熟人）会面。可是，在途中，蒸汽船无意撞上了舢板，那位外国乘客和两名中国船工因此落水。蒸汽船马上返回并救起了那个外国人，但却任由两名船工留在河里淹死。虽然地方社区的反应没有被记录下来，但可以推测，这会引起当地人对外国人的极大不满。[2]

当地人偶尔也有机会目睹中国士兵和外国船员之间的小规模冲突，例如 1916 年 9 月发生的一起涉及德国利通轮船公司（German Litong

<hr>

1《镇江海关贸易论略》，页 34。
2《江苏巡按使公署饬第 3965 号》，《江苏省公报》，1914 年 10 月 26 日。

Steamship Co.）的蒸汽船事件。事件的起因是该船经过镇江时受到枪击。德国船员认为这是中国士兵随意开枪所致，因为这些开枪者有不少人像军阀的士兵那样将头发梳成辫子，便被怀疑是来自附近的军阀部队。德国船员认为这些士兵对德国人不满，因为蒸汽船挡住了他们的木船进入河道。德国船员立即还击。尽管事件中没有人受伤，但德国公司的蒸汽船受到了轻微的损坏。事件结束后，中国士兵扣留了德国船，直到德国船上的中国船员劝说这些士兵让他们离开。鉴于损失不大，德国船长决定不向中国当局提出申诉。可是，这一事件仍然成为镇江市民议论的一个重要话题，因为当时许多当地居民在山上目睹了这有趣的一幕。[1]

　　尽管这些事件涉及到外国人，有些甚至导致当地人死亡，但地方政府并未表示足够的关切。他们通常避免与外国人打交道。不过，当外国使馆介入时，情况就发生了变化。例如，1916 年持续数天的大雨导致长江水位上涨，大浪冲击河堤。一些居民的住处恰好靠近受影响的地方，戴生昌和永和公司的客船也停靠在此处，这加剧了水浪的冲击，可能会导致溃堤。许多人找到这两家公司，劝说他们换到其他地方停靠，以待风暴过去。戴生昌公司同意了请求，但永和公司拒绝了。此举激怒了居民，他们开始向永和公司的一艘船泼洒煤油并放火烧毁。可是，他们误焚了戴生昌公司的船。没有人受伤，因为乘客已经离开，船员也逃走了。[2]

　　这个事件引起了轩然大波，日本和英国大使馆都介入此案，也引发

---

1 《北兵攻击小轮》，《民国日报》，1916 年 9 月 18 日。
2 《乡民焚烧拖船》，《民国日报》（上海），1916 年 8 月 19 日。

当地民众的关注。首先，日本驻南京大使馆认为自己有权进行干预，因为戴生昌最初不仅在日本大使馆登记为日本企业，还与日本蒸汽船公司大东汽船株式会社合资。日本大使馆派出一名军事参赞前往镇江，要求当地官员惩处肇事者。当这位参赞得知这些人住在江都县时，又要求镇江的官府通知江都县长。县长收到通知后立即派出警察调查，并用枪威胁仍然愤怒的人群。为了取悦这位日本参赞，县长亲自陪同他前往现场。[1]

中日双方很快就损失赔偿进行了谈判。但是，这场谈判并非仅仅涉及中日双方，而是以日本人和英国人为一方，包括以镇江县官员和几个社团领袖在内的中国人为另一方。英国人也参与谈判，是因为永和公司之前在英国大使馆注册为英国公司。谈判进行了数天，但进展缓慢，主要是因为中方官员反对肇事者支付三到四千两的赔偿要求。最终，地方士绅认为最好能解决此事，于是他们上门劝说一位地方官员并提出支付赔偿费用的意愿。同时他们也为地方政府收取赔款。该官员最终同意了他们的要求，案件才得以解决。[2]

一年后，两家都在英国政府注册的蒸汽船运输公司之间发生了另一起类似事件。起因是一艘名为永和号的蒸汽船，在黄昏时分载着约八十名乘客来往于南京和扬州之间。当时能见度很低，而一艘来自鸿安的蒸汽船也沿着相同的路线行驶。当永和号看到鸿安号的时候，已经来不及避

---

1 《焚船交涉续闻》，《民国日报》（上海），1916 年 8 月 23 日。

2 《交涉案严守秘密》，《民国日报》，1916 年 9 月 28 日；《焚船交涉之近况》，《民国日报》，1916 年 9 月 18 日。

开。永和号几乎立即沉没，赶到现场的船只只救出了大约二十名乘客。在这个案例中，英国大使馆不知出于何种原因，决定不参与善后。尽管如此，由于之前以外国身份经营的蒸汽船运输公司发生过类似事故，镇江官员还是调查了这一事件，并协助安排两家公司之间进行和解。[1]

正如这些例子所显示的，蒸汽船的出现给镇江地方社区带来了前所未有的状况，其中一些涉及到外国使馆。这些情况给居民和地方官员带来巨大压力，因为他们大多没有与外国人直接接触的经验，更不用说与强大的外国政府机构打交道。对当地大多数人来说，蒸汽航行技术和外国使馆对当地事务的干预都会将他们置于同样的不堪境地。

作为地方事务的事故

在蒸汽船出现后不久，许多当地居民普遍认为它是危险的。这种看法源于蒸汽船本身的不安全以及人们对蒸汽航行技术的不熟悉。大量蒸汽船事故的发生加剧了居民的担忧，也导致地方官员对这种外来技术持负面看法。

在中国，蒸汽船的航行和运输从一开始就充斥着事故。比如，据《申报》于1873年1月8日的报导，有一场强烈的雷雨将上海轮船公司

---

1 《瓜州口小轮失事》，《民国日报》，1917年3月24日；《瓜州口小轮失事：续》，《民国日报》，1917年3月25日。

的一艘蒸汽船吹到镇江附近的岸边，许多人因此溺水身亡。《图画新闻》（另一家上海报纸）于 1907 年 12 月单独报导一起更为严重的事故：一艘由日清汽船株式会社拥有的蒸汽船在焦山岛附近发生故障，导致约两百名乘客溺水。除此之外，还有蒸汽船之间的碰撞事故，例如 1910 年 2 月的报导提及了美最时洋行的一艘登岸船和另一家蒸汽船运输公司的船相撞的事故。[1]

虽然这些事故发生在镇江周边地区，但当地官员并没有予以关注，因为这些地区并不在他们的管辖范围内。可是，当事故发生在镇江境内时，官员们就不得不做出反应。例如，1907 年一起事故发生后，地方当局下令所有蒸汽船必须配备足够数量的救生器，以备将来可能发生的大型事故。该命令规定要提高票价以支付这笔救生器的费用。[2]

1900 年 3 月发生的一起事故还牵涉到一位途经镇江的高官，使得当地官员陷入非常尴尬的境地。这起事件涉及一艘登岸船，因船与岸之间的连接总是有问题，常有不少乘客和码头工人在跨越这船时掉下河。为了解决这个问题，招商局内河轮船公司的仓库经理每次在船只抵达时，都会在其登岸船下方放置一张大网。其他公司也纷纷仿效。可是这一次，网破了，没能接住那名乘客，而他恰好是一名来自安徽的高阶官员。他的僚佐和围观者试图寻找他的尸体，但没有成功。

---

1 《杂闻》，《申报》，1873 年；《轮船撞沉趸船》，《图画新闻》，1910 年（上海：上海实业报）。

2 《轮船须备救命那个圈》，《图画新闻》，1907 年。

这起事故让负责保障高阶官员安全的地方官员感到非常担忧。他们下令招商局内河轮船公司的仓库经理修复渔网，并要求那些没有安装渔网的登岸船公司立刻安装。但是，这些命令并没有得到执行，因为这些官员并没有直接掌管航运公司的权力。清朝将与蒸汽航行有关的权力转交给镇江关理船厅。换句话说，镇江的地方官员必须透过该机构才能与这些不属于镇江的蒸汽船运输公司接触。[1]

官僚制度阻碍地方官员行使权力的情况时有发生。例如有一次，连续几天的大雨使长江水位急遽上涨，官员们认为位于扬州南郊的清江和镇江之间的内河航道上行驶的蒸汽船存在安全隐患，但他们并没有直接向蒸汽船运输公司下达指令，而是先向镇江关理船厅的办事处请求许可。[2]

到目前为止，我们看到蒸汽船的到来给镇江所带来的各种变化。这些变化往往增加地方官员的行政负担，给普通居民的日常生活带来困难。可是，新技术带来的不仅是问题；实际上，在某些情况下，它为地方社区提供了改善自身的机会。我们现在要探讨的是这些机会是如何被利用的。

蒸汽船为地方服务

利用蒸汽船解决当地问题的第一次尝试是在 1900 年由镇江的一位

---

1 《商说两条》，《江南商务报》，1900 年（南京：江南商务总局，江苏社会科学院历史研究所典藏）。
2 《小轮公会之迁徙》，《民国日报》（上海），1921 年 12 月 23 日。

知府进行的。当时，他在思考如何让小木船在雷雨天能安全停靠。这些木船通常停靠在一座用于调节大运河中大河和小河水位的运河船闸下。多年来，这座船闸提供了一个理想的躲避雷雨之处。然而，随着时间的推移和木船数量的增加，那里变得拥挤不堪。因此，知府决定寻找新的解决办法。

经过一番斟酌，他把选择范围缩小到两个方案。第一个方案是利用东侧小溪的莲花湖——一个小湖。知府认为，如果他把湖扩大到几十亩地的规模，并将其与运河相连，船只就可以在那里安全度过风暴。另一方面，他也知道，由于地势高，冬季来临之前湖水会干涸——因为运河的地势低于湖，此时没有水会从运河进入湖泊。此外，春季水位太浅，而且随着淤泥不断累积，湖泊有可能完全消失。疏浚湖泊需要花费一万两千两银子，这在当时是一笔巨款，而且每年还需要再花费一千两白银来维持水位。

第二个选项是购买一艘三层楼高的新型登岸船，外表是金属的，就像一座浮动的建筑。招商局内河轮船公司的仓库经理曾向知府讲述他们公司使用登岸船保护公司木船的情况。每次有暴风雨的时候，该公司就把船停在登岸船后面，作为一堵墙来挡风。知府计算了一下，疏浚湖泊所需的金额可以购买十艘登岸船，这些登岸船可以在暴风雨中形成保护屏障，它们连起来有几十丈（每丈约等于 333.6 厘米），足以保护很多木船。虽然每十年仍然需要花一笔维修登岸船的费用，但考虑到同时可以将其作为商船的登岸接驳处，价格尚为合理。于是，知府最终填平了莲花湖，将其变成干地，并租给当地商店，再用所收取的租金购买了登岸船，并造了一堵小墙给其他小船挡住浪潮。[1]

就像我所展示的，镇江知府在利用蒸汽船解决木船安全问题时表现出足够的灵活性。但是，其他镇江官员并不像他那样支持采用外国技术，即使这将为大多数人带来利益。这是地方社团在采用新技术改善生活时所必须克服的障碍之一。在这一时期，地方社会发生了各种变化，包括军阀时期地方权力结构和国家政权的变化，即使在新技术出现时，当地社团也很难引进新技术。这种情况在国民政府时期才得以改变。[2]

外来技术和国家政权

在国民政府建立之前，中国已经出现了两个重要的变化，并开始影响个人旅行和运输的方式，一个是公共汽车的出现，另一个是城际公路的建设。而城际公路的建设为公共汽车提供了必要的条件，在中小型城市里被广泛接受。

张謇在南通推动了一波新型公路建设热潮，为江苏省带来了巨大的变化。1921 年，在一个新成立的志愿组织——中华全国道路建设协会的倡议下，长江下游中小型城市的许多社会活动家和当地有影响力的人士开始修建城际道路，以连接上海和其他城市。在镇江，该组织被称为"江北路政总局"，其目标是创建该市的主要道路——镇江城际公路。这

---

1 《商说两条》，《江南商务报》，1900 年。

2 参见 Xin Zhang, *Social Transformation in Modern China: The State and Local Elites in Henan, 1900-1937* (Cambridge: Cambridge University Press, 2000)。

些努力使得江苏省在 1927 年建成了几条城际公路。新道路的出现为个人旅行和公共汽车的普及创造了条件。[1]

1920 年代,江苏的公共汽车公司如雨后春笋般涌现。镇江的第一家公司是由一位企业家于 1927 年(国民政府主政后不久)在镇江至扬州的城际公路建成后成立的。起初,当地政府只允许旅游汽车,但该公司很快被允许增加连接镇江和扬州的定期公共汽车班次。[2]

乘坐公共汽车的价格一开始比乘坐蒸汽船更昂贵,因此并不受大众欢迎。只有当公共汽车公司有意将其时程表与火车的时程表相吻合,使公共汽车比蒸汽船更为便捷时,它才逐渐得到一些公众的青睐。此后,出现了更多的汽车公司,甚至地方政府也想参与经营公共汽车公司。尽管城际公路和公共汽车的出现对蒸汽船运输构成严重挑战,但国民政府努力建设公共道路系统,蒸汽船在 1928 年后所起的作用得到了转变。[3]

国民政府在南京立足后不久,开始设计一个以南京为中心的"联络公路"系统,旨在建立全国性的公路网络。为实现这一目标,国民政府于 1928 年发布了"四经三纬方案"。[4]1928 年 5 月,江苏省政府颁布了

1 江苏省交通史志编纂委员会,《江苏公路交通史》(北京:人民交通出版社,1989),页 67、78—82。

2 贾子义、于冷编,《江苏省会辑要目次》(镇江:镇江江南印书馆,1936),页 91—94、181—183;张立,《镇江交通史》,页 209—211。

3 贾子义、于冷编,《江苏省会辑要目次》,91—94、181—183;张立,《镇江交通史》,页 209—211。

4 江苏社会科学院《江苏史纲》课题组,《江苏史纲(近代卷)》(南京:江苏古籍出版社,1993),页 415;江苏省交通史志编纂委员会,《江苏公路交通史》,页 90—93。

《江苏省修筑公路条例》以贯彻国民政府的指令。该省政府规划建设三种不同级别的公路：省道、县道和乡道。其中，九条省级公路将江苏与周边省份连接起来。1929年，省政府将省会迁至镇江，将其作为江苏省公路网络规划的核心。[1]1931年，国民政府成立了全国经济委员会。该委员会决定不仅要连接主要城市，还要将这些城市与中小型城市相连，而当时这些中小型城市只能通过内河到达。一年后，根据国民党军事委员会的提议，将具有战略意义的十一条主要道路连接起来，跨越七个省份，建立七省联络公路。随后，该委员会修改了计划，根据新的计划，这十一条公路中的八条将经过镇江和扬州。[2]

虽然这些变化似乎只发生在国家层面，但实际上国民政府逐渐加强对地方社会的控制，包括对蒸汽船的使用。政府不仅大幅增加了对镇江地方社团的管理，还改变了普通人对蒸汽航行技术的日常体验。我们可以从国民政府刚建立时对地方社会缺乏关注，到后来逐渐增加的变化中看出这一点。

与清末和军阀时期相似，国民党时代也面临了许多问题和挑战。例如，在国民政府掌管国家两年后，镇江福运蒸汽船公司的丰恒号、吉桂号和丰豫号蒸汽船上，发生了三次国民党军队士兵抢劫事件。

---

1 江苏社会科学院《江苏史纲》课题组，《江苏史纲（近代卷）》，页415；张立，《镇江交通史》，页174、204；江苏省交通史志编纂委员会，《江苏公路交通史》，页90—93。

2 张立，《镇江交通史》，页90—96、115—118。

抢劫事件发生在载着乘客起航后的丰恒号上。当船经过江都县时，从一座寺庙后面传来枪声，枪手命令船停下。然后，约有七八十名劫匪登船，抢走了乘客和船员的贵重物品。与此同时，吉桂号正好也到达同一地点。劫匪将他们的队伍分成两组，其中一组登上吉桂号。几分钟后，丰豫号到达，又发生同样的事情。劫匪向那些拒绝交出财物的人开枪，并重伤一名怀孕的乘客。甚至连上海海关的一名官员也未能幸免——在被劫匪抢走三百七十六块银元后，他开始哭泣。事后，劫匪将他们的战利品放入三艘小渔船，并将每艘蒸汽船的锅炉盖和方向盘扔进河里，使其无法行驶。整个事件持续了两到三个小时，被劫财物总值据估算达到数万银元。虽然事件规模很大，且有几个抢劫者穿的内衣是军服，但当地官员并没有勇气指控国民党军队。这一时期国民党军队的抢劫行为虽不常见，但确实存在。[1]

在国民政府统治的早期，政府几乎没有对地方问题给予足够重视，因此对于此类事件没有预防和做出足够反应。同样地，由于缺乏关注，国民政府对地方工人运动也采取不闻不问的态度。以下是一些案例。

1927 年 11 月 1 日，在江苏省政府成立后不久，码头工人和船工组织了抗议活动，但省政府并没有介入。更大一次抗议发生在 1928 年 1 月 27 日，一家私营公司拥有的汽艇与当地政府的稽查汽艇相撞，将稽查汽艇上的所有人撞下船。虽然除了一名船工外，其他人都获救了，但官员们失去一些武器，于是他们决定逮捕私营汽艇上的几名船工。之

---

1 《匪劫三轮，损失数万元》，《民国日报》，1930 年 5 月 17 日。

后，私营公司多次试图协商解决，但每次都失败了。

不久之后，镇江的船工成立了一家协会，旨在解救被拘留的同行。协会要求政府机构释放这些船工，并敦请县法院裁定这次撞船的责任方。被政府机构拒绝后，该协会又组织了约五百名船民进行抗议，并向逮捕他们的镇江市公安局、丹徒县政府和国民党地方办事处提出请愿。同时，该协会还向县法院提起诉讼，反对公安局在没有法院命令的情况下拘留船工。在这些压力下，公安局释放了被拘留的船工。[1]

1928 年 3 月，镇江的船工组织起来要求加薪。在与所属公司接触之前，他们开会讨论策略，并意识到每个公司支付的日薪都不一样。他们决定要求给工资较高者增加 20%，给工资较低者增加 50%。船工们没有直接向公司提出要求，而是选出代表参加航业公会的会议，在会上提出他们的要求，并试图获得公会成员的支持。最终，他们成功迫使公司屈从于他们的要求。[2]

四个月后，大量工人举行罢工，要求再次加薪。这一次，工人要求为他们搬运的每件重物增加四分钱的报酬。一百三十艘驳船上的数千名工人参加了罢工。他们选出四名代表向当地政府请愿，并继续罢工，直到他们的要求被满足为止。[3]

从这三起案例中，我们可以看到国民党政府虽然对发生的事情了解

---

1 《禁烟局翻船案》，《民国日报》（上海），1928 年 1 月 27 日。
2 《航业公会成立》，《民国日报》（上海），1928 年 2 月 17 日。
3 《航业公会成立》，《民国日报》（上海），1928 年 2 月 17 日。

得非常清楚，却没有采取任何干预措施。但是，从 1928 年底开始，国民政府全面展开工作，并积极参与地方事务，这与它以前对地方事务的态度截然不同。首先，政府加强了对航业公会的控制，因其认为这类组织比工人和船工组成的协会对它的威胁更大。正如下面的例子所示，政府逐渐剥夺了这些组织对其业务的所有权力和控制。

在国民党省政府的努力下，1928 年 2 月，镇江成立了一个统一的组织——镇江航业公会，以取代镇江现有的所有和蒸汽船有关的协会，尽管这个新组织在名义上被设定为由各蒸汽船运输公司的代表共同管理。[1]

从一开始，这个组织就表现出与政府之间异常密切的关系。第一个迹象出现在 1928 年 7 月，镇江航业公会发布了一份报告，称有太多的蒸汽船在长江中游以过快的速度航行，导致更多的碰撞事故，这显然表现出对生命的不重视。与过去的组织不同，镇江航业公会要求其成员遵守政府机构规定的速度限制，而不是自己的速度限制。[2]

1928 年 9 月，镇江商会发起了一个计划，为疏浚该市部分长江和大运河筹集资金。他们邀请了政府机构的河流工程师和建筑专家在商会办公室开会讨论此事。为了示礼，他们还邀请镇江航业公会的代表参加会议。会议决定，项目的费用将由占运费 10% 的航运附加费来支付。所筹资金的 40% 将用于疏浚大运河，40% 用于疏浚河道，其余 20% 用于开办蒸汽航海学校。该会议产生了一个专门委员会，它将负责为附加费用

---

1 《镇江轮业带征浚治江运工程捐章程》，《江苏省政府公报》，1928 年 9 月。
2 《航业公会成立》，《民国日报》，1928 年 2 月 17 日。

发行特别印花，并负责将附加费存入银行（包含钱庄和现代银行）。出席者决定，商会和镇江航业公会将组成一个特别小组来管理这些资金，以防止擅自挪用或浪费。经省政府批准，该项目得以实施。[1]

两年后，省政府成立了一个监管组织，专门负责监督镇江航业公会对河流疏浚项目附加费的管理。这次省政府指派了官员加入专门委员会，与镇江航业公会和商会一起承担管理职责。专门委员会修改了章程，规定该委员会仅负责管理从航运费中征收的10%附加费。为此，政府设立了一个名为"附加费征收办公室"的新机构，负责监督船票的印刷和附加费的征收。尽管理论上该办公室仍受专门委员会的管理，但实际上已属于政府直接控制。

随着委员会的重组，管理附加费的征收方式和资金使用的授权也有了重新安排，这两者对镇江航业公会成员的利益至关重要。新章程规定，每次需要提取资金时，工程办公室和建设局首先必须提交给他们的建议供委员会审查。委员会批准后，会将提案呈给江苏省政府建设厅做最终决定。只有在省政府批准拨款后，镇江市的工程办公室和建设局才能提取资金。在新的安排下，镇江航业公会和商会在与蒸汽航行有关的事例中失去了最后的决策权。[2]

正如本案所述，国民党省政府透过将决策权转移至自己手中，逐步

---

[1] 《镇江轮业带征浚治江运工程捐章程》，《江苏省政府公报》，1928 年 9 月。

[2] 《镇江轮业带征浚治江运工程捐管理委员会章程》，《江苏省政府公报》，1930 年 6 月 28 日。

剥夺了蒸汽船商业协会的所有权力。这导致协会在与蒸汽船运输有关的任何问题上都失去了发言权。以下两个例子更进一步地说明这一点。第一起案例涉及付款骗局，发生在1931年1月的两艘拖船上。事发后，镇江航业公会向政府机构报告此事，而不是自行调查。几个月后，又发生了类似的事件。镇江航业公会被告知，有人试图透过征集捐款和假装雇用船工来欺骗当地商界，以便在当地开办一家航运公司。镇江航业公会再次让政府处理此案。[1]

在这些事件之后，镇江航业公会越来越依赖政府来保护其成员的利益。同时，政府也加强了对蒸汽船运输相关事务的监督，包括日常管理中最琐碎的问题。例如，1931年4月，一名官员在一艘蒸汽船上被发现逃票后，恼羞成怒，试图逮捕负责检查乘客船票的收银员。事件发生后，镇江航业公会代表蒸汽船运输公司向省政府提出申诉，请求对此事进行处理。省政府随后向国民党省委发出命令，要求调查并惩处该官员。[2]

正如这些案例所示，镇江航业公会透过依靠政府改变了过去直接保护成员的做法，而国民政府则获得了对与蒸汽船运输有关的地方事务的控制。为了更详细地了解国家政权在接纳蒸汽船航行技术的过程中如何影响普通人的生活，我们将对解决蒸汽船事故的过程和方式进行一次微

---

1 《省府批镇江航业公会常务主席卢世铭第51号》，《江苏省政府公报》，1931年1月10日。

2 《批镇江航业公会第806号》，《江苏省政府公报》，1931年4月29日。

观的审视。这些事故对普通百姓的生活产生了深远影响，地方社团的人们也密切关注着事故的解决方式。同时，国民政府通常将此类事件的解决视为对其治理能力的重大考验，承担了解决这些事件的全部责任，因此，每一次重大的蒸汽船事故都很容易引发国家和地方社团的利益冲突。

"奔牛号"事件

在镇江的近代历史上，最引人瞩目的事件莫过于1929年7月15日发生的"奔牛号"船事故。当时，利苏公司旗下的"奔牛号"蒸汽船载着约二百七十名乘客顺流而下，途中经过焦山岛。这时，船长观察到一艘来自大同公司的蒸汽船从远处驶来，直至与奔牛号并排行驶。船长怀疑对方要与他竞速，便命令锅炉操作员提高水温，加快船速。但是锅炉才修理过，因无法承受蒸汽的高压而爆炸，并把热水和火苗喷洒到整个船上。

此事故导致许多乘客受伤，尽管大多数人不会游泳，但有些人还是跳进河里。大约七十名乘客因此溺水身亡，更多的人受了重伤。在将所有伤员送往医院后，利苏公司向县法院和当地政府下属的公安局报告了这一事件。不久之后，政府机构和当地组织，包括航业公会和工人工会，分别展开调查。受害者家属也成立了自己的临时组织。[1]

---

1 《奔牛惨案俞世诚应负抚恤义务》，《江苏省政府公报》，1929年9月27日；《近代镇江港口两起重大惨案》，《镇江文史资料》（镇江：镇江市政协文史资料委员会，1989），页93—94。

7月20日，国民党县总部主席在利苏公司老板的家里主持了一次会议，旨在协助调查和监督事故善后调解。会议期间成立了一个特别小组，负责调查事件和管理赔偿金。出席者包括所有相关政府机构和非政府组织的代表，其中包括新成立的受害者家属协会，以及没有投票权的当地社团代表。会议还选举了一些来自政府机构和地方组织的代表作为委员会成员。

善后委员会首先决定扣押利苏公司的两艘蒸汽船，并将其交给镇江商会保管，以便日后用作赔偿。在得知利苏公司的老板在镇江外还拥有两艘蒸汽船——一艘在南京，另一艘在江苏高邮，便要求丹徒县政府与江宁和高邮县政府联系，扣押船只，并将其运往镇江作为赔偿。委员会将从利苏公司的业主手中缴获的两千银元提供给受害者家属，以支付他们的伙食费。那些愿意立即带走亲人尸体的家庭，每人当场得到二十银元的补偿，而这些费用将从收到的赔偿总额中扣除。

会议上还讨论了大同公司是否也应对这一事件负责的问题。不少出席者建议对大同公司也进行处罚，称事件发生后，大同公司利用其在利苏公司停运的情况下成为沿线唯一公司的事实，立即提高了包括受害者家属在内所有乘客的票价。可是，会议最终未对大同公司做出具体处理。会议结束时，受害者家属感到自己没有得到足够补偿。大约十天后，他们在省政府门前举行了一次示威，要求公平解决问题、责任方公司立即支付赔偿金，和惩罚肇事者。[1]

1《奔牛轮惨案家属请愿》，《民国日报》，1929 年 7 月 31 日。

在善后委员会外，江苏省政府交通厅还自行调查此案。他们发现，虽然锅炉没有被移动，但在事故发生前有人改动过安全阀。调查人员无法确定安全阀是否被盗或是否出现过其他情况。同时，锅炉上没有出现裂缝的迹象，意味着爆炸并不是由现有裂缝造成的，尽管爆炸的威力如此之大，不仅将金属碎片和滚烫的水抛向乘客，而且还将一些乘客推入河中。值得注意的是，所有船员在爆炸前都逃跑了，只有总工程师在事故中丧生。调查人员怀疑锅炉操作员故意减少锅炉中的水量，以提高其温度，从而使船速加快，以期与另一艘船竞速。他们还推测，奔牛号的船员想赢得比赛，以便炫耀，因为他们被告知运输公司经常对获胜的船员进行奖励。调查组建议政府逮捕这些船员并进行审判。

与此同时，事发不久就在现场的镇江海关港务长也做了调查。他在报告中说，他看到锅炉的背面已经完全被炸毁，导致金属碎片和热水被甩向乘客，瞬间杀死了其中一些人。他认为锅炉的安全阀已被改变，无法正常使用，显然船工故意改变了安全阀，以使锅炉能够承受更多的蒸汽压力，最终导致锅炉爆炸。港务长得出了与江苏省政府交通厅相似的结论，并建议政府采取同样的行动。[1]

同时，江苏省政府建设厅也展开了一次调查并报告他们的结果。与之前的报告相反，这份报告认为镇江海关的外国检查员应对此次事件负责，因为他们在事发前对船只的检查十分粗心，同时船只使用了太老的

---

[1] 《关于奔牛小轮惨案之肇祸事实及处理善后经过》，《江苏省政府公报》，1929年9月3日。

锅炉和不合适的船员。报告最后强烈要求，外国检查员应该承担责任，中国政府必须维护自己的权益，全面调查此事，以消除外国海关人员长期不负责的作为。

最后，民政部省级办公室向江苏省政府行政办公室提交了一份报告。报告中提到，在丹徒县法院做出裁决之前，民政部已经通知法院查封和拍卖利苏公司老板的财产，以筹集赔偿受害者家属所急需的资金和慰问金。可是，数天后，法院又通知民政部，声称由于尚未提起民事诉讼，法院无法在做出判决前进行赔偿。法院必须遵循适当的法律程序，没有任何转圜余地。

在同一份报告中，民政部表示，该公司老板俞世诚愿意宣布破产并拍卖其所有财产以为赔偿。但是，由于双方没有达成协议，和解进程陷入僵局。民政部询问法院和其他机构为何没有采取善后措施，并敦促丹徒县法院和其他政府机构尽快行动。[1]

1929 年 8 月，江苏省政府在收到所有报告，包括来自民政部省级办公室的报告后，在例会上讨论了该事件。省政府对交通厅的答复表明，会议做出了以下决定：没收利苏公司老板的财产，并将其清算以资助赔偿；允许法院透过新建立的法律制度处理此案；由省政府官员监督解决过程。

省政府还专门制定了解决该事件的步骤。首先，由省检察官提出指

1《关于奔牛小轮惨案之肇祸事实及处理善后经过》，《江苏省政府公报》，1929 年 9 月 3 日。

控，接着受害者家属可以按照法律程序提起诉讼，最后，该事件的特设委员会负责管理赔偿金。省政府民政厅和交通厅被安排负责监督整个过程。在得知遇难者家属对赔偿金额有异议——每位遇难者四百五十银元后，省政府通知丹徒县法院，在地方政府提供的补偿额以外，省政府还会提供另外补充，使总金额达到一千银元。这笔资金将由省政府的一个办公室分配给这些家庭。政府要求这些家庭带着钱先回家，等待关于赔偿的进一步通知。[1]

1929 年 11 月，在江苏省政府的另一次会议上，交通厅和民政部省级办公室都报告了他们为解决奔牛号事件所做的努力。政府决定让事故处理特设委员会和遇难者家属协会共同负责监督解决过程。政府分配给镇江商会的唯一职责是确认受害者家属的地址。[2]

正如奔牛案的善后过程所示，国民政府逐渐接管了所有与蒸汽航行有关的事务。它不仅透过控制所有的地方组织，如当地的航业公会和由受害者家属组成的组织来实现这一目标，而且还透过将其触角延伸到当地涉及使用蒸汽航行技术的所有日常生活方面来达成目的。因此，国民政府变成了一个深刻地影响普通人生活的"日常国家政权"。[3]

---

1 《关于奔牛小轮惨案之肇祸事实及处理善后经过》，《江苏省政府公报》，1929 年 9 月 3 日。

2 《修正抚恤奔牛轮惨案》，《江苏省政府公报》，1929 年 11 月 11 日。

3 关于"日常国家政权"概念，可参考以下文献：Sheldon M. Garon, *Molding Japanese Minds: The State in Everyday Life* (Princeton: Princeton University Press, 1997); C. J. Fuller and Véronique Bénéï, *The Everyday State and Society in Modern India* (London: （转下页）

小蒸汽船时代的结束

小蒸汽船时代的结束标志着新交通时代的开始，其中"水铁路联运"系统的出现是其主要特征，而蒸汽船运输则成为这系统的一部分。这种变化源于中国内部的一些进展，如采用新技术建造城际公路、使用公共汽车进行个人旅行，以及国民政府努力创建一个全国性的公共道路网络，将公路与铁路和河港连接起来。这些发展使大多数旅客放弃了蒸汽船，蒸汽船在公共汽车和火车之后，退居次要地位。尽管如此，蒸汽船在之后的一段时期内仍然在河流运输中扮演重要角色，虽然已经失去了以往的荣耀。

随着一些计划的实施，公路系统的规划者们达成了一个共识：有必要将公路、铁路和河港连接起来，实现联运。他们的想法很快在社会上流行起来，最初有两个独立的概念，即"铁水联运"和"水路联运"。随后，这些概念被合并为单一的"水铁路联运"。在这个概念下，蒸汽船站将与火车站和公车站相连，乘客只需要购买一张票就可以乘坐所有形式的交通工具。[1]

(接上页) Hurst, 2001); René Véron, et al., "The Everyday State and Political Society in Eastern India: Structuring Access to the Employment Assurance Scheme," *The Journal of Development Studies* 39, no. 5 (2003): 1-28. Salwa Ismail, *Political Life in Cairo's New Quarters: Encountering the Everyday State* (Minneapolis: University of Minnesota Press, 2006); Taylor C. Sherman, et al., eds., *From Subjects to Citizens: Society and the Everyday State in India and Pakistan, 1947-1970* (New York: Cambridge University Press, 2014)。

1 张立，《镇江交通史》，页178—181；江苏省交通史志编纂委员会，《江苏公路交通史》，页90—93。

可是，在创建"联运"系统的努力中，蒸汽船的作用从主要的内河水路货物和乘客运输手段，转变为公共汽车和火车的连接工具。由于这一变化，大多数蒸汽船被限制在当地短距离运输范围内，尽管它们在公共汽车或火车无法到达的地区仍然很活跃。最终，就在中日战争爆发之前，这一转变标志着小蒸汽船时代的结束。

*　　*　　*

西方工业化国家以蒸汽推进的舰艇和蒸汽船为媒介，将蒸汽航行技术引入中国，并以此作为开展经济活动的引线。但正如镇江历史所揭示的那样，这一切促使中国进入全球性的机械技术主导的转型潮流。不过，蒸汽航行技术的引入并不是立竿见影的，人们必须透过磨合才能将其完全融入生活，使其成为服务的工具。

在中国社会历史的特定背景下，这一磨合过程显示了以下特点。清朝政府对非官方私人使用蒸汽船的目的持怀疑态度，而地方官员对采用外国技术则普遍缺乏热情。除了官方的限制外，普通老百姓还遇到新技术所带来的许多不寻常的情况，其中有些引发了当地的各种问题，使得官员和当地居民之间、蒸汽船公司和地方社团之间，以及中国人和外国人之间的社会关系变得紧张。

即便如此，中国的小蒸汽船业主也没有停止运用技术满足商业需求的努力。他们抓住国内和全球变化所提供的每一个机会，特别是在公众的反日情绪高涨和第一次世界大战期间，争取获得对中国内河的控制。

同时，当地社团领袖坚持将蒸汽船摆渡服务作为慈善事业的手段。尽管他们对蒸汽船技术，以及这种技术所蕴含的风险偶尔会产生的致命后果缺乏足够的了解，但小蒸汽船企业主和当地慈善机构仍然愿意接受这种新技术。透过不懈的努力，他们使蒸汽船成为人们日常生活中的实用工具。

在这部分研究中，我们也注意到国家参与这一磨合过程的重要性。在 19 世纪，清朝政府及其地方官员在中国老百姓经历鸦片战争和贸易体系转型的过程中发挥了重要作用。同样，在 20 世纪初，因为全球变化的影响越来越大，清廷、北洋军阀和国民政府也透过政策、行政干预和财政支持（或缺乏支持，特别是在军阀时期）继续影响着人们的生活。国民政府统治时期，这一点表现得尤为明显。国民政府透过建立国家机器来加强对地方社会的控制。虽然这在某些程度上缓解了镇江人民所遇到的一些困难，然而与此同时，国民政府的许多措施模糊了国家政权和地方社会之间的界限，使地方社团失去了自主权。

结　论

对于研究 19 世纪和 20 世纪初中国历史的学者来说，最为重要的使命之一是辨识这一时期中国地方社会与全球变化之间的互动。这项任务的挑战性在于其中的许多全球变化，尤其是近代帝国主义崛起、全球经济一体化的加剧，以及西方机械化技术在世界各地广泛传播，与西方工业化国家在全球范围内扩张的愿景交织在一起。为了完成这一使命，我对镇江的普通人与这些全球变化之间的相互作用进行了详细描述。这些变化在中国历史上透过鸦片战争的爆发、跨区域贸易体系的转型，以及蒸汽航行技术的引入等方面得到了具体体现。这项研究使我有机会深入窥探全球变迁和地方变化如何共同塑造中国社会历史进程的奥秘。

我的研究基于以下关于全球变迁与地方社会互动的理念，即这种互动的表现形式是普通民众在日常生活中与全球变化的不断磨合。他们试图在外部力量的冲击下生存下来，避免新现实带来的障碍，同时也努力抓住全球变化所带来的机遇，改善他们的生活。这种磨合的结果是全球变化与地方社会的变化相互融合，从而改变了地方社会甚至整个中国。

这些生活在中国地方社会中的平凡之辈，不得不参与这一磨合过程，这源自他们的生存本能和对改善生活的渴望。为了生存和实现他们的愿望，他们努力将困境转化为可利用的机遇，以维护自身权益并满足个人需求。因此，他们逐渐成为全球变迁的积极参与者，而非仅扮演被动顺应和适应者的角色。

为了提供 19 世纪和 20 世纪初全球变化与中国地方社会变化交融的历史背景，我首先探讨了中国在 19 世纪之前在世界上扮演的重要角色。我指出自从世界市场的形成以来，中国一直与世界其他地方（除美洲外）保持联系。这种联系在 16 世纪后期得到加强。尽管明清时期曾实施海禁，但联系从未中断，而是透过中国的朝贡体系和商人的贸易活动延续下来。因此，中国成为欧洲、美洲和亚洲之间的洲际贸易中心，塑造 16 世纪后期以来的全球贸易，并在 17 世纪和 18 世纪主导了世界白银交易。然而，在那个时期，中国与欧洲的联系仍然是间接的。具有讽刺意味的是，近代帝国主义的产物——鸦片战争，无意中将这种联系从间接转变为直接。

为了研究鸦片战争如何促使中国与欧洲直接接触，并探讨欧亚两个大陆的人作为个体进行面对面接触后的结果，我进行了一项研究，研究地点是遭英国军队入侵的中国内河城市镇江。我所观察到的情况是，鸦片战争除了造成一场"混乱的事情"外，意外地成为一种负面手段，将侵略者和被侵略者带到"直接接触"状态，并产生了负面结果，这个负面结果表现为当地人对侵略者的自我毁灭性反应，以及英国士兵和中国老百姓之间的误解加深。我们可以将这种结果归因于全球变化和本地特有历史因素的组合。由于这些原因，这场战争为中国人民带来了一场悲剧。

从一开始，英国人入侵镇江的目的就是要切断清朝的经济动脉——粮食运输线。尽管英国军方自以为这场战争的目的是教训清朝，而不是针对人民，但这导致英国人进攻镇江，给镇江人民带来了巨大的伤害。与此同时，中国军队的失败在很大程度上是由于负责抵御一支拥有先进武器装备的强大外国军队的清朝官员，缺乏军事知识和专业技能所致。更可悲的是，他们的一些个人观点、道德特征和判断能力，阻碍了当地人民应对英国入侵的努力，而非帮助他们。比如，像海龄这样的官员在第一炮响起之前就已经让居民感到绝望。因此，本研究的证据印证了其他研究的发现：国家官员的行动往往是地方危机的决定性因素之一。[1]

各种因素的综合作用，让镇江居民沉浸在巨大的绝望之中。其中恐外情绪是导致这种绝望的重要因素之一，人们普遍相信所有外国人都心怀不轨。正如魏斐德曾指出的，这种恐外情绪很容易被点燃，引发人们不惜一切代价与外敌和清朝政府抗争，即便生命受威胁也不退缩。[2]在镇江，这种恐外情绪引发了极端的行为，以逃避被俘虏和受辱，比如中国士兵从山崖上跳下自杀，或者当面对逼近的英国士兵时，中国士兵淹死了妇女和儿童。

可是，仅以这种恐外情绪，无法解释为何镇江的妇女会纷纷自杀，

---

1 关于国家的角色，可参考 H. Lyman Miller, "The Late Imperial Chinese State," in *The Modern Chinese State*, ed. David L. Shambaugh (Cambridge: Cambridge University Press, 2000), 15-41。

2 Frederic E. Wakeman, *Strangers at the Gate: Social Disorder in South China, 1839-1861*, 5.

同时中国军人对自己的亲人施以仁慈杀戮。实际上，另一个重要因素是这些妇女和她们的家人深怕受到侵略者（特别是外国侵略者）的侵犯，因为这将给她们的家庭带来极大的耻辱。[1]这种恐惧在中国文化传统中根深蒂固，也就是说，在中国社会中，妇女的贞操价值甚至高于她们的生命。如同最近的一些研究所示，自宋朝以来，中国存在一种由各朝推崇的"贞节崇拜"文化，鼓励女性成为"贞节殉道者"。因此，自残和自杀等行为在16世纪至18世纪期间已成为中国女性维护自己贞节的常见方式。在清朝时期，女性的贞节崇拜和维护家族荣誉的义务逐渐在中国社会中确立，而清王朝也宣扬这种文化传统以获得统治的合法性。这种文化传统无疑影响了镇江妇女自杀的决定。[2]

在这个意义上，我们可以把镇江妇女的行动解释为涂尔干所称的"利他自杀"（altruiste suicide），即为了维护社会规范而死亡。涂尔干认为这种自毁行为是"义务性的"，因为它主要发生在高度融入于社会、个体已经失去个人价值的群体。在这里，他们有责任按照群体的要求而

---

1 对于英国人的嫌疑加剧了传言，称英国人像恶魔一样。参见Philip A. Kuhn, *Soulstealers: The Chinese Sorcery Scare of 1768* (Cambridge: Harvard University Press, 1990)。

2 Matthew Harvey Sommer, *Sex, Law, and Society in Late Imperial China* (Stanford: Stanford University Press, 2000); Janet M. Theiss, *Disgraceful Matters: The Politics of Chastity in Eighteenth-Century China* (Berkeley: University of California Press, 2004); Jimmy Y. F. Yu, *Sanctity and Self-Inflicted Violence in Chinese Religions, 1500-1700* (Oxford: Oxford University Press, 2012); Paul S. Ropp, et al., *Passionate Women: Female Suicide in Late Imperial China* (Leiden: Brill, 2001).

选择死亡。[1]

　　然而，在面对外来侵略者时出现的自杀现象并不仅限于中国传统文化中的女性，类似的现象也存在于其他国家。例如，研究非洲历史领域的知名学者塞尔温·库乔（Selwyn Cudjoe）发现，当美国印第安人和非洲人面对一个军事上强大的欧洲帝国主义军队时，他们中有很多人选择自杀。[2]同样的例子也出现在第二次世界大战结束前纳粹德国的最后日子和日本投降后。[3]

　　尽管镇江妇女的行为与这些地方的妇女有相似之处（她们对可能受到肉体侵犯甚至失去生命感到恐惧），但她们的恐惧来源和增强的因素则有所不同。例如，在德国和日本，政府的宣传起到了主要作用。这种将恐惧注入两国妇女心中的宣传方式，使她们决定宁死也不愿意面对可

---

1 参见Émile Durkheim, *On Suicide* (London: Penguin Books, 2006), 222-225。

2 参见Tony Castanha, *The Myth of Indigenous Caribbean Extinction: Continuity and Reclamation in Borikén (Puerto Rico)*, 1st ed. (New York: Palgrave Macmillan, 2011), 53。

3 Christian Goeschel, *Suicide in Nazi Germany* (Oxford: Oxford University Press, 2009), 149-166; Richard Bessel, et al., *No Man's Land of Violence: Extreme Wars in the 20th Century* (Göttingen: Wallstein, 2006), 78-79; Kyle Ikeda, *Okinawan War Memory: Transgenerational Trauma and the War Fiction of Medoruma Shun* (New York: Routledge, 2014), 26, 49, 96, 116; Hayashi Hirofumi, "Unsettled State Violence in Japan: The Okinawa Incident," in *State Violence in East Asia*, ed. N. Ganesan and Sung Chull Kim (Lexington: University Press of Kentucky, 2013), 75-104; Bruce M. Petty, *Saipan: Oral Histories of the Pacific War* (Jefferson, NC: McFarland, 2002).

怕的命运。[1]

在镇江，这种恐惧深深植根于中国老百姓对战时暴行的历史记忆中。例如，清朝满族军队对扬州和嘉定的民众犯下暴行。而汉族文人借助《扬州十日记》和《嘉定屠城纪略》等作品秘密保留了这一记忆，尽管当时的王朝禁止保留此类文学作品。而且，战时暴行尚未停止，正如我们后来看到的那样，当时太平军占领南京，士兵们曾进行洗劫和强奸。在所有这些事例中，都有无数人，特别是妇女，选择自杀，他们采取上吊、溺水或自焚等方式来结束自己的生命。正如中国问题专家狄德满（R. Gary Tiedemann）所指出的那样，"城市沦陷后的大规模自杀……是中国战争史上反复出现的现象"。[2]

在镇江，英国人在乍浦杀人和强奸妇女以及轻易攻占上海的消息，

---

1 对于德国，请参见Christian Goeschel, *Suicide in Nazi Germany*, 149-166; Richard Bessel, et al., *No Man's Land of Violence: Extreme Wars in the 20th Century*, 78-79。对于日本，请参见Kyle Ikeda, *Okinawan War Memory: Transgenerational Trauma and the War Fiction of Medoruma Shun,* 26, 49, 96, 116; Hayashi Hirofumi, "Unsettled State Violence in Japan: The Okinawa Incident," 75-104。

2 R. Gary Tiedemann, "Daily Life in China During the Taiping and Nian Rebellions, 1850s-1860s," in *Daily Lives of Civilians in Wartime Asia: From the Taiping Rebellion to the Vietnam War*, ed. Stewart Lone (Westport, CT: Greenwood Press, 2007), 7. 关于中国文人如何保存战争暴行的问题，请参见Edward McCord, "Burn, Kill, Rape, and Rob: Military Atrocities, Warlordism, and Anti-Warlordism in Republican China," in *The Scars of War: The Impact of Warfare on Modern China*, ed. Diana Lary and Stephen R. MacKinnon (Vancouver: University of British Columbia Press, 2001), 18-49。

唤醒了对历史的痛苦回忆。因此，镇江人民陷入了无助的恐惧中。正如专家小拉什·多兹尔（Rush W. Dozier Jr.）所说，人类对无助的恐惧甚于其他任何类型的恐惧。这种恐惧是大规模自杀和仁慈杀戮的主要驱动力。[1]

关于仁慈杀戮，无可否认的是，男性在社会中相对女性占有主导地位是亚洲社会的一个特征。由男性执行的仁慈杀戮和女性选择的自杀中，这一社会背景也起到了作用。研究表明，在明清时期，男性和女性有着各自的道德观念，这经常导致妇女透过自杀来满足其父权制家庭的道德要求。镇江的中国军人可能实施了仁慈杀戮，作为迫使妇女满足这种要求的方式，类似于第二次世界大战期间日本士兵对日本妇女实施的仁慈杀戮。[2]

那么，我们是否可以将这些仁慈杀戮和自杀行为视作对欧洲近代帝国主义军队的消极抵抗形式呢？库乔认为，"消极抵抗的形式"是"人类为了维护自己的尊严和高尚精神而必须做出的反应"[3]。如果我们将镇江

---

1 Rush W. Dozier Jr., *Fear Itself: The Origin and Nature of the Powerful Emotion That Shapes Our Lives and Our World*, 1st ed. (New York: St. Martin's Press, 1998), 129.

2 Ju-K'ang T'ien, *Male Anxiety and Female Chastity: A Comparative Study of Chinese Ethical Values in Ming-Ch'ing Times* (Leiden: Brill, 1988); Kyle Ikeda, *Okinawan War Memory: Transgenerational Trauma and the War Fiction of Medoruma Shun*, 26, 49, 96, 116; Hayashi Hirofumi, "Unsettled State Violence in Japan: The Okinawa Incident," 75-104.

3 引自 Tony Castanha, *The Myth of Indigenous Caribbean Extinction: Continuity and Reclamation in Borikén (Puerto Rico)*, 53.

人民的行为与美国印第安人和非洲人民的行为相比较，会发现，尽管形式相似，镇江的自杀和仁慈杀戮是基于一组非常不同的历史因素。

可是，在镇江战役中我们能看到的不仅仅是自杀和仁慈杀戮。正如英国社会学家马丁·肖（Martin Shaw）所指出的，战争是一种"独特的社会活动，其特点和逻辑不能和普通的社会动态相提并论"。实际上，透过镇江之战及其战后接触，双方的士兵以及镇江人都有机会观察对方并形成各自对对方的印象。经过这场战争，英国人学会区分中国的两种士兵：满人和汉人。他们承认中国人的智慧和技能，并意识到接受医疗的中国士兵在忍受痛苦时所表现出来的内在力量。然而，英国人仍将自杀和仁慈杀戮归咎于中国人或整个亚洲文化的野蛮性。虽然他们将海龄的自杀称为英雄行为，同时也认为中国士兵的不怕死行为值得敬佩。

同时，镇江居民透过日常接触观察英国士兵，特别是一些好奇的妇女出来观看拜访清朝官员的英国军官。因此，侵略者与被侵略者之间的互动，往往会引起保罗·詹姆斯（Paul James）所说的"效应"，即"拓展社会联系，即使这些联系带有敌对或分裂的性质"[1]。

尽管战争结束后，英国人与镇江居民之间的气氛发生了微妙变化，但镇江的老百姓对外国入侵者的深刻怀疑和不信任仍然存在。他们不仅加剧了对外国人普遍怀有邪恶意图的疑虑，尤其是那些妇女、儿童和老人的死亡，更使他们越发坚信英国人确实是野蛮、无情且泯灭人性的。恐惧在这些居民的内心根深蒂固，这一现象可从那位僧人特别的面部表

---

1 Paul James, *Globalization and Violence* (London: Sage Publications, 2007), ix.

情中表现得淋漓尽致：当英国士兵和他说话时，他几乎无法掩饰自己因恐惧而表现出的窘态。

因此，借由评估在镇江所发生的一切，我们认识到战争作为一种负面接触方式成为中国地方社会与近代帝国主义的"磨合"的具体体现，其中一方是被侵略者，而另一方是侵略者。这种"磨合"不仅给中国老百姓带来悲剧，而且加深双方之间的误解。这样一来，这场战争将镇江塑造成一个全球变迁中近代帝国主义的扩张，与中国深厚历史底蕴下地方社会变革紧密交织的舞台。

为了持续审视鸦片战争后中国的历史演变，我进一步探究了中国在19世纪下半叶整个跨区域贸易体系转型的过程。正如我们所见，中国地方社会在19世纪下半叶与全球经济转型进行了磨合。在这一时期，西方工业化国家强迫清朝签署一连串不平等条约，并通过设立包括镇江在内的条约口岸，渗透到长江沿岸地区。因此，像镇江这样的中小型城市面临来自清朝领土以外的一连串经济力量的冲击。在镇江发生的更深层变化来自于全球和中国本土因素的相互作用，而上海的崛起则是其中之一。

尽管上海的出现本身是众多全球经济变化的综合产物，但更是中国商人能够从19世纪中期开始抓住机遇，开拓东亚跨国贸易的直接结果。正是他们的这些努力直接创立了上海贸易网络。这不仅让过去中国境内早已存在的贸易网络——即商帮，能在跨国环境下互相协作，同时还透过亚洲的开放口岸和沿海地区，以及与这些口岸和地区连接的中国腹地的联系，将中国的本地市场与全球其他地区联系在一起。上海贸易网络的产生对中国社会的主要影响之一，是促进整个中国跨区域贸易体系的转型。

在上海崛起之前，跨区域贸易已经经历了多次变化，其中一些是由于大运河的衰落和河道的转移，导致一些河段无法使用。更多的变化出现在19世纪中期，蒸汽船的使用帮助开辟了东海岸的新贸易路线。而上海的崛起与这些变化相吻合，加速了整个跨区域贸易体系的转型。正如我们所看到的，在镇江加入上海贸易网络之前，许多商人已开始将他们的贸易活动从镇江迁往其他城市，如汉口、天津和烟台等地。这些商人"以利益为导向的经济行为"（借用美国社会学家罗纳德·博特〔Ronald Burt〕的说法）清晰地表明了跨区域贸易体系正处于一个全面调整阶段，即从原来的江河流域为主线转移到与新的亚洲贸易中心上海接轨。[1]

尽管失去了各地商人，镇江在跨区域贸易体系转型期间透过将自己变成来自长江两岸商人的经纪城市而幸存下来。19世纪下半叶，镇江成为了南北商人之间商品交换的中心，他们从台湾地区、东南亚及其他大陆的国家（如古巴）带来各种商品到镇江进行交易。同时，许多人将从镇江获得的本土产品运回家乡，或在香港和东南亚等地待售。

正如我们也注意到的那样，来到镇江的大多数商人都属于中国主要的商帮。每个商帮的凝聚因素似乎是隶属于同一家乡，尽管家族和血

---

1 有关伯特利益导向行为的理念，请参见 George Ritzer, ed., *Encyclopedia of Social Theory*, vol. 1 (Thousand Oaks: Sage Publications, 2005), 537。

缘所带来的亲和力也发挥了作用。就像美国著名社会学家哈里森·怀特（Harrison C. White）在欧洲所发现的那样，商贾集团的成员往往拥有多重身分，在不同的商人之间存在着各种联系，并在集团中同时扮演许多不同的角色。几个世纪以来，这些商贾集团，或者说是贸易网络本身，透过利用不同朝代的贸易政策等各种机会，扩大了他们的业务范围和贸易网络的规模，将其扩展至整个亚洲和太平洋地区的其他部分。[1]

我们在调查中发现，所有到达镇江的商人都必须遵循当地的习俗，透过牙行才能与长江对岸的商人进行贸易。这使得牙行能够透过操纵价格等手段控制市场，从而获得利益。透过社会关系理论，我们可以更好地理解他们的活动和权力来源。经济史学家卡尔·波兰尼（Karl Polanyi）认为，在近代社会之前，所有经济系统都深深嵌入于社会关系中，受到非经济体制（如家庭和亲戚关系）的控制。直到"近代交换经济"的兴起，契约交换才得以确立。[2]

如果我们仔细观察，就会发现镇江的所有贸易活动基本上都是透过

---

1 Harrison C. White, *Markets from Networks: Socioeconomic Models of Production* (Princeton: Princeton University Press, 2002).

2 K. Polanyi, "Our Obsolete Market Mentality, Commentary, vol. 3," in *Primitive, Archaic and Modern Economies: Essays of Karl Polanyi*, ed. George Dalton (Boston: 1968), 70; Karl Polanyi, et al., *Trade and Market in the Early Empires: Economies in History and Theory* (Glencoe, IL: The Free Press, 1957), 70-71; Karl Polanyi, *Dahomey and the Slave Trade: An Analysis of an Archaic Economy* (Seattle: University of Washington Press, 1966), xvii.

人际关系来进行，尽管并非总是透过家族和亲戚关系；而牙人的主要职能是借由操纵这些关系来体现。正如我们所见，贩卖北方商品和糖的牙人非常依赖与当地官员和富人的人际关系来获得当地市场认可。他们用饮酒、宴请和提供妓女来和客户建立关系。当他们需要获得贷款、收取债务和安排商人的货物运输时，他们仍然会诉诸于人际关系。

为了理解牙人在控制市场中的权力，我们可以参考哈里森·怀特提出的社会网络中三方关系的模型。哈里森·怀特认为，社会关系的一个基本原则是"行为者之间的关系结构决定了这些关系的内容"。例如，如果一个群体中的两方必须透过第三方才能相互沟通，那么该群体中的关系结构就是"不对称的"。在这种"不对称"的关系中，第三方拥有控制其他两方的权力，这使得它具有优势。如果我们仔细审视上述描述，就能够看出牙人的权力来源：来自于当地习俗，该习俗作为中国经纪传统的一部分，使得所有参与者之间的关系存在不对称性。[1]

此外，本研究让我们认识到牙人在中国社会中的存在历史久远，一直延伸至清朝晚期。过去的研究曾提出，明朝时期牙人在当地市场中拥有巨大影响力。他们凭借政府颁发的牌照，充当了农民和远方贸易商之间的中间人。然而，在清朝早期，由于商帮实力的增强，远方贸易商直接与农民接触，不再需要牙人的介入。到了清朝晚期，商帮进一步巩固了他们在当地市场供应链上的权力，导致牙人的权力急遽下降，经纪制

---

1 引自 George Ritzer, *Encyclopedia of Social Theory*, vol. 1, 536。

度也随之消失。[1]但本书的研究明确表示，晚清时期牙人不仅在地方市场上继续扮演重要角色，而且他们在这些市场上拥有极大权力。透过观察镇江市场的这一现实，我支持韩格理、张维安、高家龙和罗伦·布兰特（Loren Brandt）的观点，认为尽管清朝国家衰落，西方工业化国家进入中国，但19世纪中国地方社会的私营贸易机构变化极少。[2]

成为中介城镇并不是镇江在19世纪下半叶唯一的重大转变。另一个转变是当地商业社群加入了上海的贸易网络。虽然这个过程始于19世纪中叶，但它的根源可以追溯到19世纪前期，当时一群当地的鸦片商开始在当地市场出现。与他们的前辈不同，这些当地土栈主要依靠他们与上海富有人士的个人关系来获得货源，其中一些上海富有人士也是鸦片供货商。即使在19世纪末鸦片贸易衰退后，这些关系仍然继续发展，为当地商业社群在19世纪下半叶抓住机遇加入上海贸易网络打下了基础。

镇江当地商业社群在加入上海贸易网络的过程中，遇到的一个问题是难以建立财务联系，这是由于中国当时的货币价值和汇率混乱，以及社群缺乏上海同行的认可和接受所致。透过参考以下两项分析，我们可以更好地了解这些挑战的严峻。英国历史学家彼得·斯布福特（Peter Spufford）的一项研究探讨信用在前近代欧洲的重要性。根据斯布福特

---

1 参见Gary G. Hamilton, *Commerce and Capitalism in Chinese Societies*, 116-117。

2 对于高家龙和布兰特的类似观点，请参见Gary G. Hamilton, *Commerce and Capitalism in Chinese Societies*, 93-126。

的观点，信贷（以个人信用为担保的借贷）和其他支付方式是商人之间进行市场交换所需的财务联系途径。另一项分析由欧洲历史学家克雷格·穆德鲁（Craig Muldrew）和美国社会学家格兰诺维特提出，他们指出在前近代社会中，社交关系为信用提供了必要的保证。[1]

镇江的情况与这些分析高度一致。19 世纪下半叶，信贷是镇江与上海展开业务的主要手段。在近代银行系统出现之前，上海唯一能够保证信贷的方式是透过个人关系。然而，对于镇江的社群来说尚无此条件，这促使了镇江钱业公所的成立。该公所的领导者透过一连串加强人际关系的措施，展示了出色的战略眼光和对上海商业圈及私人金融机构内部运作的直觉。该公所还制定了一套规范商业行为的规则，并仿照 1897 年上海现代银行刚刚采用的新会计制度。此外，该公所还在上海设立一个办事处，为镇江的钱庄在该地发放的信贷提供担保。

除此之外，钱业公所承担了一项最为困难但也最为重要的任务，即梳理各种货币间的差异，并评估它们在当地和上海之间的汇率价值。正如罗伯特·加德拉（Robert Gardella）和梅爱莲（Andrea McElderry）的研究所揭示的那样，缺乏"标准的计量系统和交易媒介"是外国商人无法进入中国跨区域贸易的主要原因之一。根据他们的发现，我们可以推

---

1 Peter Spufford, *How Rarely Did Medieval Merchants Use Coin?* (Utrecht: Geldmuseum, 2008); Craig Muldrew, *The Economy of Obligation: The Culture of Credit and Social Relations in Early Modern England* (New York: St. Martin's Press, 1998); Mark Granovetter, "Economic Action and Social Structure: The Problem of Embeddedness," 60.

断出同样的混淆也可能会阻止镇江加入上海贸易网络。因此，该钱业公所的成就，是为当地商业社群成为上海贸易网络的一部分铺平了道路。[1]

根据这些证据，我不同意一些人对行会在促进经济增长方面的作用的看法。在中国历史学家中，关于行会在推动商人成功方面所起的作用，一直存在争议。一些研究将行会在中国受西方经济侵入期间所扮演的角色描绘为负面的。直到近年，林满红的研究才反驳了这种看法，指出行会帮助台湾地区商人在面对西方竞争时迎来了繁荣。[2]

正如这项研究所显示的，像镇江钱业公所这样的商业行会透过应对时代的挑战，超越了它们在本地区的主要职能，如制定市场价格、调节企业之间的贸易、促进本地情感和组织慈善活动，从而为当地商人的成功做出巨大贡献。此外，总的来说，中国商人能够利用国内所有经济变化，包括与西方工业化国家有关的全球经济扩张，以增强他们的利益，并在经济活动中取得成功。

由此可见，19世纪下半叶确实是中国地方社会与全球经济变化进行激烈磨合的时期。这些经济变化包括全球各地经济联系的不断增加，以

---

1 Robert Gardella, Jane Kate Leonard, and Andrea Lee McElderry, eds., *Chinese Business History: Interpretive Trends and Priorities for the Future* (Armonk: M. E. Sharpe, 1998), 74.

2 林玉茹与曾小萍（Madeleine Zelin）曾指出学术界对此讨论一直存有分歧，请参见Yu-ju Lin and Madeleine Zelin, *Merchant Communities in Asia, 1600-1980* (London: Pickering & Chatto, 2015), 6；关于林满红研究的讨论，请参见Robert Gardella, Jane Kate Leonard, and Andrea Lee McElderry, eds., *Chinese Business History: Interpretive Trends and Priorities for the Future*, 76。

及全球经济力量——其中一部分来自西方工业化国家的经济势力——深入渗透到中国地方社会。随着这种变化的发生，上海成为亚洲贸易中心，推动中国跨区域贸易体系从以中国本土为主、链结周边地区的模式，朝向以上海贸易网络为轴、连接全球各地的模式转型。这些变化为镇江创造了独特的局面，使这座城市开始失去在跨区域贸易中的历史主导地位。面对这种情况，新一代经纪人崛起，将城市转变为了中介城镇。同时，商业领袖利用他们在建立人脉方面的技巧，并采用创新措施来改进传统贸易机构的运作，从而将当地商业社群纳入上海贸易网络之中。透过这些努力，他们使镇江完全融入了整个中国经济转型的局势之中。

在研究了镇江发生的贸易体系转型后，我开始仔细研究中国在技术方面的历史转变。我所关注的是，镇江的人们，其中一些是小蒸汽船运输业的拥有者，是如何与外来的新技术磨合。就像在贸易转型中的表现一样，他们的目标不仅是在变化中生存，而且利用变化来改善他们的生活。正如我们看到的，镇江的人们经历了一段与这种技术的激烈磨合，这不仅是因为他们所处的社会环境所致，也是为了应对全球和地方变化的多方面挑战必须做出的不懈努力。

在第一次鸦片战争期间，西方工业化国家将蒸汽船引入中国，镇江由此成为全球范围内水运技术变化的一部分。这种蒸汽船技术不仅让英国炮艇能够在长江上航行，同时也被用于向中国大量抛售西方国家的机械制品。因此，蒸汽航行作为全球变迁之下的副产品，将中国的地方社会带入了以这些工业化国家的发明为中心的全球技术转型的洪流中。

可是，这项外来技术对于镇江人来说，不仅是一种新的水路旅行方式，而且为他们的日常生活带来一连串新的挑战和机遇。尽管蒸汽船技术使旅行者比以前更容易到达上海，但它也导致一连串的事故，并且常常危及生命。在许多方面，这种新颖的外国技术带来了一连串前所未有的情况。有些情况对当地人们有益，但也同时对他们造成损害。因此，对于生活在镇江的人来说，蒸汽船的到来意味着他们得不断与新技术进行磨合，就像普拉萨德的研究中看到的印度人在铁路出现后所经历的一样。[1]

在镇江老百姓与新技术磨合时，他们所在的地方社会也感受到了世界变化的影响，例如第一次世界大战的爆发，以及世界市场上煤炭价格的波动。尽管世界大战使欧洲国家转移了对中国的注意力，但它与铁路的出现一同导致了以蒸汽船为主的长途水路运输业的衰退。当一些本地公司在这些变化中受益时，世界市场上煤炭价格的突然上涨又几乎使它们破产。在镇江看到的全球和地方变化之间的直接联系表明，中国地方社会在 20 世纪初早已失去了"地方性"，而与全球变化紧密相连。

同时，正如科技史学家托马斯·休斯（Thomas Hughes）所指出的，"技术是混乱而复杂的"，充满了意想不到的因素。[2]由于蒸汽船技术的混乱和复杂性，镇江的居民有时不得不面对一些灾难，例如锅炉爆炸、船只相撞和乘客溺水。这些情况通常源于人们对新技术的不熟悉，或者

---

1 我采用普拉萨德相同的"日常"一词定义。Ritika Prasad, *Tracks of Change: Railways and Everyday Life in Colonial India*, 3, 9-10.

2 Thomas Parke Hughes, *Human-Built World: How to Think About Technology and Culture* (Chicago: University of Chicago Press, 2004).

技术本身所蕴含的安全隐患。此外，作为另一个意想不到的后果，普通人也不得不面对因外国人频繁出现，或外国政府干涉当地事务的而带来的各种困境。因此，这项外来技术的出现，增加了蒸汽船事故受害者家属和船运公司、普通人和地方政府，以及中国人和外国人之间的紧张关系。正如墨西哥科技史学家爱德华·贝蒂（Edward Beatty）所指出的，技术和社会背景之间的关系具有互动性，采用新技术和吸收新知识通常会给社会关系带来摩擦。[1]

此外，科技史学家唐纳德·麦肯锡（Donald A. MacKenzie）和朱迪·瓦伊克曼（Judy Wajcman）提醒我们，技术和社会并不是相互独立的实体。根据对经济落后国家的观察，普拉萨德、贝蒂和阿诺德都指出，当地社会背景在欧美技术于世界各地传播中发挥了重要作用。[2]

我们的调查发现，对于镇江人来说，由于他们所处的特殊环境，他们与外来技术的磨合具有某些与其他地方不同的特征。一方面，镇江与整个中国社会共享许多社会背景的因素，例如清朝除了用于官员交通外，不愿采用外国技术，以及清朝官员们对私人拥有蒸汽船的犹豫和阻

---

1 Edward Beatty, *Technology and the Search for Progress in Modern Mexico* (Oakland: University of California Press, 2015), 14.

2 Angela Dale and Jennifer Mason, *Understanding Social Research: Thinking Creatively About Method* (London: Sage Publications, 2011), 121; Donald A. MacKenzie and Judy Wajcman, *The Social Shaping of Technology*, 2nd ed. (Buckingham: Open University Press, 1999), 23; Edward Beatty, *Technology and the Search for Progress in Modern Mexico*, 14; David Arnold, *Everyday Technology: Machines and the Making of India's Modernity*, 42-43.

拦。与中国其他地区一样，镇江也经历了长时间的军阀混战，这一时期可以被称为"无国家的国家"（借用胡塞恩·亚当〔Hussein Adam〕和阿里·马兹鲁伊〔Ali Mazrui〕用来形容索马里在缺乏统一中央政府时的术语）。[1]可是，另一方面，镇江的社会环境有着一些特定的本地因素，这些包括地方权利机构的构成等因素影响了镇江人们与外来技术的磨合。即使没有当地官员的支持或对技术的了解，地方社团仍然采用了蒸汽船技术，这是由于有一群勇敢的本地企业家愿意接受外来技术。另一个原因是城市的地理位置，这使得镇江及长江沿岸的人更有可能直接受到蒸汽船到来的影响，而那些远离长江的人则没有这种可能。这些地方社会环境的因素，使得镇江和外来的技术的磨合成为了一个独特的过程。

虽然我强调社会背景在技术转型中的重要性，但并不意味着我持有一种"社会建构主义"观点，即将人们和外来技术磨合的过程，视为仅由社会背景内的各种因素来决定。相反，我认为人们普遍具有透过依靠自己的努力、智慧和技能来利用机会、规避障碍，并改变外来技术对自己生活影响的能力。[2]

类似于世界上其他地方的人们（如印度），镇江的居民在利用蒸汽船技术方面也遇到许多障碍。在某些情况下，小蒸汽船企业主被迫透过

---

1 该术语的讨论，参见 Abdullah A. Mohamoud, *State Collapse and Post-Conflict Development in Africa: The Case of Somalia (1960-2001)* (West Lafayette, IN: Purdue University Press, 2006), 18。

2 相信社会建构主义的人，往往认为社会背景决定了技术和科学的发展，参见 Ralph Schroeder, *Rethinking Science, Technology, and Social Change*, 1, 4 的讨论。

向外国大使馆登记，隐藏其中国身份，来对付腐败的地方官员。透过这些相当不寻常的方法，他们克服了逆境，在清朝放宽对私人拥有蒸汽船的控制后，便从日本手中夺回内河水道。透过采用蒸汽船这种被称为"混合性发明的技术"（在其发明地已成为相对"古老"的技术），他们不仅使蒸汽船成为中国内河运输的最实用工具，而且实现了英国文化评论家雷蒙·威廉斯（Raymond Williams）所提倡的任何一个社会必须在利用任何技术上实现的目标：使其成为人类能力的延伸。因此，镇江的人们依靠自己的努力、智慧和技能，克服挑战并将这些挑战转化为机遇。[1]

　　不可否认的是，中国的国家政权——包括清朝、军阀和国民政府——在地方社会与外来技术的磨合中扮演了重要角色。普拉萨德指出，磨合的过程往往不是由人们在一个特定地方所面临的具体变化和挑战所决定，而是由他们能够利用的"资源和克服障碍的组合因素"所决定。[2]如果我们将普拉萨德的分析方法应用于镇江，我们会发现，无论是清朝还是军阀，在镇江的普通人和外来技术磨合期间都未能为当地提供任何资源，无论是行政支持还是财政支持，尽管这些政权下的一些地方官员对使用新技术表示兴趣。事实上，相反的情况发生了。清朝禁止普通人

---

1 参见David Edgerton, *The Shock of the Old: Technology and Global History since 1900* (Oxford: Oxford University Press, 2007), 43。关于威廉斯的观点，参见David Croteau, et al., *Media/Society: Industries, Images, and Audiences*, 4th ed. (Thousand Oaks: Sage Publications, 2012), 290。

2 Ritika Prasad, *Tracks of Change: Railways and Everyday Life in Colonial India*, 20.

使用蒸汽船，而军阀则采取了掠夺性税收的手段，这些限制阻碍了小蒸汽船业主采用新技术，迫使他们不得不孤立地与新技术进行磨合。

但是，国民政府不仅改变了人们获取资源和克服障碍的组合条件，还透过积极的国家建设措施（比如资助基于慈善的救援组织，以及直接监督日常蒸汽船运输业务），将对地方的控制扩展到普通人生活的各个方面，包括他们与新技术的磨合经历。在整个磨合过程中，政府逐渐透过将当地组织推向次要地位而确立了其在地方社会中的权力。由于这些努力，国民政府使得地方社会与外来新技术的磨合不再如清末之前那样的"纯粹地方事务"。因此，本研究从中国技术转型的角度提供了更多佐证，证明国民政府成为了类似于日本、印度、埃及和巴基斯坦在技术发展过程中所出现的"日常国家政权"的实体。[1]

谈到"日常国家政权"，历史学家克里斯托弗·约翰·富勒（Christopher John Fuller）、维罗尼卡·贝内伊（Véronique Bénéï）和萨勒娃·伊斯梅尔（Salwa Ismail）发现，在日本、印度、埃及和巴基斯坦，"日常国家政权"的主要影响往往是在人们磨合技术时模糊了国家和社会之间的边界。我们的研究也可以观察到相似的情况。当国民政府扩大其在处理蒸汽船事故方面的国家职能，并直接参与解决方案的各个方面，包括在受害者家属和地方政府发生分歧后支付额外赔偿，国家政权

---

1 薛凤（Dagmar Schäfer）认为，从宋代到清代，技术和实践的努力是一个地方性的问题。参见 Dagmar Schäfer, *Cultures of Knowledge: Technology in Chinese History* (Leiden: Brill, 2012), 12。另参见 Sheldon M. Garon, *Molding Japanese Minds: The State in Everyday Life*。

与社会之间的边界无疑正在消失。这项研究再次证实了像杜赞奇这样的学者在其研究中提出的观点，即在中国抗日战争全面爆发（1937 年）之前，国民政府透过积极进行国家建设，深度介入中国地方社会，从而加强其政权的力量。[1]

因此，我们可以看到镇江的人们作为全球技术转型的一部分，在 20 世纪初与蒸汽航运这项由西方工业化国家发明的新技术进行了磨合。这种磨合过程发生在地方社会受到各种全球变化影响和多种地方因素组合的背景下。尽管这项新技术为他们提供了前所未有的机遇，但当地普通人在这个过程中面临各种挑战。除了国民政府之外，在清末以至于军阀时期，政府对地方上的蒸汽船业主使用这项技术缺乏热情，也增加了人们采用新技术时的困难。然而，镇江的人们勇于迎接挑战，透过自己的不懈努力和能力，成功地驾驭这些机会，并利用新技术改善了他们的生活。透过激烈的磨合，他们使得地方社会成为中国技术转型的一部分。

* * *

在 19 世纪和 20 世纪初，随着全球三大主要变化的出现，即近代帝

---

1 C. J. Fuller and Véronique Bénéï, *The Everyday State and Society in Modern India*, 1-2; Prasenjit Duara, *Culture, Power, and the State: Rural North China, 1900-1942* (Stanford: Stanford University Press, 1988); Huaiyin Li, *Village Governance in North China, 1875-1936* (Stanford: Stanford University Press, 2005); Xin Zhang, *Social Transformation in Modern China: The State and Local Elites in Henan, 1900-1937*.

国主义的兴起、世界经济一体化的加速，以及西方机械化技术的传播，中国经历了前所未有的历史演变。这场演变的特点主要表现为地方社会与这三大全球变迁之间的激烈磨合。由于这一磨合过程发生在中国的地方社会，而这些地方社会都带有一连串独特的社会因素，其中许多源自于中国悠久的历史和传统，这不仅给许多人带来痛苦，同时也为那里的人们带来各种挑战和机遇。中国的普通民众具备了在这场历史变迁中生存下来的能力。透过应对挑战并抓住全球变化带来的机遇，他们最终改变了地方社会，并以此让中国走上了自己的近代化之路。正是透过这一磨合过程，全球和地方的发展进程逐渐合在一起，形成了一个相互贯通的统一体。

主要原始资料

未出版文献

《人物资料长编》，镇江：镇江市政府，未出版。这是由当地历史学家在 1980 年代末撰写的手稿，包含了很多在其他地方无法获得且有价值的信息。

《壬寅兵事续钞》，收入《里乘》，第 2 卷，镇江：江苏省立国学图书馆，1934—1937。收集了包含英军入侵事件的目击者描述的个人作品。由当地文人于 1930 年代自行印制。

安庆文史资料编辑部，《安庆文史资料》，安庆：安庆文史资料编辑部，未出版。

陈庆年，《道光英舰破镇江记》，档案号 850000175，镇江：镇江市政府，未出版。陈庆年（1862—1929），镇江本地人。

程小苏，《安庆旧影》，安庆：安庆市档案馆，未出版。此为程小苏写于 19 世纪早期。

《道光壬寅兵事官书汇钞》，收入《里乘》，第 2 卷，镇江：江苏省立国学图书馆，1934—1937。收集了地方官员与道光皇帝之间有关英国入侵镇江的奏折和信件。这些文献是当地文人在 1930 年代自行印制的。

赵勋禾，《丹徒掌录》，镇江：镇江市档案馆，未出版。这是由赵勋禾（生活在 19 世纪后半叶），一位镇江地方文人编写的轶事集。

《镇江商业史料》，政府档案号 850000041（镇江：镇江市政府，未出版）。这是一份由匿名作者于 1950 年代末编写或编译的手稿，内容是关于镇江贸易的历史资料。

罗志让，《道光壬寅英兵犯城事》，政府档案号 85000021，镇江：镇江市政府，未出版。详细描述了英国侵略镇江的历史，作者罗志让，镇江人，生活在 19 世纪后半叶。

House of Commons. "Reports of Journeys in China and Japan by Members of Her Majesty's Consular Service and Others, 1869-1892." In *Irish University Press Area Studies Series, British Parliamentary Papers: China*. Shannon: Irish University Press, 1971.

私人日记和回忆录

由镇江本地文人撰写

朱士云，《草间日记》，重印本，台北：文海出版社，1986。

法芝瑞，《京口偾城录》，重印本，台北：文海出版社，1986。

杨棨，《出围城记》，重印本，台北：文海出版社，1986。

由参加侵略镇江的英国军官撰写

Bernard, W. D., and W. H. Hall. *Narrative of the Voyages and Services of the Nemesis from 1840 to 1843 and of the Combined Naval and Military Operations in China: Comprising a Complete Account of the Colony of Hong-*

Kong, and Remarks on the Character and Habits of the Chinese. London: H. Colburn, 1844.

Cunynghame, Arthur A. T. *An Aide-De-Camp's Recollections of Service in China, a Residence in Hong-Kong, and Visits to Other Islands in theChinese Seas*. London: Saunders and Otley, 1844.

Davis, John Francis. *China, During the War and since the Peace*. Vol. 1. London: Longman, Brown, Green, and Longmans, 1852.

Loch, Granville G. *The Closing Events of the Campaign in China the Operations in the Yang-Tze-Kiang and Treaty of Nanking*. London: J. Murray, 1843.

Low, Charles R. *Soldiers of the Victorian Age*. Vol. 1. London: Chapman and Hall. 1880.

Maclellan, John W. *The Story of Shanghai from the Opening of the Port to Foreign Trade*. Shanghai: North-China Herald Office, 1889.

MacPherson, Duncan. *The War in China: Narrative of the Chinese Expedition, from Its Formation in April, 1840, to the Treaty of Peace in August, 1842*. London: Saunders and Otley, 1843.

Mountain, Armine S. H. *Memoirs and Letters of the Late Colonel Armine S. H. Mountain, C. B., Aide-De-Camp to the Queen and Adjutant-General of Her Majesty's Forces in India*. London: Longman, Brown, Green, Longmans & Roberts, 1857.

Murray, Alexander. *Doings in China: Being the Personal Narrative of an Officer Engaged in the Late Chinese Expedition, from the Recapture of Chusan in 1841, to the Peace of Nankin in 1842*. London: R. Bentley, 1843.

Prichard, Iltudus Thomas. *The Administration of India from 1859-1868: The First Ten Years of Administration under the Crown*. Vol. 2. London: Macmillan, 1869.

Rait, Robert S. *The Life and Campaigns of Hugh, First Viscount Gough, Field-Marshal*. Westminster: A. Constable & Co., 1903.

Unknown. *The Last Year in China, to the Peace of Nanking as Sketched in Letters to His Friends*. London: Longman, Brown, Green, and Longmans, 1843.

由日本在中国从事小蒸汽船业务人员撰写

浅居诚一，《日清汽船株式会社三十年史及追补》，东京：日清汽船株式会社，1941。

档案与报纸数据

《小轮大公司各自单方》，《民国日报》（上海），1926 年 2 月 22 日。南京市图书馆特藏部。

《小轮公司竞争》，《申报》，1913 年 7 月 6 日。上海：申报出版社。镇江市政府。

《小轮公会之迁徙》，《民国日报》（上海），1921 年 12 月 12 日。南京市图书馆特藏部。

《小轮公会之迁徙》，《民国日报》（上海），1923 年 8 月 14 日。南京市图书馆特藏部。

《小轮纷纷停班》，《民国日报》（上海），1926 年 8 月 19 日。南京市图书馆特藏部。

《小轮添开镇清双班》，《民国日报》（上海），1924 年 5 月 29 日。南京市图书馆特藏部。

《小轮营业每况愈下》，《民国日报》（上海），1922 年 6 月 27 日。南京市图书馆特藏部。

《日清轮船公司情况》，镇江：镇江市档案馆，未出版。

王铁崖，《中外旧约章汇编》，第 3 卷，北京：生活·读书·新知三联书店，1957；微缩胶片，第 2 卷，21 厘米。

《北兵攻击小轮》，《民国日报》（上海），1916 年 9 月 18 日。南京市图书馆特藏部。

《瓜州口小轮失事：续》，《民国日报》（上海），1917 年 3 月 25 日。南京市图书馆特藏部。

《瓜州口小轮失事》，《民国日报》（上海），1917 年 3 月 24 日。南京市图书馆特藏部。

《交涉案严守秘密》，《民国日报》（上海），1916 年 9 月 28 日。南京市图书馆特藏部。

《同业竞争，小轮跌价》，《申报》，1912 年 6 月 29 日，上海：申报出版社。镇江市政府。

《收管小轮局》，《申报》，1912 年 1 月 19 日，上海：申报出版社。镇江市政府。

《江苏巡按使公署饬第 3965 号》，《江苏省公报》，1914 年 10 月 26 日。常熟市图书馆古籍部。

《江苏政治年鉴：交通》，《江苏政治年鉴》，1921 年。常熟市图书馆古籍部。

《江苏省公署批第 560 号》，《江苏省公报》，1922 年 3 月。常熟市图书馆。

《江苏省行政公署训令第 887 号（交通部令填送江苏省商轮表）》，《江苏省公报》，1914年。常熟市图书馆善本部。

江苏省行政公署实业司，《江苏省实业行政报告书：航政》，常熟：常熟市图书馆古籍部，1913。

《江苏省长公署批第1743号：呈请饬查禁船伙及拖船人等组织公所》，《江苏省公报》，1921年6月6日。镇江市图书馆。

《江苏省长公署批第1784号：呈为船伙私组团体贻害无穷》，《江苏省公报》，1921年6月19日。镇江市图书馆。

《江苏省长公署训令第269》，《江苏省公报》，1923年1月12日。常熟市图书馆。

《呈请金陵关道详送章票》，《长江镇江上游商船公会禀定规则》，南京：南京大学图书馆古籍部，未出版。

《批镇江航业公会第806号》，《江苏省政府公报》，1931年4月29日。镇江市图书馆。

《奔牛惨案俞世诚应负抚恤义务》，《江苏省政府公报》，1929年9月27日。南京市图书馆特藏部。

《奔牛轮惨案家属请愿》，《民国日报》（上海），1929年7月31日。南京市图书馆特藏部。

《招商局》，《中华年鉴》，政府档案号860004853，重印本，镇江市政府，1948。

《省府批镇江航业公会常务主席卢世铭第51号》，《江苏省政府公报》，1931年1月10日。镇江市图书馆。

《修正抚恤奔牛轮惨案》，《江苏省政府公报》，1929年11月11日。南京市图书馆特藏部。

《匪劫三轮，损失数万元》，《民国日报》（上海），1930年5月17日。

南京市图书馆特藏部。

《浙闽苏皖赣联军总司令部江苏省长公署批第 1760 号》，《江苏省公报》，1926 年。镇江市图书馆。

《航业公会成立》，《民国日报》（上海），1928 年 2 月 17 日。南京市图书馆特藏部。

《航业反对航政局之通启》，《民国日报》（上海），1923 年 10 月 27 日。南京市图书馆特藏部。

《商说两条》，《江南商务报》，1900 年。南京：江南商务总局，江苏社会科学院历史研究所典藏。

《焚船交涉之近况》，《民国日报》（上海），1916 年 9 月 18 日。南京市图书馆特藏部。

《焚船交涉续闻》，《民国日报》（上海），1916 年 8 月 23 日。南京市图书馆特藏部。

《无标题》，《申报》，1890 年 10 月 27 日。上海：申报出版社。镇江市政府。

《无标题》，《申报》，1890 年 4 月 25 日。上海：申报出版社。镇江市政府。

《无标题》，《申报》，1891 年 1 月 1 日。上海：申报出版社。镇江市政府。

《无标题》，《字林西报》（上海），1887 年 1 月 30 日。镇江市政府。

《无标题》，《东方杂志》，上海：商务印书馆，1904 年 7 月 8 日。镇江市政府。

《乡民焚烧拖船》，《民国日报》（上海），1916 年 8 月 19 日。南京市图书馆特藏部。

《禁烟局翻船案》，《民国日报》（上海），1928 年 1 月 27 日。南京市图书馆特藏部。

贾子义、于冷编，《江苏省会辑要目次》，镇江：镇江江南印书馆，1936。

《农工商部札》，《长江镇江上游商船公会禀定规则》。南京：南京大学图书馆古籍部，未出版。

《轮船公司流通存货》，《民国日报》（上海），1920 年 7 月 20 日。南京市图书馆特藏部。

《轮船须备救命那个圈》，《图画新闻》，1907 年。上海：上海实业报。镇江市图书馆。

《轮船试行续闻》，《申报》，1882 年 7 月 15 日。上海：申报出版社。镇江市政府。

《轮船撞沉趸船》，《图画新闻》，1910 年。上海：上海实业报。镇江市图书馆。

《战时长江航业谈》，《民国日报》（上海），1919 年 3 月 25 日。南京市图书馆特藏部。

《镇江航商董事会电》，《申报》，1912 年 9 月 27 日。上海：申报出版社。镇江市政府。

《镇江轮业带征浚治江运工程捐章程》，《江苏省政府公报》，1928 年 9 月。镇江市图书馆。

《镇江轮业带征浚治江运工程捐管理委员会章程》，《江苏省政府公报》，1930 年 6 月 28 日。南京市图书馆特藏部。

《镇江战前战后交通情况》，《实业新报》，1939 年 1 月 10 日。

《镇商创设义立商轮局》，《民国日报》（上海），1922 年 8 月 22 日。南京市图书馆特藏部。

《杂闻》，《申报》，1873 年，上海：申报出版社。镇江市政府。

《关于奔牛小轮惨案之肇祸事实及处理善后经过》，《江苏省政府公报》，1929 年 9 月 3 日。南京市图书馆特藏部。

《苏属财政说明书》，大连：大连大庙图书馆，未出版。

清代文献集锦

《大清圣祖仁皇帝实录》，重印本，台北：华文书局，1964。

文庆等编，《筹办夷务始末，道光朝》，重印本，台北：文海出版社，1970。

夏燮、谢逊、高宏志，《中西纪事》，重印本，长沙：岳麓书社，1988。

《清圣祖实录选辑》，重印本，台北：大通书局，1987。

赵尔巽编，《耆英烈传》，收入《清史稿》，重印本，香港：香港文学研究社，1960。

赵尔巽编，《陈化成海龄传》，收入《清史稿》，重印本，香港：香港文学研究社，1960。

魏源，《圣武记》，重印本，北京：中华书局，1984。

其他出版文献

中国人民政治协商会议安徽省委员会文史资料研究委员会编，《江淮工商》，合肥：安徽人民出版社，1987。

中国人民政治协商会议江苏省委员会文史资料研究委员会编，《江苏工商经济史料》，江苏文史资料第 31 辑，南京：江苏文史资料编辑部，1989。

中国人民政治协商会议江苏省镇江市委员会文史资料研究委员会编，《镇江文史资料》第 17 辑"文化教育专辑"，镇江：镇江文史数据编辑委员会，1990。

中国人民政治协商会议福建省莆田市委员会文史资料研究委员会编，《莆田市文史资料》，第 2 卷，福州：福建人民出版社，2003。

中国人民银行总行参事室编，《中华民国货币史资料·第一辑·1912—1927》，第 1 卷，上海：上海人民出版社，1986。

中国第一历史档案馆，《鸦片战争档案史料》，上海：上海人民出版社，1987。

外务省通商局，《苏杭事情》，东京：外务省通商局，1921。

李小建，《记镇江义渡船》，《镇江文史资料》，镇江：镇江市政协，1987。

肖正德、茅春江编，《张謇所创企业事业概览》，南通：南通市档案馆，2000。

高觐昌，《续丹徒县志》，镇江：无出版者，1930。

刘坤一，中国科学院历史研究所第三所主编，《刘坤一遗集》，第 2 卷，北京：中华书局，1959。

钟瑞等编，《京口八旗志》，1879 年重印本，哥伦比亚大学典藏。

镇江市工商联，《镇江糖，北货业的百年兴衰》，《镇江文史资料》，镇江：镇江市政协，1989。

《镇江海关贸易论略》，《镇江地方志资料选辑》，镇江：镇江地方志办公室，1987。

引用书刊目录

上海金融志编纂委员会，《上海金融志》，上海：上海社会科学院出版社，2003。

大生系统企业史编写组，《大生系统企业史》，南京：江苏古籍出版社，1990。

山西财经大学晋商研究院，《晋商与中国商业文明》，北京：经济管理出版社，2008。

中国史学会主编；齐思和、林树惠、寿纪瑜，《鸦片战争》，上海：神州国光社，1954。

内田直作，《日本華僑社会の研究》，东京：同文馆，1949。

方志远，《江右商帮》（中国十大商帮丛书），香港：中华书局，1995。

王笛，《跨出封闭的世界：长江上游区域社会研究（1644—1911）》，北京：中华书局，2001。

王树槐，《中国现代化的区域研究：江苏省（1860—1916）》，第48卷，台北："中研院"近代史研究所，1984。

朱瑾如、童西苹编，《镇江指南》，镇江：镇江指南编辑社，1931。

江天凤编，《长江航运史（近代部分）》，北京：人民交通出版社，1992。

江苏社会科学院《江苏史纲》课题组，《江苏史纲（近代卷）》，南京：江苏古籍出版社，1993。

江苏省交通史志编纂委员会，《江苏公路交通史》中国公路交通史丛书，北京：人民交通出版社，1989。

江苏省社会科学院，《江海学刊》，南京：江海学刊编辑部，1986。

江苏省政协文史资料委员会、南通市政协学习文史委员会编，《江海春秋》，南京：江苏文史数据编辑部，1998。

江苏省扬州市地方志编纂委员会编，《扬州市志》，第1卷，上海：中国大百科全书出版社，1997。

何立波，《鸦片战争时中英双方武器之比较》，http://www.zisi.net/htm/ztlw2/zggds/2005-05-10-20645.htm.

吴比，《革命与生意：辛亥革命中的商业与商人命运》，杭州：浙江大学出版社，2011。

吴承明编，《中国资本主义与国内市场》，新北：谷风出版社，1987。

李刚、赵沛，《大话陕商》，西安：陕西人民出版社，2007。

李鑫生，《鲁商文化与中国商帮文化》，济南：山东人民出版社，2010。

周振鹤，《中国历史文化区域研究》，上海：复旦大学出版社，1997。

东亚同文会，《支那省别全志》，第15卷，东京：东亚同文会，1917—1920。

东亚同文会，《支那经济全书》，第3卷，东京：丸善株式会社，1907—1908。

《近代镇江港口两起重大惨案》，《镇江文史资料》，镇江：镇江市政协文史资料委员会，1989。

长江流域规划办公室，《今日长江》，北京：水利电力出版社，1985。

范金民、夏爱军，《洞庭商帮》，合肥：黄山书社，2005。

范然、张立编，《江河要津》，南京：江苏人民出版社，2004。

茅家琦编，《横看成岭侧成峰：长江下游城市近代化的轨迹》，南京：江苏人民出版社，1993。

茅海建，《天朝的崩溃：鸦片战争再研究》，北京：生活·读书·新知三联书店，1995。

徐正元等编，《芜湖米市述略》，北京：中国展望出版社，1988。

张立，《镇江交通史》，北京：人民交通出版社，1989。

张研，《清代社会经济史研究》，北京：北京师范大学出版社，2010。

张华、杨休、季士家，《清代江苏史概》，南京：南京大学出版社，1990。

张华等，《清代家书》，南京：江苏人民出版社，1987。

曹树基，《清代江苏城市人口研究》，《杭州师范学院学报（社会科学版）》，2002 年第 4 期。

许伯明编，《吴文化概观》，南京：南京师范大学出版社，1997。

郭孝义编，《江苏航运史（近代部分）》，北京：人民交通出版社，1990。

陈学文，《龙游商帮研究：近世中国著名商帮之一》，杭州：杭州出版社，2004。

彭泽益、王仁远编，《中国盐业史国际学术讨论会论文集》，成都：四川人民出版社，1991。

杨涌泉编，《中国十大商帮探秘》，北京：企业管理出版社，2005。杨端六编，《清代货币金融史稿》，北京：生活·读书·新知三联书店，1962。

万绳楠、庄华峰、陈梁舟，《中国长江流域开发史》，合肥：黄山书社，1997。

隗瀛涛，《中国近代不同类型城市综合研究》，成都：四川大学出版社，1998。

刘鸿亮，《明清王朝红夷大炮的盛衰史及其问题研究》，《哈尔滨工业大学学报（社会科学版）》，2005 年第 1 期。

刘鸿亮，《第一次鸦片战争时期中英双方火炮的技术比较》，《清史研究》，2006 年第 3 期。

郑佳节、高岭，《魅力徽商》，北京：北京工业大学出版社，2007。

鲍亦骐编，《芜湖港史》，武汉：武汉出版社，1989。

龙登高，《江南市场史：十一至十九世纪的变迁》，北京：清华大学出版社，2003。

戴惠珍、王鹤鸣、杨雨润，《安徽现代史》，合肥：安徽人民出版社，1997。

滨下武志，〈朝貢と条約—東アジア開港場をめぐる交渉の時代 1834—94〉，收入沟口雄三等编，《アジアから考える 3：周緣からの歴史》，东京：东京大学出版，1994。

滨下武志，《中国近代经济史研究：末海关财政と開港場市場圏》，东京：汲古书院，1989。

滨下武志，《近代中国の国際的契機：朝貢貿易システムと近代アジア》，东京：东京大学出版会，1990。

滨下武志，《朝貢システムと近代アジア》，东京：岩波书店，1997。

镇江市地方志编纂委员会编，《镇江市志》，第 1 册，上海：上海社会科学院出版社，1993。

磨合：
近代镇江的全球化之旅

镇江市地方志办公室编,《镇江要览》,南京:江苏古籍出版社,1989。

镇江港史编审委员会,《镇江港史》,北京:人民交通出版社,1989。

魏建猷,《中国近代货币史》,上海:群联出版社,1955。

严其林,《镇江史述》,长春:吉林文史出版社,2006。

严学熙主编,《论张謇——张謇国际学术研讨会论文集》,南京:江苏人民出版社,1993。

苏文菁,《闽商文化论》,北京:中华书局,2010。

笼谷直人,《アジア國際通商秩序と近代日本》,名古屋:名古屋大出版会,2000。

Abernethy, David B. *The Dynamics of Global Dominance: European Overseas Empires, 1415-1980*. New Haven: Yale University Press, 2000.

Abrams, Dennis. *The Treaty of Nanking*. New York: Chelsea House, 2011.

Abu-Lughod, Janet L. *Before European Hegemony: The World System A.D.1250-1350*. New York: Oxford University Press, 1989.

———. *The World System in the Thirteenth Century: Dead End or Precursor?* Washington: American Historical Association, 1993.

Adas, Michael. *Machines as the Measure of Men: Science, Technology, and Ideologies of Western Dominance*. Ithaca: Cornell University Press, 1989.

Adshead, Samuel A. *T'ang China: The Rise of the East in World History*. Houndmills: Palgrave Macmillan, 2004.

Agnes, Michael. *Webster's New World College Dictionary*. 4th ed. Cleveland: Wiley, 2010.

Ali, Tariq Omar. *A Local History of Global Capital: Jute and Peasant Life in the Bengal Delta.* Princeton; Oxford: Princeton University Press, 2018.

Allen, Robert C., Tommy Bengtsson, and Martin Dribe. *Living Standards in the Past: New Perspectives on Well-Being in Asia and Europe.* Oxford: Oxford University, 2005.

Appadurai, Arjun. *Modernity at Large: Cultural Dimensions of Globalization.* Minneapolis: University of Minnesota Press, 1996.

Arnold, David. *Everyday Technology: Machines and the Making of India's Modernity.* Chicago: University of Chicago Press, 2013.

Badie, Bertrand, et al., ed. *International Encyclopedia of Political Science.* Vol. 1. Thousand Oaks: Sage Publications, 2011.

Barkawi, Tarak. "Connection and Constitution: Locating War and Culture in Globalization Studies." In *Globalization and Violence (Globalization War and Intervention)*, edited by Paul James and Jonathan Friedman. London: Sage Publications, 2006.

———. *Globalization and War.* Lanham, MD: Rowman & Littlefield, 2006.

Basch, Linda, et al. *Nations Unbound: Transnational Projects, Postcolonial Predicaments, and Deterritorialized Nation-States.* Langhorne: Gordon and Breach, 1994.

Baumler, Alan. *The Chinese and Opium under the Republic: Worse Than Floods and Wild Beasts.* Albany: State University of New York Press, 2007.

Bayly, Christopher A. *The Birth of the Modern World, 1780-1914: Global Connections and Comparisons.* Malden: Blackwell Publishing, 2004.

———. "Rallying around the Subaltern." In *Mapping Subaltern Studies and the Postcolonial*, edited by Vinayak Chaturvedi. London: Verso, 2012.

Bayly, Christopher A., et al. "Ahr Conversation: On Transnational History." *American Historical Review* 111, no. 5 (2006): 1441-446.

Bays, Daniel H., and Ellen Widmer. *China's Christian Colleges: Cross-Cultural Connections, 1900-1950*. Stanford: Stanford University Press, 2009.

Beatty, Edward. *Technology and the Search for Progress in Modern Mexico*. Oakland: University of California Press, 2015.

Beckwith, Christopher I. *Empires of the Silk Road: A History of Central Eurasia from the Bronze Age to the Present*. Princeton: Princeton University Press, 2009.

Bello, David. "Opium in Xinjiang and Beyond." In *Opium Regimes: China, Britain, and Japan, 1839-1952*, edited by Timothy Brook, Patrick Carr, and Maria Kefalas. Berkeley: University of California Press, 2000.

Benedict, Carol. *Golden-Silk Smoke: A History of Tobacco in China, 1550-2010*. Berkeley: University of California Press, 2011.

Bentley, Jerry H. *Old World Encounters: Cross-Cultural Contacts and Exchanges in Pre-Modern Times*. Oxford: Oxford University press, 1993.

Belsky, Richard. *Localities at the Center: Native Place, Space, and Power in Late Imperial Beijing*. Cambridge: Harvard University Asia Center, 2005.

Bergère, Marie-Claire. *Shanghai: China's Gateway to Modernity*. Stanford: Stanford University Press, 2010.

Bessel, Richard, et al. *No Man's Land of Violence: Extreme Wars in the 20th Century*. Göttingen: Wallstein, 2006.

Bickers, Robert A. *The Scramble for China: Foreign Devils in the Qing Empire, 1832-1914*. London: Penguin, 2012.

Bijker, Wiebe E., et al. *The Social Construction of Technological Systems: New Directions in the Sociology and History of Technology*. Cambridge: MIT Press, 2012.

Bloom, Alfred H. *The Linguistic Shaping of Thought: A Study in the Impact of Language on Thinking in China and the West*. Hillsdale: L. Erlbaum, 1981.

Blussé, Leonard. *Strange Company: Chinese Settlers, Mestizo Women, and the Dutch in Voc Batavia*. Dordrecht: Foris Publications, 1986.

Bol, Peter K. "The Rise of Local History: History, Geography, and Culture in Southern Song and Yuan Wuzhou." *Harvard Journal of Asiatic Studies* 61, no. 1 (2001): 37-76.

———. 〈地域史と後帝政國について‐金華の場合〉，《中國‐社會と文化》，20 (2005): 364-389。

Borao, José Eugenio. *The Spanish Experience in Taiwan, 1626-1642: The Baroque Ending of a Renaissance Endeavor*. Hong Kong: Hong Kong University Press, 2009.

Boulnois, Luce. *Silk Road: Monks, Warriors and Merchants*. Hong Kong: Odyssey, 2004.

Braudel, Fernand. *Civilization and Capitalism, 15th-18th Century*. 3 vols. New York: Harper & Row, 1982.

Bray, Francesca. *Technology and Gender: Fabrics of Power in Late Imperial China*. Berkeley: University of California Press, 1997.

———. *Technology and Society in Ming China, 1368-1644, Historical Perspectives on Technology, Society, and Culture*. Washington: American Historical Association, 2000.

4

————. *Technology, Gender and History in Imperial China: Great Transformations Reconsidered*. Asia's Transformations. London: Routledge, 2013.

Bray, Francesca, et al. *Rice: Global Networks and New Histories*. New York: Cambridge University Press, 2015.

Breisach, Ernst. *Historiography: Ancient, Medieval, and Modern*. 3rd ed. Chicago; London: University of Chicago Press, 2007.

Birns, Jack, Carolyn Wakeman, and Ken Light. *Assignment, Shanghai: Photographs on the Eve of Revolution*. Berkeley: University of California Press, 2003.

Bodde, Derk. *Chinese Thought, Society, and Science: The Intellectual and Social Background of Science and Technology in Pre-Modern China*. Honolulu: University of Hawaii Press, 1991.

Bordwell, David. *Planet Hong Kong: Popular Cinema and the Art of Entertainment*. Cambridge: Harvard University Press, 2000.

Brockey, Liam Matthew. *Journey to the East: The Jesuit Mission to China, 1579-1724*. Cambridge: Belknap Press of Harvard University Press, 2007.

Brook, Timothy. *Collaboration: Japanese Agents and Local Elites in Wartime China*. Cambridge: Harvard University Press, 2005.

————. *Vermeer's Hat: The Seventeenth Century and the Dawn of the Global World*. New York: Bloomsbury Press, 2010.

Brook, Timothy, and Bob Tadashi Wakabayashi, ed. *Opium Regimes: China, Britain, and Japan, 1839-1952*. Berkeley: University of California Press, 2000.

Brooke, John. "Chapter Three: Ecology." In *A Companion to Colonial*

America, edited by Daniel Vickers. Malden: Blackwell, 2003.

Brophy, David John. *Uyghur Nation: Reform and Revolution on the Russia-China Frontier.* Cambridge: Harvard University Press, 2016.

Brown, Davis L. *The Sword, the Cross, and the Eagle: The American Christian Just War Tradition.* Lanham: Rowman & Littlefield Publishers, 2008.

Brown, Rajeswary Ampalavanar. *Chinese Business Enterprise.* 4 vols. London: Routledge, 1996.

Bruce, Jacobs, J. "Uneven Development: Prosperity and Poverty in Jiangsu." In *The Political Economy of China's Provinces: Comparative and Competitive Advantage*, edited by Hans J. Hendrischke and Chongyi Feng. London: Routledge, 1999.

Brundage, Mathew T. "In Opposition to a Dark and Ignorant People: British Domestic Representations of He Chinese, 1834-1850." M.A. Thesis, Kent State University, 2007.

Buhaug, Halvard, and Nils P. Gleditsch. "The Death of Distance? The Globalization of Armed Conflict." In *Territoriality and Conflict in an Era of Globalization*, edited by Miles Kahler and Barbara F. Walter. Cambridge: Cambridge University Press, 2006.

Burawoy, Michael, et al. *Global Ethnography: Forces, Connections, and Imaginations in a Postmodern World.* Berkeley: University of California Press, 2000.

Burkhardt, Mike. "Networks as Social Structures in Late Medieval and Early Modern Towns: A Theoretical Approach to Historical Network Analysis." In *Commercial Networks and European Cities, 1400-1800*, edited by Andrea

Caracausi and Christof Jeggle. London: Pickering & Chatto, 2014.

Carroll, John M. *Edge of Empires: Chinese Elites and British Colonials in Hong Kong*. Cambridge: Harvard University Press, 2005.

Carroll, Peter J. *Between Heaven and Modernity: Reconstructing Suzhou, 1895-1937*. Stanford: Stanford University Press, 2006.

Cartier, Carolyn. *Globalizing South China*. Malden: Blackwell Publishers, 2001.

———. "Origins and Evolution of a Geographical Idea: The Macroregion in China." *Modern China* 28, no. 1 (2002): 79-143.

Carvajal de la Vega, David. "Merchant Networks in the Cities of the Crown of Castile." In *Commercial Networks and European Cities: 1400-1800*, edited by Andrea Caracausi and Christof Jeggle. London: Pickering & Chatto, 2014.

Cassel, Pär Kristoffer. *Grounds of Judgment: Extraterritoriality and Imperial Power in Nineteenth-Century China and Japan*. Oxford: Oxford University Press, 2012.

Castanha, Tony. *The Myth of Indigenous Caribbean Extinction: Continuity and Reclamation in Borikén (Puerto Rico)*. 1st ed. New York: Palgrave Macmillan, 2011.

Castells, Manuel. *The Informational City: Information Technology, Economic Restructuring, and the Urban-Regional Process*. Oxford: B. Blackwell, 1989.

———. *The Rise of the Network Society*. Malden: Blackwell, 1996.

Chan, Wellington K. K. "Chinese Entrepreneurship since Its Late Imperial Period." In *The Invention of Enterprise: Entrepreneurship from Ancient*

Mesopotamia to Modern Times, edited by D. S. Landes, Joel Mokyr, and William J. Baumol. Princeton: Princeton University Press, 2010.

Chang, Elizabeth Hope. *Britain's Chinese Eye: Literature, Empire, and Aesthetics in Nineteenth-Century Britain*. Stanford: Stanford University Press 2010.

Chaudhuri, K. N. *Trade and Civilisation in the Indian Ocean: An Economic History from the Rise of Islam to 1750*. Cambridge: Cambridge University Press, 1985.

Chen, Li. *Chinese Law in Imperial Eyes: Sovereignty, Justice, and Transcultural Politics*. New York: Columbia University Press, 2016.

Chen, Song-Chuan. *Merchants of War and Peace: British Knowledge of China in the Making of the Opium War*. Hong Kong: Hong Kong University Press, 2017.

Cheng, Linsun. *Banking in Modern China: Entrepreneurs, Professional Managers and the Development of Chinese Banks, 1897-1937*. Cambridge Modern China Series. New York: Cambridge University Press, 2003.

Cheung, Sidney, and David Y. H. Wu. *The Globalization of Chinese Food*. Hoboken: Taylor and Francis, 2014.

Chilcote, Ronald H. *Imperialism: Theoretical Directions. Key Concepts in Critical Theory*. Amherst, NY: Humanity Books, 2000.

Cipolla, Carlo M. *Guns and Sails in the Early Phase of European Expansion, 1400-1700*. London: Collins, 1965.

Chiranan, Prasertkul. *Yunnan Trade in the Nineteenth Century: Southwest China's Cross-Boundaries Functional System*. Asian Studies Monographs. 1.

publ. ed. Bangkok: Institute of Asian Studies Chulalongkorn University, 1989.

Chu, YiuWai "Postcolonial Discourse in the Age of Globalization." *Social Analysis* 46, no. 2 (2002): 148-156.

Clavin, Patricia. "Defining Transnationalism." *Contemporary European History* 14, no. 4 (2005): 421-439.

Clayton, Cathryn H. *Sovereignty at the Edge: Macau & the Question of Chineseness.* Cambridge: Harvard University Asia Center, 2009.

Cochran, Sherman. *Chinese Medicine Men: Consumer Culture in China and Southeast Asia.* Cambridge: Harvard University Press, 2006.

————. "Chinese and Overseas Chinese Business History: Three Challenges to the State of the Field." In *Chinese and Indian Business: Historical Antecedents*, edited by Medha M. Kudaisya and C. K. Ng. Leiden: Brill, 2009.

Cohen, Paul A. *China Unbound: Evolving Perspectives on the Chinese Past.* London; New York: Routledge, 2003.

————. *Discovering History in China: American Historical Writing on the Recent Chinese Past.* New York: Columbia University Press, 2010.

Cohen, R. S. *Chinese Studies in the History and Philosophy of Science and Technology.* Translated by Kathleen Dugan and Jiang Mingshan. Boston Studies in the Philosophy of Science. Dordrecht; Boston: Kluwer Academic Publishers, 1996.

Cook, James W., Lawrence B. Glickman, and Michael O'Malley. *The Cultural Turn in U.S. History: Past, Present, and Future.* Chicago: University of Chicago Press, 2008.

Cree, Edward H., and Michael Levien. *Naval Surgeon: The Voyages of Dr.*

Edward H. Cree, Royal Navy, as Related in His Private Journals, 1837- 1856. 1st ed. New York: E. P. Dutton, 1982.

Crosby, Alfred W. *Ecological Imperialism: The Biological Expansion of Europe, 900-1900*. Cambridge: Cambridge University Press, 1986.

Crossley, Pamela Kyle. *A Translucent Mirror: History and Identity in Qing Imperial Ideology*. Berkeley: University of California Press, 1999.

Croteau, David, et al. *Media/Society: Industries, Images, and Audiences*. 4th ed. Thousand Oaks: Sage Publications, 2012.

Cunynghame, Arthur A. T. *An Aide-De-Camp's Recollections of Service in China, a Residence in Hong-Kong, and Visits to Other Islands in the Chinese Seas*. London: Saunders and Otley, 1844.

Dale, Angela, and Jennifer Mason. *Understanding Social Research: Thinking Creatively About Method*. London: Sage Publications, 2011.

Daly, Jonathan W. *Historians Debate the Rise of the West*. Abingdon: Routledge, 2014.

Darwin, John. *After Tamerlane: The Global History of Empire since 1405*. London: Allen Lane, 2007.

Davids, Karel. *Religion, Technology, and the Great and Little Divergences: China and Europe Compared, c. 700-1800*. Leiden: Brill, 2012.

Dawson, Christopher. *Religion and the Rise of Western Culture*. London: Sheed & Ward, 1950.

Deng, Gang. *Maritime Sector, Institutions, and Sea Power of Premodern China*. Westport, CT: Greenwood Press, 1999.

Dikötter, Frank. *Exotic Commodities: Modern Objects and Everyday Life in*

China. New York: Columbia University Press, 2006.

Dirlik, Arif. "Place-Based Imagination: Globalism and the Politics of Place." In *Places and Politics in an Age of Globalization*, edited by Roxann Prazniak and Arif Dirlik. Lanham: Rowman & Littlefield, 2001.

Dong, Madeleine Yue. *Republican Beijing: The City and Its Histories.* Berkeley: University of California Press, 2003.

Dozier, Rush W. *Fear Itself: The Origin and Nature of the Powerful Emotion That Shapes Our Lives and Our World.* 1st ed. New York: St. Martin's Press, 1998.

Duara, Prasenjit. *Culture, Power, and the State: Rural North China, 1900-1942.* Stanford: Stanford University Press, 1988.

———. *The Global and Regional in China's Nation-Formation.* London; New York: Routledge, 2009.

———. "Asia Redux: Conceptualizing a Region for Our Times." *Journal of Asian Studies* 69, no. 4 (2010): 963-983.

———. *The Crisis of Global Modernity: Asian Traditions and a Sustainable Future.* Cambridge; New York: Cambridge University Press, 2015.

Durkheim, Émile. *On Suicide* (in Translated from French). London: Penguin Books, 2006.

Edgerton, David. *The Shock of the Old: Technology and Global History since 1900.* Oxford: Oxford University Press, 2007.

Eisenstadt, S. N. *Tradition, Change, and Modernity.* New York: Wiley, 1973.

———. *Traditional Patrimonialism and Modern Neopatrimonialism. Studies in Comparative Modernization Series*. Beverly Hills CA: Sage Publications, 1973.

————. *Revolution and the Transformation of Societies: A Comparative Study of Civilizations*. New York: Free Press, 1978.

Elliott, Mark C. *Emperor Qianlong: Son of Heaven, Man of the World*. New York: Longman, 2009.

Elman, Benjamin A. " 'Universal Science' versus 'Chinese Science' : The Changing Identity of Natural Studies in China, 1850-1930." *Historiography East and West* 1, no. 1 (2003): 68-116.

————. *On Their Own Terms: Science in China, 1550-1900*. Cambridge: Harvard University Press, 2005.

————. *A Cultural History of Modern Science in China*. Cambridge: Harvard University Press, 2006.

El-Ojeili, Chamsy, and Patrick Hayden. *Critical Theories of Globalization*. Basomgstoke England; New York: Palgrave Macmillan, 2006.

Esherick, Joseph. "Harvard on China: The Apologetics of Imperialism." *Bulletin of Concerned Asian Scholars* 4, no. 4 (1972): 3-8, 9-16.

Esherick, Joseph, and Mary B. Rankin. *Chinese Local Elites and Patterns of Dominance*. Berkeley: University of California Press, 1990.

Fairbank, John King, Martha Henderson Coolidge, and Richard J. Smith. *H. B. Morse, Customs Commissioner and Historian of China*. Lexington: University Press of Kentucky, 1995.

Fairbank, John King, and S. Y. Teng. "On the Ch' ing Tributary System." *Harvard Journal of Asiatic Studies* 6, no. 2 (1941): 135-246.

Fan, Fa-ti. *British Naturalists in Qing China: Science, Empire, and Cultural Encounter*. Cambridge: Harvard University Press, 2004.

Faure, David. "An Institutional View of Chinese Business." In *Chinese and Indian Business Historical Antecedents*, edited by Medha M. Kudaisya and Chin-Keong Ng. Leiden: Brill, 2009.

Fay, Peter Ward. *The Opium War, 1840-1842: Barbarians in the Celestial Empire in the Early Part of the Nineteenth Century and the War by Which They Forced Her Gates Ajar*. Chapel Hill: University of North Carolina Press, 1997.

Feuerwerker, Albert. *China's Early Industrialization: Sheng Hsuan-Huai (1844-1916) and Mandarin Enterprise*. Cambridg: Harvard University Press, 1958.

Finnane, Antonia. *Speaking of Yangzhou: A Chinese City, 1550-1850*. Cambridge: Harvard University Asia Center, 2004.

Fischer, Claude S. *America Calling: A Social History of the Telephone to 1940.*Berkeley: University of California Press, 1992.

Fletcher, Joseph. "China and Trans Caspia, 1368-1884." In *The Chinese World Order: Traditional China's Foreign Relations*, edited by John K. Fairbank. Cambridge: Harvard University Press, 1968.

Flynn, Dennis O. "Precious Metals and Money, 1200-1800." In *Handbook of Key Global Financial Markets, Institutions and Infrastructure*, edited by Gerard Caprio, Douglas W. Arner, and Thorsten Beck. Boston: Academic Press, 2012.

Flynn, Dennis O., and Arturo Giráldez. "Money and Growth without Development: The Case of Ming China." In *Asia Pacific Dynamism, 1550-2000*, edited by Heita Kawakatsu and A. J. H. Latham. London: Routledge, 2000.

————. "Globalization Began in 1571." In *Globalization and Global History*, edited by Barry K. Gills and William R. Thompson. London: Routledge, 2006.

Frank, Andre Gunder. "The Development of Underdevelopment." In *Dependence and Underdevelopment: Latin America's Political Economy*, edited by Andre Gunder Frank, James D. Cockcroft, and Dale John- son. Garden City, NY: Anchor Books, 1972.

————. *Reorient: Global Economy in the Asian Age*. Berkeley: University of California Press, 1998.

Friedmann, John. "Reflections on Place and Place-Making in the Cities of China." *International Journal of Urban and Regional Research* 31, no. 2 (2007): 256-279.

Fuller, C. J., and Véronique Bénéï. *The Everyday State and Society in Modern India*. London: Hurst, 2001.

Furuta, Kazuko. "Kobe Seen as Part of the Shanghai Trading Network: The Role of Chinese Merchants in the Re-Export of Cotton Manufactures to Japan." In *Japan, China, and the Growth of the Asian International Economy, 1850-1949*, edited by Kaoru Sugihara. Oxford: Oxford University Press, 2005.

Fusaro, Maria. "Cooperating Mercantile Networks in the Early Modern Mediterranean." *Economic History Review* 65 (2012): 701-718.

Gabardi, Wayne. *Negotiating Postmodernism*. Minneapolis: University of Minnesota Press, 2001.

Gardella, Robert, Jane Kate Leonard, and Andrea Lee McElderry, eds.

Chinese Business History: Interpretive Trends and Priorities for the Future. Armonk: M. E. Sharpe, 1998.

Garon, Sheldon M. *Molding Japanese Minds: The State in Everyday Life.* Princeton: Princeton University Press, 1997.

Geertz, Clifford. *The Interpretation of Cultures: Selected Essays.* New York: Basic Books, 1973.

Gelber, Harry Gregor. *Opium, Soldiers and Evangelicals: Britain's 1840-42 War with China, and Its Aftermath.* New York: Palgrave Macmillan, 2004.

Gerber, James, and Lei Guang. *Agriculture and Rural Connections in the Pacific, 1500-1900.* Aldershot: Ashgate , 2006.

Gernet, Jacques. *China and the Christian Impact: A Conflict of Cultures.* Cambridge: Cambridge University Press, 1985.

Gibson-Graham, J. K. "Beyond Global vs. Local: Economic Politics Outside the Binary Frame." In *Geographies of Power: Placing Scale*, edited by Andrew Herod and Melissa W. Wright. Malden: Blackwell Publishers, 2002.

Giddens, Anthony. *The Consequences of Modernity.* Stanford: Stanford University Press, 1990.

Giersch, Charles Patterson. "Cotton, Copper, and Caravans: Trade and the Transformation of Southwest China." In *Chinese Circulations: Capital, Commodities, and Networks in Southeast Asia*, edited by Eric Tagliacozzo and Wen-chin Chang. Durham: Duke University Press, 2011.

Gilman, Nils. *Mandarins of the Future: Modernization Theory in Cold War America. New Studies in American Intellectual and Cultural History.* Baltimore: Johns Hopkins University Press, 2003.

Goeschel, Christian. *Suicide in Nazi Germany*. Oxford: Oxford University Press, 2009.

Golas, Peter J. "Early Ch' ing Guilds." In *The City in Late Imperial China*, edited by G. William Skinner. Stanford: Stanford University Press, 1977.

Goldman, Andrea S. *Opera and the City: The Politics of Culture in Beijing, 1770-1900*. Stanford: Stanford University Press, 2012.

Goodman, Bryna. *Native Place, City, and Nation: Regional Networks and Identities in Shanghai, 1853-1937*. Berkeley: University of California Press, 1995.

Goodman, Bryna, and David S. G. Goodman. *Twentieth Century Colonialism and China: Localities, the Everyday, and the World*. New York: Routledge, 2012.

Goody, Jack. *The East in the West*. New York: Cambridge University Press, 1996.

Goossaert, Vincent. *The Taoists of Peking, 1800-1949: A Social History of Urban Clerics*. Cambridge: Harvard University Asia Center, 2007.

Granovetter, Mark. "Economic Action and Social Structure: The Problem of Embeddedness." In *The Sociology of Economic Life*, edited by Mark Granovetter and Richard Swedberg. Boulder, CO: Westview Press, 1992.

Guillot, C., Denys Lombard, and Roderich Ptak. *From the Mediterranean to the China Sea: Miscellaneous Notes*. Wiesbaden: Harrassowitz, 1998.

Gunn, Geoffrey C. *First Globalization: The Eurasian Exchange, 1500 to 1800*.Lanham, MD: Rowman & Littlefield, 2003.

Guy, J.-S. "What Is Global and What Is Local? A Theoretical Discussion around Globalization." *Parsons Journal for Information Mapping* 1, no. 2 (2009): 1-16.

Habermas, Jürgen. "Modernity Versus Postmodernity." *New German Critique*22 (1981): 3-14.

Hall, John A. *Powers and Liberties: The Causes and Consequences of the Rise of the West*. Oxford: Basil Blackwell, 1985.

Halsey, Stephen R. *Quest for Power: European Imperialism and the Making of Chinese Statecraft*. Cambridge: Harvard University Press, 2015.

Hamashita, Takeshi. "The Tribute Trade System and Modern Asia." In *Japanese Industrialization and the Asian Economy*, edited by A. J. H. Latham and Heita Kawakatsu. London: Routledge, 1994.

———. "Tribute and Treaties: Maritime Asia and Treaty Port Networks in the Era of Negotiation, 1800-1900." In *The Resurgence of East Asia: 500, 150 and 50 Year Perspectives*, edited by Giovanni Arrighi, Takeshi Hamashita, and Mark Selden. London: Routledge, 2003.

———. "Overseas Chinese Financial Networks and Korea." In *The Chinese Overseas*, edited by Hong Liu. London: Routledge, 2006.

———. *China, East Asia and the Global Economy: Regional and Historical Perspectives*, edited by Linda Grove and Mark Selden. London: Routledge, 2008.

———. "Overseas Chinese Financial Networks: Korea, China, and Japan in the Late Nineteenth Century." Translated by Frank Baldwin. In *China, East Asia and the Global Economy: Regional and Historical Perspectives*, edited by Linda Grove and Mark Selden. London: Routledge, 2008.

———. "The Tribute Trade System and Modern Asia." Translated by Neil Burton and Christian Daniels. In *China, East Asia and the Global Economy: Regional and Historical Perspectives*, edited by Linda Grove and Mark Selden.

London: Routledge, 2008.

Hamilton, Gary G. *Commerce and Capitalism in Chinese Societies*. London: Routledge, 2006.

Hardach, Gerd. *The First World War, 1914-1918*. Berkeley: University of California Press, 1977.

Hart, Marjolein't and Dennis Bos eds. *Humour and Social Protest*. Cambridge; New York: Press Syndicate of the University of Cambridge, 2007.

Hartwell, Robert M. "Demographic, Political, and Social Transformations of China, 750-1550." *Harvard Journal of Asiatic Studies* 42, no. 2 (1982):365-442.

Heijdra, Martin. "A Preliminary Note on Cultural Geography and Ming History." *Ming Studies* 34 (1995): 30-60.

Held, David, et al. *Global Transformations: Politics, Economics and Culture*. Stanford: Stanford University Press, 1999.

Henriot, Christian. *Prostitution and Sexuality in Shanghai: A Social History 1849-1949*. Cambridge; New York: Cambridge University Press, 2001.

Herod, Andrew. *Geographies of Globalization: A Critical Introduction*. Malden: Wiley-Blackwell 2009.

Hershatter, Gail. *Dangerous Pleasures: Prostitution and Modernity in Twentieth-Century Shanghai*. Berkeley: University of California Press, 1997.

Hevia, James Louis. *English Lessons: The Pedagogy of Imperialism in Nineteenth-Century China*. Durham: Duke University Press, 2003.

Hirofumi, Hayashi. "Unsettled State Violence in Japan: The Okinawa Incident." In *State Violence in East Asia*, edited by N. Ganesan and Sung Chull

Kim. Lexington: University Press of Kentucky, 2013.

Hobson, J. A. *Imperialism: A Study*. New York: Gordon Press, 1975.

Hobson, John M. *The Eastern Origins of Western Civilization*. Cambridge: Cambridge University Press, 2004.

Hodgson, Marshall G. S. *Rethinking World History: Essays on Europe, Islam, and World History*, edited by Edmund Burke. Cambridge: Cambridge University Press, 1993.

Holmes, Andrew. *Carl Von Clausewitz's On War: A Modern-Day Interpretation of a Strategy Classic*. Oxford: Infinite Ideas, 2010.

Hopkins, A. G. *Globalization in World History*. New York: Norton, 2002.

Hsèu, Immanuel Chung-yueh. *The Rise of Modern China*. 4th ed. Oxford:Oxford University Press, 1990.

Huang, Philip C. *The Peasant Family and Rural Development in the Yangzi Delta, 1350-1988*. Stanford: Stanford University Press, 1990.

Huff, Toby E. *The Rise of Early Modern Science: Islam, China, and the West*. Cambridge: Cambridge University Press, 1993.

Hughes, Thomas Parke. *Human-Built World: How to Think about Technology and Culture*. Chicago: University of Chicago Press, 2004.

Hunt, Lynn. *Writing History in the Global Era*. New York: W. W. Norton & Company, 2014.

Huntington, Samuel P. *The Clash of Civilizations and the Remaking of World Order*. New York: Simon & Schuster, 1996.

Ikeda, Kyle. *Okinawan War Memory: Transgenerational Trauma and the War Fiction of Medoruma Shun*. New York: Routledge, 2014.

Inikori, Joseph E. *Africans and the Industrial Revolution in England: A Study in International Trade and Economic Development*. Cambridge: Cambridge University Press 2002.

Iriye, Akira. "The Transnational Turn." *Diplomatic History* 31, no. 3 (2007): 373-376.

———. *Global and Transnational History: The Past, Present, and Future*. Basingstoke: Palgrave Macmillan, 2013.

Ismail, Salwa. *Political Life in Cairo's New Quarters: Encountering the Everyday State*. Minneapolis: University of Minnesota Press, 2006.

Iwabuchi, Kōichi. *Recentering Globalization: Popular Culture and Japanese Transnationalism*. Durham: Duke University Press, 2002.

Jager, Sheila Miyoshi, and Rana Mitter. *Ruptured Histories: War, Memory, and the Post-Cold War in Asia*. Cambridge: Harvard University Press, 2007.

James, Paul. *Globalization and Violence*. London: Sage Publications, 2007. Jami, Catherine. "Tome Pereira (1645-1708), Clockmaker, Musician and Interpreter at the Kangxi Court: Portuguese Interests and the Transmission of Science." In *The Jesuits, the Padroado and East Asian Science (1552-1773)*, edited by Luís Saraiva & Catherine Jami. Singapore; Hackensack: World Scientific, 2008.

Jansen, Thomas, et al. *Globalization and the Making of Religious Modernity in China: Transnational Religions, Local Agents, and the Study of Religion, 1800-Present*. Lieden: Brill, 2014.

Jeggle, Christof. "Interactions, Networks, Discourses and Markets." In *Commercial Networks and European Cities, 1400-1800*, edited by Andrea

Caracausi and Christof Jeggle. London: Pickering & Chatto, 2014.

Jenkins, Philip. *The Lost History of Christianity: The Thousand-Year Golden Age of the Church in the Middle East, Africa, and Asia—and How It Died*. New York: Harper One, 2008.

Ji, Zhaojin. *A History of Modern Shanghai Banking: The Rise and Decline of China's Finance Capitalism*. Armonk, NY: M. E. Sharpe, 2003.

Johnson, Linda Cooke. *Cities of Jiangnan in Late Imperial China*, SUNY Series in Chinese Local Studies. Albany: State University of New York Press, 1993.

Jones, E. L. *The European Miracle: Environments, Economies, and Geopolitics in the History of Europe and Asia*. Cambridge England; New York: Cambridge University Press, 1981.

Jones, Susan Mann. "The Ningpo Pang and Financial Power at Shanghai." In *The Chinese City between Two Worlds*, edited by Mark Elvin and G. William Skinner. Stanford: Stanford University Press, 1974.

Kayaoglu, Turan. *Legal Imperialism: Sovereignty and Extraterritoriality in Japan, the Ottoman Empire, and China*. Cambridge: Cambridge University Press, 2010.

Kang, David C. *East Asia before the West: Five Centuries of Trade and Tribute*. New York: Columbia University Press, 2010.

Keppel, Henry. *A Sailor's Life under Four Sovereigns*. London: Macmillan, 1899.

Kitson, Peter J. *Forging Romantic China: Sino-British Cultural Exchange 1760-1840*. Cambridge: Cambridge University Press, 2013.

Kollmeyer, Christopher. "Glocalization and the Simultaneous Rise Fna D Fall of Democracy at Teh Century's End." In *European Glocalization in Global Context*, edited by Roland Robertson. Houndmills: Palgrave Macmillan 2014.

Köll, Elisabeth. *From Cotton Mill to Business Empire: The Emergence of Regional Enterprises in Modern China*. Cambridge: Harvard University Asia Center, 2003.

———. *Railroads and the Transformation of China*. Cambridge: Harvard University Press, 2019.

Kose, Hajime. "Inter-Regional Trade in China: An Analysis of Chinese Maritime Customs Statistics." In *Intra-Asian Trade and Industrialization: Essays in Memory of Yasukichi Yasuba*, edited by A. J. H. Latham and Heita Kawakatsu. London: Routledge, 2009.

Kuhn, Philip A. *Soulstealers: The Chinese Sorcery Scare of 1768*. Cambridge: Harvard University Press, 1990.

Kumaravadivelu, B. *Cultural Globalization and Language Education*. New Haven: Yale University Press, 2008.

Landes, David S. *The Wealth and Poverty of Nations: Why Some Are So Rich and Some So Poor*. New York: W. W. Norton, 1999.

Lapidus, Ira M. *A History of Islamic Societies*. 3rd ed. Cambridge: Cambridge University Press, 2014.

Lary, Diana. *The Chinese People at War: Human Suffering and Social Transformation, 1937-1945*. Cambridge: Cambridge University Press, 2010.

———. *Chinese Migrations: The Movement of People, Goods, and Ideas over Four Millennia*. Lanham, MD: Rowman & Littlefield, 2012.

Latham, A. J. H., and Heita Kawakatsu. *Intra-Asian Trade and the World Market*. London: Routledge, 2006.

Latham, Michael E. "Introduction: Modernization, International History, and the Cold War World." In Staging Growth: Modernization, Development, and the Global Cold War, edited by David C. Engerman. Amherst: University of Massachusetts Press, 2003.

Lefebvre, Henri. *The Production of Space* (in Translation of: La production de l' espace). Oxford: Blackwell, 1991.

Lenin, Vladimir Ilich. *Imperialism, the Highest Stage of Capitalism*. New York: International publishers, 1933.

Levenson, Joseph Richmond. *Confucian China and Its Modern Fate*. 3 vols. Berkeley: University of California Press, 1958-1965.

Li, Huaiyin. *Village Governance in North China, 1875-1936*. Stanford: Stanford University Press, 2005.

Li, Kangying. *The Ming Maritime Trade Policy in Transition, 1368 to 1567*. Wiesbaden: Harrassowitz, 2010.

Lipset, Seymour Martin. "Some Social Requisites of Democracy: Economic Development and Political Legitimacy." *American Political Science Review* 53, no. 1(1959): 69-105.

Lipset, Seymour Martin, and Reinhard Bendix. *Social Mobility in Industrial Society*. Berkeley: University of California Press, 1959.

Lee, Leo Ou-fan. *Shanghai Modern: The Flowering of a New Urban Culture in China, 1930-1945*. Cambridge: Harvard University Press, 1999.

———. *City between Worlds: My Hong Kong*. 1st ed. Cambridge: Harvard

University Press, 2008.

Lee, Seung-joon. *Gourmets in the Land of Famine: The Culture and Politics of Rice in Modern Canton*. Stanford: Stanford University Press, 2011.

Li, Jie. *Shanghai Homes: Palimpsests of Private Life*. New York: Columbia University Press, 2015.

Li, Lillian M. *Fighting Famine in North China: State, Market, and Environmental Decline, 1690s-1990s*. Stanford: Stanford University Press, 2007.

Li, Yi. *Chinese Bureaucratic Culture and Its Influence on the 19th-Century Steamship Operation, 1864-1885: The Bureau for Recruiting Merchants*. Lewiston, NY: E. Mellen Press, 2001.

Lin, Yu-ju, and Madeleine Zelin. *Merchant Communities in Asia, 1600-1980*. In *Perspectives in Economic and Social History*. London: Pickering & Chatto, 2015.

Lipkin, Zwia. *Useless to the State: "Social Problems" and Social Engineering in Nationalist Nanjing, 1927-1937*. Cambridge: Harvard University Asia Center, 2006.

Liu, Kwang-Ching. *Anglo-American Steamship Rivalry in China, 1862-1874*.Cambridge: Harvard University Press, 1962.

Liu, Xinru. *The Silk Road in World History*. Oxford: Oxford University Press, 2010.

Livesey, James. *Provincializing Global History: Money, Ideas, and Things in the Languedoc, 1680-1830*. New Haven: Yale University Press, 2020.

Lonkila, Markku. *Networks in the Russian Market Economy*. Basingstoke: Palgrave Macmillan, 2011.

Lovell, Julia. *The Opium War: Drugs, Dreams and the Making of China.* London: Picador, 2011.

Lu, Hanchao. *Beyond the Neon Lights: Everyday Shanghai in the Early Twentieth Century.* Berkeley: University of California Press, 1999.

———. "A Blessing in Disguise: Nanxun and China's Small Town Heritage." *Frontier of History in China* 8, no. 3 (2013): 434-454.

Lufrano, Richard John. *Honorable Merchants: Commerce and Self-Cultivation in Late Imperial China.* A Study of the East Asian Institute. Honolulu: University of Hawai'i Press, 1997.

Lust, John. *Chinese Popular Prints.* Leiden: E. J. Brill, 1996.

Lutz, Jessie Gregory. *Opening China: Karl F. A. Gutzlaff and Sino-Western Relations, 1827-1852.* Grand Rapids, MI: William B. Eerdmans Publishing Company, 2008.

Lyotard, Jean-François. *The Postmodern Condition: A Report on Knowledge.* 8. print. ed. Minneapolis: University of Minnesota Press, 1991.

Macauley, Melissa. *Distant Shores: Colonial Encounters on China's Maritime Frontier.* Princeton: Princeton University Press, 2021.

Macfarlane, Alan. *The Origins of English Individualism: The Family, Property and Social Transition.* Oxford: Blackwell, 1978.

MacKenzie, Donald A., and Judy Wajcman. *The Social Shaping of Technology.* 2nd ed. Buckingham: Open University Press, 1999.

MacKinnon, Stephen R. *Wuhan, 1938: War, Refugees, and the Making of Modern China.* Berkeley: University of California Press, 2008.

Mann, Susan. *Local Merchants and the Chinese Bureaucracy, 1750-1950.*

Stanford: Stanford University Press, 1987.

Manning, Patrick. *Navigating World History: Historians Create a Global Past*.1st ed. New York: Palgrave Macmillan, 2003.

Mao, Haijian. *Qing Empire and the Opium War*. Cambridge: Cambridge University Press, 2016.

Marks, Robert. *The Origins of the Modern World: A Global and Ecological Narrative from the Fifteenth to the Twenty-First Century.* 2nd ed. Lanham: Rowman & Littlefield, 2007.

Marme, Michael. *Suzhou: Where the Goods of All the Provinces Converge.* Stanford: Stanford University Press, 2005.

Martzloff, Jean-Claude. *A History of Chinese Mathematics* (in Captions of the index and bibliographic references also in Chinese or Japanese). New York: Springer, 2006.

Matossian, Mary Allerton Kilbourne. *Shaping World History: Breakthroughs in Ecology, Technology, Science, and Politics*. Armonk: M. E. Sharpe, 1997.

Mazlish, Bruce, and Ralph Buultjens, eds. *Conceptualizing Global History.* Boulder: Westview Press, 1993.

Mazumdar, Sucheta. *Sugar and Society in China: Peasants, Technology, and the World Market*. Cambridge: Harvard University Asia Center, 1998.

McCloskey, Deirdre N. *Bourgeois Dignity: Why Economics Can't Explain the Modern World*. Chicago: University of Chicago Press, 2010.

McCord, Edward. "Burn, Kill, Rape, and Rob: Military Atrocities, Warlordism, and Anti-Warlordism in Republican China." In *The Scars of War: The Impact of Warfare on Modern China*, edited by Diana Lary and Stephen R.

MacKinnon. Vancouver: University of British Columbia Press, 2001.

McDonald, Lynn. *The Early Origins of the Social Sciences*. Montréal: McGill-Queen's University Press, 1993.

McGrew, Anthony G., and Paul G. Lewis. *Global Politics: Globalization and the Nation-State*. Cambridge: Polity Press, 1992.

McNeill, John. "From Magellan to Miti: Pacific Rim Economies and Pacific Island Ecologies since 1521." In *Pacific Centuries: Pacific and Pacific Rim Economic History since the Sixteenth Century*, edited by Dennis O. Flynn, Lionel Frost, and A. J. H. Latham. London: Routledge, 1999.

McNeill, William Hardy. *The Pursuit of Power: Technology, Armed Force, and Society since A.D. 1000*. Chicago: University of Chicago Press, 1982.

Melancon, Glenn. *Britain's China Policy and the Opium Crisis: Balancing Drugs, Violence, and National Honor, 1833-1840*. Burlington, VT: Ashgate, 2003.

Menegon, Eugenio. *Ancestors, Virgins, & Friars: Christianity as a Local Religion in Late Imperial China*. Cambridge: Harvard University Asia Center for the Harvard-Yenching Institute, 2009.

Meyer, John W., et al. "World Society and the Nation-State." *American Journal of Sociology* 103, no. 1 (1997): 144-181.

Miles, Steven B. *The Sea of Learning: Mobility and Identity in Nineteenth-Century Guangzhou*. Cambridge: Harvard University Asia Center, 2006.

———. *Upriver Journeys: Diaspora and Empire in Southern China, 1570-1850*. Cambridge: Harvard University Asia Center, 2017.

Miller, H. Lyman. "The Late Imperial Chinese State." In *The Modern Chinese State*, edited by David L. Shambaugh. Cambridge: Cambridge University

Press, 2000.

Miller, Peter N. *The Sea: Thalassography and Historiography*. Ann Arbor: University of Michigan Press, 2013.

Millward, James A. *Beyond the Pass: Economy, Ethnicity, and Empire in Qing Central Asia, 1759-1864*. Stanford: Stanford University Press, 1998.

———. *Eurasian Crossroads: A History of Xinjiang*. New York: Columbia University Press, 2007.

———. *The Silk Road: A Very Short Introduction*. Oxford: Oxford University Press, 2013.

Mitchener, Kris James, and Hans-Joachim Voth. "Trading Silver for Gold: Nineteenth-Century Asian Exports and the Political Economy of Currency Unions." In *Costs and Benefits of Economic Integration in Asia*, edited by Robert J. Barro and Chong-hwa Yi. Oxford : Oxford University Press, 2010.

Modelski, George. *Principles of World Politics*. New York: Free Press, 1972.

Mohamoud, Abdullah A. *State Collapse and Post-Conflict Development in Africa: The Case of Somalia (1960-2001)*. West Lafayette, IN: Purdue University Press, 2006.

Mokyr, Joel. *The Gifts of Athena: Historical Origins of the Knowledge Economy*.Princeton: Princeton University Press, 2002.

Moll-Murata, Christine. "Chinese Guilds from the Seventeenth to the Twentieth Centuries: An Overview." *International Review of Social History*, 53, no. S16 (2008): 213-247.

Mosca, Matthew W. *From Frontier Policy to Foreign Policy: The Question of India and the Transformation of Geopolitics in Qing China*. Stanford: Stanford University Press, 2013.

Mote, Frederick W. *Imperial China, 900-1800*. Cambridge: Harvard University Press, 1999.

Muldrew, Craig. *The Economy of Obligation: The Culture of Credit and Social Relations in Early Modern England*. New York: St. Martin's Press, 1998.

Murphey, Rhoads. *Shanghai, Key to Modern China*. Cambridge: Harvard University Press, 1953.

―――. *The Treaty Ports and China's Modernization: What Went Wrong?* Ann Arbor: University of Michigan Center for Chinese Studies, 1970.

―――. "The Treaty Ports and China's Modernization." In *The Chinese City between Two Worlds*, edited by Mark Elvin and G. William Skinner. Stanford: Stanford University Press, 1974.

Murphy, Joseph. *Governing Technology for Sustainability*. London: Earthscan, 2007.

Nakayama, Shigeru and Nathan Sivin, eds. *Chinese Science: Explorations of an Ancient Tradition*. Cambridge: MIT Press, 1973.

Naquin, Susan. *Peking: Temples and City Life, 1400-1900*. Berkeley: University of California Press, 2000.

Naquin, Susan, and Evelyn Sakakida Rawski. *Chinese Society in the Eighteenth Century*. New Haven: Yale University Press, 1987.

Needham, Joseph. *The Grand Titration: Science and Society in East and West*. London: Allen & Unwin, 1969.

Neethi, P. *Globalization Lived Locally: A Labour Geography Perspective*.

First edition. New Delhi: Oxford University Press, 2016.

Newby, Laura. *The Empire and the Khanate: A Political History of Qing Relations with Khoqand c. 1760-1860*. Leiden: Brill, 2005.

Ng, Chin-Keong. *Boundaries and Beyond: China's Maritime Southeast in Late Imperial Times*. Singapore: NUS Press, 2017.

North, Douglass C., and Robert Paul Thomas. *The Rise of the Western World: A New Economic History*. Cambridge: Cambridge University Press, 1973.

North, Douglass C., et al. *Violence and Social Orders: A Conceptual Framework for Interpreting Recorded Human History*. Cambridge: Cambridge University Press 2009.

O'Rourke, Kevin H., and Jeffrey G. Williamson. "When Did Globalization Begin?" *European Review of Economic History* 6, no. 1 (2002): 23-50.

Ouchterlony, John. *The Chinese War: An Account of All the Operations of the British Forces from the Commencement to the Treaty of Nanking*. London: Saunders and Otley, 1844.

Outhwaite, William, and Larry Ray. *Social Theory and Postcommunism*. New York: John Wiley & Sons, 2008.

Oxford Learner's Dictionary of Academic English. Oxford: Oxford University Press, 2014.

Palat, Ravi Arvind, and Immanual Wallerstein. "Of What World System Was Pre-1500 'India' a Part?" In *International Colloquium on "Merchants, Companies and Trade."* Paris: Maison des Sciences de I'homme, 1990.

Parker, Geoffrey. "Crisis and Catastrophe: The Global Crisis of the Seventeenth Century Reconsidered (Ahr Forum)." *American Historical Review*

113, no. 4 (2008): 1053-1079.

————. *The Military Revolution: Military Innovation and the Rise of the West, 1500-1800.* 2nd ed. Cambridge; New York: Cambridge University Press, 1996.

Parker, Charles H. *Global Interactions in the Early Modern Age, 1400-1800.* Cambridge: Cambridge University Press, 2010.

Parsons, Talcott. "Evolutionary Universals in Society." *American Political Science Review* 29, no. 3 (1964): 339-357.

Passmore, Kevin. "History and Historiography since 1945." In *A Historiography of the Modern Social Sciences*, edited by Roger Backhouse and Philippe Fontaine. New York: Cambridge University Press, 2014.

Peng, Xinwei. *A Monetary History of China.* Vol. 2. Bellingham: Western Washington University Press, 1994.

Perdue, Peter C. *China Marches West: The Qing Conquest of Central Eurasia.*Cambridge: Harvard University Press, 2005.

Perry, Elizabeth J. *Shanghai on Strike: The Politics of Chinese Labor.* Stanford: Stanford University Press, 1993.

Petty, Bruce M. *Saipan: Oral Histories of the Pacific War.* Jefferson, NC: McFarland, 2002.

Pipes, Richard. *Property and Freedom.* 1st ed. New York: Alfred A. Knopf, 1999.

Platt, Stephen R. *Imperial Twilight: The Opium War and the End of China's Last Golden Age.* New York: Knopf Doubleday, 2018.

Polachek, James M. *The Inner Opium War* (Harvard East Asian Monographs).

Cambridge: Council on East-Asian Studies Harvard University, 1992.

Polanyi, K. "Our Obsolete Market Mentality, Commentary, vol. 3." In *Primitive, Archaic and Modern Economies: Essays of Karl Polanyi*, edited by George Dalton. Boston, 1968.

Polanyi, Karl. *Dahomey and the Slave Trade: An Analysis of an Archaic Economy*. Seattle: University of Washington Press, 1966.

Polanyi, Karl, et al. *Trade and Market in the Early Empires: Economies in History and Theory*. Glencoe, IL: The Free Press, 1957.

Pomeranz, Kenneth. *The Great Divergence: China, Europe, and the Making of the Modern World Economy*. Princeton: Princeton University Press, 2000.

Pottinger, George. *Sir Henry Pottinger: First Governor of Hong Kong*. Hartnolls: Sutton Publishing, 1997.

Prasad, Ritika. *Tracks of Change: Railways and Everyday Life in Colonial India*. Daryaganj: Cambridge University Press, 2015.

Preda, Alex. *Information, Knowledge, and Economic Life: An Introduction to the Sociology of Markets*. Oxford: Oxford University Press, 2009.

Prevas, John. *Envy of the Gods: Alexander the Great's Ill-Fated Journey across Asia*. New York: Da Capo Press, 2004.

Qian, Wen-yuan. *The Great Inertia: Scientific Stagnation in Traditional China*. London; Dover: Croom Helm, 1985.

Rawski, Evelyn Sakakida. *The Last Emperors: A Social History of Qing Imperial Institutions*. Berkeley: University of California Press, 1998.

Rawski, Thomas G. *Economic Growth in Prewar China*. Berkeley: University of California Press, 1989.

Reid, Anthony. *Southeast Asia in the Age of Commerce, 1450-1680: Expansion and Crisis*. Vol. 2. New Haven: Yale University Press, 1993.

Reinhardt, Anne. *Navigating Semi-Colonialism in China: Shipping, Sovereignty, and Nation-Building in China, 1860-1937*. Cambridge: Harvard University Asia Center, 2018.

Reyes, Victoria. *Global Borderlands: Fantasy, Violence, and Empire in Subic Bay, Philippines*. Stanford: Stanford University Press, 2019.

Ristaino, Marcia R. *Port of Last Resort: The Diaspora Communities of Shanghai.* Stanford: Stanford University Press, 2001.

Ritzer, George. *The McDonaldization of Society*. Thousand Oaks: Pine Forge Press, 2000.

Ritzer, George, ed. *Encyclopedia of Social Theory*. Vol. 1. Thousand Oaks: Sage Publications, 2005.

Ritzer, George, and Zeynep Atalay, eds. *Readings in Globalization: Key Concepts and Major Debates*. Chichester: Wiley-Blackwell, 2010.

Roberts, Michael. "The Military Revolution, 1560-1660." In *Essays in Swedish History*, edited by Michael Roberts. Minneapolis: University of Minnesota Press 1967.

Robertson, Roland. "Europeanization as Glocalization." In *European Glocalization in Global Context*, edited by Roland Robertson. Houndmills: Palgrave Macmillan, 2014.

Robinson, William I. "Theories of Globalization." In *The Blackwell Companion to Globalization*. Edited by George Ritzer. Malden: Blackwell, 2007.

Rogaski, Ruth. *Hygienic Modernity: Meanings of Health and Disease in*

Treaty-Port China. Berkeley: University of California Press, 2004.

Ropp, Paul S., et al. *Passionate Women: Female Suicide in Late Imperial China.*Leiden: Brill, 2001.

Rosenberg, Nathan, and L. E. Birdzell. *How the West Grew Rich: The Economic Transformation of the Industrial World.* New York: Basic Books, 1986.

Rowe, William T. *Hankow: Commerce and Society in a Chinese City, 1796-1889.* Stanford: Stanford University Press, 1984.

———. *Crimson Rain: Seven Centuries of Violence in a Chinese County.* Stanford: Stanford University Press, 2007.

———. *China's Last Empire: The Great Qing.* Cambridge: Harvard University Press, 2009.

Rozman, Gilbert. *Urban Networks in Ch'ing China and Tokugawa Japan.* Princeton: Princeton University Press, 1974.

Rubdy, Rani, and Alsagoff Lubna. "The Cultural Dynamics of Globalization: Problematizing Hybridity." In *The Global-Local Interface and Hybridity: Exploring Language and Identity*, edited by Rani Rubdy and Alsagoff Lubna. Bristol: Multilingual Matters, 2014.

Rubinstein, Murray A. *Taiwan: A New History.* Armonk, NY: M. E. Sharpe, 1999.

Sachsenmaier, Dominic. *Global Entanglements of a Man Who Never Traveled: A Seventeenth-Century Chinese Christian and His Conflicted Worlds.* New York: Columbia University Press, 2018.

Said, Edward W. *Orientalism: Western Conceptions of the Orient. Reprint. with a new afterword.* London: Penguin Books, 1995.

Sands, Barbara, and Ramon Myers. "The Spatial Approach to Chinese History: A Test." *Journal of Asian Studies* 45 (1986): 721-743.

Sarkar, Smritikumar. *Technology and Rural Change in Eastern India, 1830-1980.* New Delhi: Oxford University Press, 2014.

Saunier, Pierre-Yves. "Going Transnational? News from Down Under: Transnational History Symposium, Canberra, Australian National University, September 2004." *Historical Social Research* 31, no. 2 (2006): 118-131.

Schäfer, Dagmar. *Cultures of Knowledge: Technology in Chinese History.* Leiden: Brill, 2012.

Schiller, Herbert I. *Communication and Cultural Domination.* White Plains: International Arts and Sciences Press, 1976.

Scholte, Jan Aart. *Globalization: A Critical Introduction.* New York: St. Martin's Press, 2000.

Schoppa, R. Keith. *Blood Road: The Mystery of Shen Dingyi in Revolutionary China.* Berkeley: University of California Press, 1995.

———. *In a Sea of Bitterness: Refugees During the Sino-Japanese War.* Cambridge: Harvard University Press, 2011.

Schroeder, Ralph. *Rethinking Science, Technology, and Social Change.* Stanford: Stanford University Press, 2007.

Schumpeter, Joseph Alois. *Imperialism and Social Classes.* New York: A.M. Kelly, 1951.

Scott, James C. *Weapons of the Weak: Everyday Forms of Peasant Resistance.* New Haven: Yale University Press, 1985.

Shao, Qin. *Culturing Modernity: The Nantong Model, 1890-1930.* Stanford:

Stanford University Press, 2004.

Shaw, Martin. *Dialectics of War: An Essay in the Social Theory of Total War and Peace*. London: Pluto Press, 1988.

Sherman, Taylor C., et al., eds. *From Subjects to Citizens: Society and the Everyday State in India and Pakistan, 1947-1970*. New York: Cambridge University Press, 2014.

Shin, Leo Kwok-yueh. *The Making of the Chinese State: Ethnicity and Expansion on the Ming Borderlands*. Cambridge: Cambridge University Press, 2006.

Singer, Hans W. "The Distribution of Gains between Investing and Borrowing Countries." *American Economic Review* 40, no. 2 (1950): 473-485.

Skinner, G. William. "Marketing and Social Structure in Rural China: Part I." *Journal of Asian Studies* 24, no. 1 (1964): 3-43.

———. "Marketing and Social Structure in Rural China: Part II." *Journal of Asian Studies* 24, no. 2 (1965): 195-228.

———. "Marketing and Social Structure in Rural China: Part III." *Journal of Asian Studies* 24, no. 3 (1965): 363-399.

———. *The City in Late Imperial China*. Stanfoid: Stantord University Press, 1977.

Skinner, G. William, and Hugh D. R. Baker. *The City in Late Imperial China*. Stanford: Stanford University Press, 1977.

Smith, Adam. *The Wealth of Nations*. New York: Random House, 1937 [1776]. Smith, S. A. *Revolution and the People in Russia and China: A Comparative History*. New York: Cambridge University Press, 2008.

Smith, Paul J. *Taxing Heaven's Storehouse: Horses, Bureaucrats, and the Destruction of the Sichuan Tea Industry, 1074-1224*. Cambridge: Council on East Asian Studies, Harvard University Press, 1991.

Soboul, Albert. *Les Sans-Culottes Parisiens En L'an Ii*. Paris: Librairie Clavreuil, 1958.

Somers, Margaret R. "Deconstructing and Reconstructing Class Formation Theory: Narrativity, Relational Analysis, and Social Theory." In *Reworking Class*, edited by John R. Hall. Ithaca: Cornell University Press, 1997.

Somers, Margaret. R., and G. D. Gibson. "Reclaiming the Epistemological Other: Narrative and the Social Construction of Identity." In *Social Theory and the Politics of Identity*, edited by C. Calhoun. Oxford: Blackwell, 1994.

Sommer, Matthew Harvey. *Sex, Law, and Society in Late Imperial China*. Stanford: Stanford University Press, 2000.

Soon, Wayne. *Global Medicine in China: A Diasporic History*. Stanford: Stanford University Press, 2020.

Spence, Jonathan D. *The Memory Palace of Matteo Ricci*. New York: Viking Penguin, 1984.

———. *Return to Dragon Mountain: Memories of a Late Ming Man*. New York: Viking, 2007.

Spufford, Peter. *How Rarely Did Medieval Merchants Use Coin?* Utrecht: Geldmuseum, 2008.

Standaert, Nicholas S. J. "New Trends in the Historiography of Christianity in China." *The Catholic Historical Review* 83, no. 4 (1997): 573-613.

Stapleton, Kristin Eileen. *Civilizing Chengdu: Chinese Urban Reform,*

1895- 1937. Cambridge: Harvard University Asia Center, 2000.

Subramanyam, Sanjay. "Introduction." *The Cambridge World History, vol. 6, part 1, Foundations,* edited by Jerry H. Bentley, Sanjay Subramanyam, and Merry E. Wiesner-Hanks. Cambridge: Cambridge University Press, 2015.

Sugihara, Kaoru. "The Resurgence of Intra-Asian Trade, 1800-1850." In *How India Clothed the World: The World of South Asian Textiles, 1500-1850,* edited by Giorgio Riello. Leiden: Brill, 2013.

Sugiyama, Shinya, and Linda Grove. *Commercial Networks in Modern Asia.*London: Routledge, 2013.

Swislocki, Mark. *Culinary Nostalgia: Regional Food Culture and the Urban Experience in Shanghai.* Stanford: Stanford University Press, 2009.

Tan, Ying Jia. *Recharging China in War and Revolution, 1882-1955.* Ithaca: Cornell University Press, 2021.

Tatsuo, Nakami. "Russian Diplomats and Mongol Independence, 1911-1915." In *Mongolia in the Twentieth Century: Landlocked Cosmopolitan,* edited by Stephen Kotkin and Bruce A. Elleman. Armonk, NY: M. E. Sharpe, 1999.

Temple, Robert K. G. *The Genius of China: 3,000 Years of Science, Discovery, and Invention.* New York: Simon and Schuster, 1986.

Theiss, Janet M. *Disgraceful Matters: The Politics of Chastity in Eighteenth-Century China.* Berkeley: University of California Press, 2004.

Thompson, E. P. *The Making of the English Working Class.* London: V. Gollancz, 1963.

T'ien, Ju-K'ang. *Male Anxiety and Female Chastity: A Comparative Study of Chinese Ethical Values in Ming-Ch'ing Times.* Leiden: Brill, 1988.

Tiedemann, R. Gary. "Daily Life in China During the Taiping and Nian Rebellions, 1850s-1860s." In *Daily Lives of Civilians in Wartime Asia: From the Taiping Rebellion to the Vietnam War*, edited by Stewart Lone. Westport, CT: Greenwood Press, 2007.

Tong, James. *Disorder under Heaven: Collective Violence in the Ming Dynasty.*Stanford: Stanford University Press, 1991.

Trocki, Carl A. *Opium, Empire, and the Global Political Economy: A Study of the Asian Opium Trade, 1750-1950*. New York: Routledge, 1999.

Tsin, Michael Tsang-Woon. *Nation, Governance, and Modernity in China: Canton, 1900-1927*. Stanford: Stanford University Press, 1999.

United Nations. Economic Commission for Latin America. *The Economic Development of Latin America and Its Principal Problems*. United Nations Document. Lake Success: United Nations Dept. of Economic Affairs, 1950.

Véron, René, et al. "The Everyday State and Political Society in Eastern India:Structuring Access to the Employment Assurance Scheme." *The Journal of Development Studies* 39, no. 5 (2003): 1-28.

Vogel, Hans Ulrich, and Günter Dux. *Concepts of Nature: A Chinese-European Cross-Cultural Perspective*. Leiden: Brill, 2010.

Von Glahn, Richard. *Fountain of Fortune: Money and Monetary Policy in China, 1000-1700*. Berkeley: University of California Press, 1996.

Wakeman, Frederic E. *Strangers at the Gate: Social Disorder in South China, 1839-1861*. Berkeley: University of California Press, 1966.

———. *Policing Shanghai, 1927-1937.* Berkeley: University of California Press, 1995.

Wakeman, Lea H. "Chinese Archives and American Scholarship on Modern Chinese History." In *Telling Chinese History: A Selection of Essays*, edited by Lea H. Wakeman. Berkeley: University of California Press, 2009.

Waley, Arthur. *The Opium War through Chinese Eyes*. London: Allen & Unwin, 1958.

Walker, Kathy Le Mons. *Chinese Modernity and the Peasant Path: Semi-Colonialism in the Northern Yangzi Delta*. Stanford: Stanford University Press, 1999.

Wallerstein, Immanuel Maurice. *The Modern World-System. Studies in Social Discontinuity*. New York: Academic Press, 1974.

Wang, Di. *Street Culture in Chengdu: Public Space, Urban Commoners, and Local Politics, 1870-1930*. Stanford: Stanford University Press, 2003.

———. *The Teahouse: Small Business, Everyday Culture, and Public Politics in Chengdu, 1900-1950*. Stanford: Stanford University Press, 2008.

Wang, Gungwu. "Merchants without Empire: The Hokkien Sojourning Communities." In *The Rise of Merchant Empires: Long-Distance Trade in the Early Modern World, 1350-1750*, edited by James D. Tracy. Cambridge: Cambridge University Press, 1990.

Wang, Yeh-chien. "Secular Trends in Rice Prices in the Yangzi Delta: 1638- 1935." In *Chinese History in Economic Perspective*, edited by Thomas G. Rawski and Lillian M. Li. Berkeley: University of California Press, 1992.

Waters, Malcolm. *Globalization*. London: Routledge, 2001.

Wei, Yuan. *Chinese Account of the Opium War*. Translated by Edward Harper Parker. Shanghai: Kelly & Walsh, 1888.

Weiss, Thomas George, and Ramesh Chandra Thakur. *Global Governance and the UN: An Unfinished Journey*. Bloomington: Indiana University Press, 2010.

White, Harrison C. *Markets from Networks: Socioeconomic Models of Production*.Princeton: Princeton University Press, 2002.

White, Lynn Townsend. *Medieval Technology and Social Change*. Oxford: Clarendon Press, 1962.

———. *Medieval Religion and Technology: Collected Essays*. Berkeley: University of California Press, 1978.

Whitfield, Susan. *Life Along the Silk Road*. Berkeley: University of California Press, 1999.

Wills, John E. "Maritime Asia, 1500-1800: The Interactive Emergence of European Domination." *The American Historical Review* 98, no. 1 (1993): 83-105.

Winner, Langdon. "Social Constructivism: Opening the Black Box and Finding It Empty." In *Philosophy and Technology: The Technological Condition*, edited by R. C. Scharff & V. Dusek. Hoboken, NJ: Wiley-Blackwell , 2003.

Wolf, Martin. *Why Globalization Works*. New Haven: Yale University Press, 2004.

Wong, J. Y. *Deadly Dreams: Opium, Imperialism, and the Arrow War (1856- 1860) in China*, Cambridge Studies in Chinese History, Literature, and Institutions. Cambridge: Cambridge University Press, 1998.

Wong, Roy Bin. *China Transformed: Historical Change and the Limits of European Experience*. Ithaca: Cornell University Press, 1997.

Wood, Frances. *The Silk Road: Two Thousand Years in the Heart of Asia*. Berkeley: University of California Press, 2002.

Wright, David. *Translating Science: The Transmission of Western Chemistry into Late Imperial China, 1840-1900*. Leiden; Boston: Brill, 2000.

Wright, Mary Clabaugh. *The Last Stand of Chinese Conservatism: The Tung-Chih Restoration, 1862-1874*. Stanford: Stanford University Press, 1957.

Wu, Shellen Xiao. *Empires of Coal: Fueling China's Entry into the Modern World Order, 1860-1920*. Stanford: Stanford University Press, 2015.

Xu, Dixin and Chengming Wu. *Chinese Capitalism, 1522-1840* [in Translated from the Chinese]. Basingstoke: Macmillan, 2000.

Xu, Xiaoqun. *Chinese Professionals and the Republican State: The Rise of Professional Associations in Shanghai, 1912-1937*. Cambridge: Cambridge University Press, 2001.

Xu, Zhuoyun. *China: A New Cultural History* [in Translated from the Chinese]. New York: Columbia University Press, 2012.

Yang, Chi-ming. *Performing China: Virtue, Commerce, and Orientalism in Eighteenth-Century England, 1660-1760*. Baltimore: Johns Hopkins University Press, 2011.

Yeh, Wen-Hsin. *Shanghai Splendor: Economic Sentiments and the Making of Modern China, 1843-1949*. Berkeley: University of California Press,2007.

Yu, Jimmy Y. F. *Sanctity and Self-Inflicted Violence in Chinese Religions, 1500-1700*. Oxford: Oxford University Press, 2012.

Zelin, Madeleine. *The Merchants of Zigong: Industrial Entrepreneurship in Early Modern China*. New York: Columbia University Press, 2005.

Zhang, Xin. *Social Transformation in Modern China: The State and Local Elites in Henan, 1900-1937*. Cambridge: Cambridge University Press, 2000.

Zhang, Yingjin, ed. *Cinema and Urban Culture in Shanghai, 1922-1943*. Stanford: Stanford University Press, 1999.

Zheng, Yangwen. "The Social Life of Opium in China, 1433-1999." *Modern Asian Studies* 37, no. 1 (2003): 1-39.

———. *The Social Life of Opium in China*. Cambridge: Cambridge University Press, 2005.

———. *China on the Sea: How the Maritime World Shaped Modern China*. Leiden: Brill, 2012.

Zhou, Yongming. *Anti-Drug Crusades in Twentieth-Century China: Nationalism, History, and State Building*. Lanham, MD: Rowman & Littlefield, 1999.